Johannes Hirschberger

Kleine Philosophiegeschichte

Bigga
Jerovcic 94

HERDER / SPEKTRUM

Band 4168

Das Buch

Die Anfänge philosophischen Fragens reichen weit zurück. Johannes Hirschberger stößt vor zu den Quellen unserer Kultur. 3000 Jahre abendländischer Geistesgeschichte von der Antike, über die Neuzeit bis hin zur Gegenwart werden hier in den wesentlichen Zügen übersichtlich herausgearbeitet: Persönlichkeiten gewinnen Kontur, Probleme werden in ihrer Entwicklung deutlich, Grundbegriffe werden klar, und Positionen werden auf dem Hintergrund der Geschichte begreibar. Hirschberger versteht es meisterhaft, die Gedanken, die Geschichte machten, auch historisch in ihrer Entwicklung darzustellen und die Weisheit, die unsere Welt bewegte, anschaulich und lebendig werden zu lassen. Eine kleine Summe der großen Gedanken, die das Profil unserer Kultur prägten, werden quellennah und in unvergleichlicher Konzentriertheit faßbar. Ein konkurrenzloses Standardwerk der Philosophiegeschichte – fesselnd, umfassend, höchst informativ: Ein Klassiker.

Der Autor

Johannes Hirschberger, 1900–1990, Professor für Religionsphilosophie an der Johann-Wolfgang-von-Goethe-Universität Frankfurt a. M.. Sein Hauptarbeitsgebiet: das Verhältnis von antiker und mittelalterlich-christlicher Philosophie.

Johannes Hirschberger

Kleine
Philosophiegeschichte

Herder

Freiburg · Basel · Wien

2. Auflage

Alle Rechte vorbehalten – Printed in Germany
© Verlag Herder Freiburg i. Br. 1992
Herstellung: Freiburger Graphische Betriebe 1993
Umschlaggestaltung: Joseph Pölzelbauer
Umschlagmotiv: Raphael, Die Philosophenschule von Athen
(Ausschnitt), Stanzen, Vatikanische Museen.
ISBN 3-451-04168-5

Inhalt

Vorwort

Die ganze Geschichte der Philosophie in einem Taschenbuch darzustellen ist ein Wagnis. Da aber der menschliche Geist die Fähigkeit hat, immer und überall auch das Umfassendste und Differenzierteste zusammenzuschauen – es ist ein Vorzug und eine Notwendigkeit zugleich –, kann man es auch hier tun. Das Unternehmen hat zudem noch ein besonderes Gutes an sich: In der gerafften Gestalt treten die wesentlichen Züge und der Sinn des Ganzen viel stärker heraus, als wenn man sich in viele Details verliert. Darum liegt der Zweck einer so kurzen Darstellung nicht darin, als Nachschlagewerk für Einzelheiten oder einen einzelnen Philosophen zu dienen. Da muß sie notwendig versagen. Sie will vielmehr Hinführung zum Geist des Ganzen der Philosophie sein. Wer tiefer in die Details eindringen möchte, was sich oft als eine Notwendigkeit ergeben wird, sei auf meine zweibändige „Geschichte der Philosophie" verwiesen, die gleichfalls im Verlag Herder erschienen ist (Band 1, 10. Aufl. 1976; Band 2, 9. Aufl. 1976).

Johannes Hirschberger

Vorwort zur 14. Auflage

Mit der 14. Auflage wurde die Kleine Philosophiegeschichte vielfach verbessert und um eine knappe Darstellung der neuesten philosophischen Strömungen erweitert. Das Buch ist inzwischen auch in englischer, französischer, spanischer, italienischer, holländischer und japanischer Übersetzung erschienen. Ich danke meinen Lesern für die freundliche bisherige Aufnahme und wünsche der Neubearbeitung den gleichen Erfolg.

Johannes Hirschberger

Vom Sinn der Philosophiegeschichte

Philosophiegeschichte bedeutet Freiheit des Geistes. Wer nur in seiner Gegenwart lebt, verfällt leicht der Zeitmode, die es auch in der Philosophie gibt. Er ist geistig unerfahren und erliegt dem nur Aktuellen, das zwar bestricken kann, aber ohne Dauer ist. Als E. Haeckels Welträtsel in Schwung waren, schlugen sie viele Geister in Bann und brachten oft auch eine Weltanschauung zum Einsturz. Heute ist es nicht schwer, mit ein paar Proben aus diesem Buch einen ganzen Hörsaal zum Lachen zu bringen. Ähnlich steht es mit dem Modefaktor in der Lebensphilosophie, mit Nietzsche, dem Materialismus, dem Idealismus und anderen Ismen.

Um hier zu einem Urteil zu kommen und Wahr und Falsch scheiden zu können, braucht man Überschau, Vergleichsmöglichkeiten, die vielen Sichten und nicht nur die Einseitigkeit einer Blickrichtung. Vor allem aber braucht man ein tieferes Verstehen unserer Begriffe und Probleme aus ihren Ursprüngen. Alles geistige Leben ist gewachsen, seine Wurzeln reichen tief hinab in die Vergangenheit und beziehen von dorther ihren geheimen Sinn, der wie eine Erbmasse unser Denken in bestimmte Richtungen zwingt. Wo aber das Leben nicht frei werden kann von der Last der Vergangenheit, vermag es der Geist, wenn er nur den Mut hat, den Blick auf sich selbst zu richten und die Gegenwart zu verstehen aus der Vergangenheit; nicht um die Vergangenheit zu konservieren, sondern um sich von ihr zu befreien und dadurch zugleich von der Bannkraft des Gegenwärtigen, das nur der Unkritische für ein Bild der Sache selbst hält, während alle Gegenwart in Wirklichkeit doch auch Geschichte ist und darum der Geschichte bedarf, um über die verschiedenen Vergleichsmöglichkeiten das nur Geschichtliche in den Blick zu bekommen und so eben frei zu werden von der Geschichte. Wir können die Philosophiegeschichte einteilen in die Philosophie der Antike, der Patristik und des Mittelalters, der Neuzeit und der Gegenwart.

Die Philosophie der Antike

Die antike Philosophie ist das geistige Erbe, von dem das Abendland immer noch zehrt und mit dem sich das philosophische Denken von heute auch immer noch auseinandersetzt. Antike Philosophie ist nicht antiquiert, so daß man sie nicht mehr studieren müßte. Man sehe sich nur die Werke der großen Philosophen an, und man wird feststellen, wie sehr dieses Denken die Geister aller Zeiten beschäftigt hat.

Die wesentlichen Epochen der alten Philosophie sind: die Vorsokratik, die attische Philosophie mit Sokrates, Platon und Aristoteles, die großen Schulen der hellenistischen Zeit, vor allem der Stoizismus, der Epikureismus und der Neuplatonismus.

Erstes Kapitel: Die Vorsokratiker

Die Wiege der griechischen Philosophie stand in Ionien, an der kleinasiatischen Küste. Wir finden die Philosophen der vorsokratischen Zeit in Milet, Ephesus, Klazomenai, Kolophon, Samos. Man heißt darum die vorsokratische Philosophie auch ionische Philosophie, was aber nicht ganz richtig ist, weil zu dieser Zeit auch in Unteritalien und Sizilien berühmte Namen auftauchen. Und auch das ist nicht ganz richtig, daß man die Philosophie der Vorsokratiker häufig einfach als Naturphilosophie (ionische Naturphilosophie) bezeichnet; denn das Nachdenken dieser Männer hob wohl an bei der sie umgebenden Natur, was sie aber wirklich interessierte, war das Sein überhaupt, sein eigentliches Wesen und seine eigentümlichen Gesetze, war also Metaphysik, ja es war sogar Theologik, weil sie nach den letzten Gründen fragten, die Sein und Geschehen erklären können. (Mit dem Terminus „Theologik" soll ein Reden über Gott, das sich nur auf die natürliche Vernunft stützt, abgegrenzt werden von einem Reden über Gott, das sich als sog. „Theologie" in erster Linie von einer übernatürlichen Offenbarung bestimmen läßt.) Wie Aristoteles sagt, verfuhren die Vorsokratiker aber nicht mehr wie Homer und Hesiod, die auch schon „theologisiert" hätten. Während nämlich diese sich in ihrem Sprechen und Denken mythischer Bilder und Vorstellungen bedienten, setzt bei den Vorsokratikern ein „beweisendes" Denken ein, das nicht mehr einfach auf Erzählungen hört, sondern durch eigenes kritisches Beobachten und Nachdenken etwas begreifen und somit begründen will. Diese Entstehung des begrifflichen Denkens bei den Vorsokratikern war zugleich die Entstehung der abendländischen Philosophie.

1. Die Probleme der Vorsokratiker

Eine ganze Reihe von Begriffen, die wir heute noch im Munde führen, z. B. Prinzip, Element, Atom, Materie, Geist, Stoff, Form usw., entstehen bereits in der Vorsokratik. Es war wie ein Griff nach den Sternen. Diese Denker schufen eine Währung des Geistes, deren Gültigkeit zwei Jahrtausende überdauert hat. Das ist bewundernswert, gibt aber auch zu denken auf. Angenommen, diese ersten Setzungen wären mangelhaft gewesen, archaisch, primitiv: sind sie dann, wenn sie heute noch nachleben, nicht zugleich auch eine Belastung für uns, eine Verstellung unseres Denkens und eine schiefe Bahn? Aber das Entscheidende dieser Zeit liegt gar nicht bei den Worten und Begriffen, sondern bei der Art zu fragen, bei den Problemen, die diese Menschen bewegten. Aus diesem Suchen wurden nämlich die Begriffe geboren. Darum sind die Probleme der Vorsokratiker noch wichtiger als ihre Termini und Begriffe.

Das Hauptproblem der vorsokratischen Philosophie bildet die Frage nach der *Archē* oder dem Prinzip aller Dinge. Archē sowohl wie Prinzip heißt wörtlich Ursprung, Anfang. Es war dabei aber weniger an einen zeitlichen Ursprung gedacht als an einen wesenhaften. Das eigentliche Problem war nämlich dies: Was sind die Dinge, die so vielfältig aussehen und die sich, wenn unsere Sinneswahrnehmung sie betrachtet, voneinander unterscheiden, in ihrem Inneren, das sie neben ihrem Äußeren doch auch haben? Ist nicht vielleicht das, was uns erscheint, eben nur Erscheinung, nur äußere Schale, nur Oberfläche, während das Innere der Dinge ganz anders aussieht, vielleicht überhaupt nicht „aussieht", sondern nur dem Denken zugänglich ist, und als das nur Denkbare jetzt das eigentliche, das sogenannte Wesen der Dinge ausmacht?

Diese Unterscheidung Äußeres und Inneres, sinnlich wahrnehmbare Erscheinung und nur denkbares eigentliches Sein, Nebensächliches und wirkliches Wesen hatte noch eine andere Unterscheidung zur Folge. In der äußeren Erscheinung war jedes Ding etwas Eigenes, Individuelles; im Wesen aber waren die Dinge dann einander gleich; das Wesen war allgemein. Und dieses Allgemeine erschien jetzt als das Wichtigere und darum als das noch Wesentlichere gegenüber dem nur je Einzelnen.

Und noch eine dritte Unterscheidung ergab sich so wie von selbst: Das innere, überall gleiche Wesen ist auch das Bleibende, Bestehende, Sichere, Berechenbare, Wißbare gegenüber dem Vorüberziehenden, Zufälligen, Unsicheren, Schattenhaften, das nicht Gegenstand eines Wissens, sondern höchstens einer Vorstellung und eines Meinens sein kann.

Als darum *Thales* von Milet (ca. 624–546) als erster von diesen Denkern gesagt hatte, das Prinzip von allem ist das Wasser, es ist der Ursprung, das Element, aus dem alle Dinge entstehen und in das alle zurückkehren, hatte er nicht mehr von dem einzelnen Seienden, das den Sinnen erscheint und Gegenstand auch der Spezialwissenschaften ist, sondern vom Sein überhaupt gesprochen, das schlechthin überall vorkommt, und hatte es zum Gegenstand des Wissens gemacht und damit das geschaffen, was Aristoteles genauer als die Wissenschaft vom Sein als solchem bezeichnen wird, was er auch „erste Philosophie" nennt sowie Weisheit oder Theologik und was man in seiner Gefolgschaft später als Metaphysik bezeichnen wird. Zahllos sind die Antworten, die die abendländische Philosophie auf diese Fragen geben wird. Das Bedenken des Seins, des Seienden, des Wesens, der Erscheinung, des Allgemeinen und des Besonderen, der Gründe und des Urgrundes wird nun nicht mehr aufhören.

Aber schon bei den Vorsokratikern selbst zeichnen sich auf der Suche nach den Antworten mehrere Richtungen ab. Sie sind wie Ausfaltungen des Hauptproblems, der Frage nach dem Urgrund überhaupt. Ein erster Lösungsversuch ist gegeben mit dem Doppelbegriff *Stoff und Form*. Im Stoff erblicken den Urgrund die drei Milesier: Thales im Wasser, Anaximander im Apeiron, Anaximenes in der Luft. Daß Wasser und Luft etwas Stoffliches sind, ist klar; aber auch das Apeiron ist von dieser Art; es meint wörtlich zwar das Grenzenlose, das Unendliche, stellt sich darunter aber einen unendlichen Vorrat von Stoff vor, aus dem alles, was überhaupt da ist, zwar nicht unmittelbar, sondern nach vielen Umformungen, schließlich und letztlich empfangen hat, was es an Körperlichkeit besitzt. Man darf in diesem Stoff der Milesier aber nicht bloß das

Materielle sehen – sie sind keine Materialisten –, sondern muß den ebenso wichtigen Umstand beachten, daß es sich in diesem Stoff um etwas Übermächtiges, Gründendes, Ewiges, Göttliches handelt. Das sieht man besonders bei *Anaximander* (ca. 610–545), von dessen Apeiron Aristoteles berichtet, daß es „alles umfaßt, alles steuert, als das Unsterbliche, Unverderbliche und Göttliche". In dem feierlichen, hymnischen Stil, in dem Anaximander von seinem Apeiron spricht, kann man die Verehrung erkennen, die er dem Apeiron gegenüber fühlt und in der man mit Recht ein Stück der Theologik der frühen griechischen Denker erblickt hat.

Trotz allem, auch wenn man von einem unendlichen Stoff spricht oder, wie es auch geschah, von einem lebendigen Stoff (Hylozoismus), so konnte der Stoffbegriff doch nicht genügen zur Erklärung unserer Weltwirklichkeit. Das gesehen zu haben ist ein Verdienst der *Pythagoreer* (Pythagoras ist 570 in Samos geboren). Sie verweisen auf den Gegenbegriff zum Stoff, auf die Form. Sie verkennen nicht die Berechtigung des Stoffbegriffes, ja sie fassen dieses Prinzip genauer als die Milesier. Der Stoff war nämlich dort immer schon irgendwie geformt, war Wasser oder Luft, war also nicht mehr reiner Stoff. Den wollen die Pythagoreer nun denken – und fassen ihn als das gänzlich „Bestimmungslose" (apeiron). Aber gerade jetzt taucht als notwendige Ergänzung die Bestimmung (peras) auf. Sie setzt dem an sich Grenzenlosen Grenzen und macht es damit zu einem Dies oder Das. Die Unterscheidung der Dinge liegt also dann in der Form oder, wie die Pythagoreer gern sagten, in der Zahl. Das war der Sinn ihrer berühmten Lehre, daß alles Zahl sei. Das sollte nicht heißen, daß alles nur Zahl sei, nur Form, nur Grenze und nicht auch Stoff. Sie setzten neben das Zählende und Begrenzende auch das Gezählte: eben den Stoff, das an sich Grenzenlose. Und noch heute wird die moderne, mit der Zahl arbeitende Naturwissenschaft außer den mathematischen Denkmitteln noch etwas annehmen müssen, was durch sie gefaßt wird, außerhalb bleibt und immer eine neue Aufgabe stellen wird.

Zugleich mit dem Begriff der Zahl stellt sich bei den Pythagoreern ein weiterer wichtiger Gedanke ein, der Harmoniebegriff. Die Formen, die das Sein ordnen, tauchen nicht willkürlich auf, sondern bilden ein System, ein Sinnganzes, eine kosmische Harmonie. „Das ganze Himmelsgebäude ist Harmonie und Zahl." „Die Weisen lehren, daß Himmel und Erde, Götter und Menschen Gemeinschaft zusammenhält und Freundschaft und Ordnung und Maß und Gerechtigkeit, und darum nennen sie das alles Weltordnung (kosmos)." Man hat mit Recht gesagt, daß die pythagoreische Entdeckung zu den stärksten Impulsen menschlicher Wissenschaft gehört.

Ein Moment wurde aber bisher noch nicht in Rechnung gestellt: der Wechsel, der sich an Stoff und Form vollzieht, die Veränderung, kurz das *Werden*. Nach *Heraklit* (ca. 544–484) ist das Werden noch mehr Prinzip als Stoff und Form. Was die Dinge auch sind, sind sie nur, weil es die ewige Unruhe des Werdens gibt. Symbol dafür war ihm das Feuer: „Diese Welt hat kein Gott und kein Mensch erschaffen, sondern sie war immer und wird sein ein ewig lebendiges Feuer, nach Maßen erglimmend und nach Maßen erlöschend." Regellos war also das Werden nicht. Es war beherrscht vom Maß, vom Logos (Sinn, Gesetz). Auch der Gegensatz und alle Dialektik stehen unter diesem Gesetz. Heraklit hat nicht wie die moderne Lebensphilosophie, die sich gern auf ihn beruft, alles relativiert, so daß jede Zeit und jeder Mensch, konsequenterweise dann schließlich jede Situation und jeder Augenblick, nur er selbst wäre und es keine übergreifende Wahrheit oder Gesetzlichkeit mehr gäbe, weil die Zeit alles verzeitliche. Erst bei den Herakliteern hat das von Aristoteles auf Heraklit selbst gemünzte Wort „alles fließt" diesen radikalen Sinn angenommen. Heraklit selbst wendet sich gerade gegen die Relativierung, wie sie in der individuellen oder kollektiven Willkür auftreten kann; „denn", so sagt er, „es nähren sich alle Gesetze von dem einen göttlichen". Man solle nicht tun, als ob jeder seinen eigenen Sinn habe; entscheidend sei der gemeinsame Logos, seine Wahrheit und sein Recht. Wir stehen damit eigentlich am Ursprung des Naturrechtsdenkens.

Der Antipode zum Heraklitismus ist der Eleatismus. Sein Vater, *Parmenides* aus Elea in Unteritalien (ca. 540–470), stellt in den Mittelpunkt seiner Philosophie das *Sein* und leugnet das Werden. Nur Seiendes ist. Werden soll nur etwas Fließendes sein, also nichts Seiendes, weil nichts Ruhendes, nichts Stehendes; dann aber ist es überhaupt nicht, so meint er. Nur unsere Sinne gaukeln uns das Werden vor und im Zusammenhang damit das Viele. Nur wenn es Vieles gibt, könnte es auch den Übergang, das Werden, geben und umgekehrt. Wo man aber nicht diesen trügerischen Weg der Meinung, d. h. der Sinneswahrnehmung, gehe, sondern sich auf den Weg der Wahrheit stütze, auf das Denken, dort finde man das wahre und eigentliche Sein, das jetzt nur eines ist, eben Sein und nicht Seiendes; denn „dasselbe ist Denken und Sein". Hat Parmenides schon geahnt, daß die Menschen, die sich an das Viele verlieren, und sei es das Viele der Naturwissenschaften, in Gefahr sind, das Eine zu verlieren: das Sein, die Wahrheit, die wirkliche Welt – weil sie sich an etwas verlieren, was gar nicht etwas spezifisch Menschliches ist: an die Sinnlichkeit, die ja auch das Tier schon hat? Das *Denken* aber sei das Urmenschliche, und es allein erhebt uns über die Erfahrungswelt und versammelt im Menschen das eine Wahre, das Sein selbst. Parmenides war einer der großen Metaphysiker, die mehr bieten wollen als nur Vielwisserei. Sein Thema war die Weisheit, weil er das Ganze suchte und das Eine. Dieses Motto seiner Philosophie wird von nun an nicht mehr untergehen.

Bei seinen unmittelbaren Schülern, den Eleaten *Zenon* und *Melissos* z. B., wird allerdings das, was bei Parmenides selbst noch so etwas wie das mystische Schauen einer die Gegensätze einenden höheren Vernunft war, mit Wort- und Begriffskünstelei zu stützen gesucht, weshalb Aristoteles in Zenon den Erfinder jener Dialektik sieht, die nur noch Gerede ist, nur Eristik (Streitkunst), wie die Alten dafür zu sagen pflegten.

Eine ganz andere Luft weht bei einer Reihe von Vorsokratikern, die man als Mechanisten bezeichnet hat. Sie greifen den *Materie-Begriff* auf, der schon bei den Milesiern als Prinzip gedient hatte, prägen diesen Begriff aber jetzt viel schärfer aus.

Einer davon ist *Empedokles* aus Akragas in Sizilien gewesen (ca. 492–432). Er fand den Begriff des Elementes. Er hat sich zwar mit seiner Annahme von nur vier Elementen („Wurzeln"), nämlich Feuer, Wasser, Luft und Erde, geirrt, aber er hat doch den großen, geradezu modern anmutenden Gedanken konzipiert, daß es letzte stoffliche Baubestandteile der Körperwelt geben müsse, die Prinzip sind für alle die Vielfalt, die wir in der Natur wahrnehmen, und die somit dieses Mannigfaltige auf einige wenige Ursprünge zurückführen. Bis weit in die Neuzeit herein hat man übrigens an den vier Elementen festgehalten. (Das fünfte Element, die quinta essentia, unsere sogenannte Quintessenz, war der Stoff der ewigen Sterne.) Der speziell mechanistische Denkansatz liegt bei Empedokles darin, daß diese vier Wurzeln, die an sich bei ihm noch etwas Dämonisch-Göttliches sind, in ihrer Wirkweise einem höheren, mechanisch tätigen Gesetz folgen, nämlich dem abwechselnden Spiel im Umschwung des Kreises der vier Weltperioden von Liebe und Haß.

Der Anthropomorphismus (Vermenschlichung), der allerdings auch da noch maßgebend ist, wird vollkommen überwunden und durch einen reinen *Mechanismus* ersetzt, der zugleich reiner Materialismus ist, bei *Demokrit* aus Abdera (ca. 460–370). Bei ihm gibt es keine Götter mehr und keine sonst irgendwie aus dem menschlichen Leben genommenen Vorstellungen. Seine Archē sind vielmehr die Atome: kleine, letzte, nicht mehr teilbare (a-tomos) Körperchen, an sich alle von gleicher Qualität, nur in Größe und Form unterschieden. Als Hilfsbegriffe braucht Demokrit nur noch den leeren Raum und die ewige Bewegung. Von Ewigkeit her fallen nach ihm im leeren Raum diese Atome, und alles, was es gibt, baut sich aus ihnen auf. Für unsere Sinneswahrnehmung sind darum die Dinge zwar verschieden in Gestalt, Form, Farbe usw., an sich aber (physei = der Natur nach) bestehen sie bloß aus Atomen. Das ist alles an den Dingen. Darum ist Natur für Demokrit nichts anderes als „Atome, die im leeren Raum umhergeschleudert werden". Es regiert kein Gott, es gibt auch keine Vorsehung, auch nicht Sinnhaftigkeit oder Zweckmäßigkeit, aber auch keinen Zufall, sondern alles geschieht „von selbst" (automatisch) aufgrund der Gesetzmäßigkeit, die mit dem Quantum der Materie selbst gegeben ist. Auf der Kenntnis dieser Gesetze beruht die Vorausberechenbarkeit des Naturgeschehens. Das ist bereits das Ideal der modernen Naturwissenschaft. Aristoteles wird Demokrit gegenüber einwenden: Die Rede von der Ewigkeit der Bewegung umgeht die Frage nach ihrem letzten Grund; und wenn in der Natur immer gleiche Gestaltungen auftreten, dann verbirgt sich dahinter ein nicht materialistisch zu erklärendes Prinzip, nämlich das der Form.

Auf beides verweist *Anaxagoras* (ca. 500–420), indem er als neues Prinzip den *Geist* (Nus) einführt. Der Geist ist es, der als Kraft von außen die Ursache der Bewegung bildet und der zugleich alles sinnvoll lenkt. Aristoteles spendet dem Anaxagoras deshalb hohes Lob: „Als darum einer behauptete, es sei ein Verstand, wie er in den Sinnenwesen ist, auch in der Natur Urheber des Kosmos und aller Ordnung in ihr, mußte er unter seinen Vorgängern wie ein Nüchterner unter Faselnden erscheinen." Anaxagoras hat den Nus als etwas Göttliches betrachtet. Er ist unendlich, selbstherrlich, existiert für sich, ist allwissend und allmächtig. Das Ordnungsdenken des Anaxagoras geht bis in die letzten Baubestandteile der Naturdinge. Sie sind nicht wie bei Demokrit nur quantitativ voneinander verschieden, sondern gerade qualitativ, so daß, was ein Ding als Ganzes ist, es genauso auch schon in jedem seiner Teile ist („Homoiomerien"). In der Gefolgschaft des Anaxagoras wurde das Ordnungs- und Zweck-Denken (Teleologie) zu einem Philosophem, das ungeheuer nachgewirkt hat, vor allem in der sogenannten natürlichen Theologie, wenn sie über der Sinnhaftigkeit und Zweckmäßigkeit des Kosmos sich erhob zu der Idee eines allweisen und göttlichen Geistes, der dies alles geschaffen hat, und ebenso auch in der weniger quantitativ als vielmehr qualitativ-eidetischen Naturbetrachtung, die noch Leibniz für unerläßlich halten wird.

2. Die Denkwege der Vorsokratiker

Die großen Ideen der vorsokratischen Philosophie gehen immer wieder auf ganz schlichte, natürliche Überlegungen des gesunden Menschenverstandes zurück. Die Pythagoreer kamen auf den Harmoniebegriff durch die Beobachtung des Verhältnisses von Tonhöhe und Saitenlänge. Demokrit sah, wie beim Sieben von Getreide und beim Wellenschlag am Meeresstrand sich Gleiches zu Gleichem gesellt und schloß daraus: So muß es in einem weltenbildenden Wirbel auch zur Konfiguration unseres Kosmos und seiner Gestalten gekommen sein. Anaxagoras denkt über die menschliche Ernährung nach und fragt sich: Wie könnte Haar aus Nicht-Haar und Fleisch aus Nicht-Fleisch entstehen, wenn nicht das, woraus etwas wird, wenigstens keimhaft das schon ist, was daraus werden soll? So kam er zu seinem Begriff der Homoiomerien.

Die Denkwege der Vorsokratiker geben uns Aufschluß über den Charakter philosophischen Denkens überhaupt: Philosophie ist etwas Urmenschliches und ist, anders als das Spezialistentum der Einzelwissenschaften, zugleich etwas allgemein Menschliches und jedem gesunden Denken grundsätzlich Zugängliches. Kant hat einmal gesagt, daß die zum wahren Menschsein nötigen Einsichten nicht auf der Spitzfindigkeit feiner Schlüsse beruhen, sondern dem natürlichen Verstand selbst zu eigen sind, der, wenn man ihn nicht durch falsche Künste verwirrt, nicht ermangelt, uns zum Wahren und Nützlichen zu führen. Die Vorsokratiker sind ein Beweis dafür.

3. Die Sophistik – Umwortung und Umwertung

Die Sophisten bieten allerdings sogleich auch wieder den Beleg dafür, wie gefährlich das Instrument des menschlichen Geistes sein kann. Der menschliche Geist vermag nämlich vieles, was sich als glänzende Tugend geben, dabei aber glänzendes Laster sein kann. Das zu durchschauen, erfordert selbst wieder nicht bloß Geist, sondern Reife des Geistes.

Die Sophistik entsteht zu einer Zeit, in der Griechenland sich anschickt, Großmachtpolitik zu treiben. Zu so etwas braucht man Könner. Die Sophisten boten sich an, solche Könner auszubilden. Sie versprachen, die *Aretē* zu lehren. Übersetzt man diesen Ausdruck wörtlich mit Tugend und versteht Tugend im herkömmlichen Sinn, dann kommt genau das Gegenteil von dem heraus, was gemeint war. Aretē heißt nämlich im Munde der Sophisten nur Tüchtigkeit. Und diese Tüchtigkeit war nicht wählerisch. Es war eine Tüchtigkeit, die zu allem fähig war (panurgia), wie Platon treffend dafür gesagt hat. Hauptsache war den Sophisten dabei die *Rhetorik,* die Kunst, sprechen, schreiben und auftreten zu können. Das gerade braucht ja der politische Führer. Und da hatten sie nun gefährliche Grundsätze: Man müsse verstehen, etwas zu werden, der Erste zu sein, Macht zu erwerben und zu behalten, sich durchzusetzen, das Leben zu meistern und es zu genießen. Dafür war dann alles recht – und daher ihr Grundsatz, der tüchtige Redner müsse fähig sein, die schlechtere Sache zur stärkeren zu machen, nicht durch die Erhellung der Wahrheit, sondern einfach durch Überredung. Daher Platons ständiger Tadel: Euch geht es überhaupt nicht um die Sache oder um die Wahrheit oder um das Recht, euch geht es nur um die Macht, und im Grunde seid ihr ohne jede Einsicht in die Wahrheit und die Werte des Menschen – und darum seid ihr nicht Führer, sondern Verführer.

Dafür besaßen die Sophisten auch die entsprechende Weltanschauung, einen allgemeinen *Relativismus:* Es gibt keine Wahrheit, und gäbe es eine, dann könnte man sie nicht erkennen, und könnte man sie erkennen, wäre sie nicht mitteilbar, wie *Gorgias* (483–375) zu sagen pflegte. Oder wie einer ihrer bekanntesten meinte, *Protagoras* (ca. 481–411), alles sei relativ, subjektiv, je nach dem Dafürhalten des einzelnen: „Wie etwas mir erscheint, ist es für mich, wie dir, so ist es für dich." Darum steht nichts mehr dem Menschen gegenüber, weder objektive Sachverhalte noch ein ewiges Recht, noch ewige Götter, sondern „der Mensch ist das Maß aller Dinge" (Protagoras). Die Sophisten bemühten sich, auf alle Weise zu zeigen, wie relativ die Satzungen des Rechtes, der Sittlichkeit oder der Religion seien. Nichts sei hier „von Natur", d. h. ewig gültig, sondern alles sei nur durch menschliche „Satzung" und Übereinkunft so geworden. Und auch für ihre Machtideologie suchten sie nach einem philosophischen Mäntelchen. Es sei das Gesetz der Natur, so meinten sie, daß der Stärkere über den Schwachen herrsche. Das war hier das „Naturrecht". Bei Nietzsche und Hobbes wird es später wieder aufleben. Und auch im Soziologismus der Gegenwart, in dem die Soziologie als Wissenschaft zur Ideologie entartet ist, erlebt die Sophistik eine Wiederkehr: hier wie dort gibt es keine bleibenden Wahrheiten und Werte, sondern man orientiert sich an dem bloß Faktischen, das Zeitgeist, Willkür, Macht und Geschichte uns zuspielen, und rechtfertigt es dann, genauer, propagiert es, durch eine journalistische Dialektik, die das kritische Denken verdirbt bis hinein in Pädagogik, Justiz und Politik, was ja immer schon der Tummelplatz der Sophisten gewesen war.

Daß die vielberedete Relativität nicht die sittlichen Werte selbst betraf, sondern nur das menschliche Bewußtsein von diesen Werten, nicht die objektive Geltung, sondern nur die geschichtliche Ausdrucksform, diese tiefere Einsicht war ihnen nicht aufgegangen. Und auch nicht die andere Unterscheidung, daß ihr *„natürliches Recht"* nur natürliche Begehrlichkeit ist, wie Thomas Hobbes dieselbe Sache sehr viel später richtig nennen wird. Aber es hat einen Mann gegeben, der ihnen ihre Wertblindheit genau vorrechnete, Platon. Alle seine Jugendschriften sind gegen die Sophisten gerichtet. Das witzigste Argument dabei war sein Wort vom Lügner und vom Dieb. Platon sagte nämlich, man müsse den Grundsatz, daß es nur auf das Können allein und als solches ankomme, einmal richtig durchdenken. Wenn es wirklich so ist, dann ist der Lügner „besser", weil „tüchtiger" als der, der die Wahrheit spricht, denn er überrundet ihn ja; und ebenso ist dann der Dieb „besser" als der Wächter, denn er „kann" ja noch mehr, weil er ihn überlistet. Mit dem Können allein ist es also nicht getan.

Aber das wird oft nicht recht durchschaut. Die Kunst des schönen Sprechens und Schreibens, also das humanistische Ideal der nur *formalen Bildung,* wird immer Gefallen finden. Auch da kann Sophistik noch am Werke sein. Für diese Leute hat Platon umsonst geschrieben, soviel Kluges sie auch über ihn zu sagen wissen. Sie sind daher in seinen Augen nur Liebhaber des Wortes (philologoi), aber nicht des Gedankens und seiner Weisheit (philosophoi), weil die Reife des Geistes fehlt, sein Wahrheitsbewußtsein und das Wertgefühl der sittlichen Vernunft. Es gibt eine ewige Sophistik, die immer den Schein mehr lieben wird als das Sein. Alle Leistung wird immer blenden. Wenn man aber das Können des Menschen, sei es nun Wissen oder Willensmacht, nicht unter sittliche Wertprinzipien stellt und davon leiten läßt, dann hat das seine Konsequenzen. In einer Weltanschauung, die an Leistung und Macht allein orientiert ist, wird der Egoismus zur Notwendigkeit werden. Man kann ihn dann maskieren, kann die Lüge Propaganda heißen und den Diebstahl Gemeinwohl, aber bei der Tatsache der bloßen Macht wird es bleiben. Wer ihre Vorteile genießen will, wird dann auf immer abhängen von der höchstmöglichen Raffinesse jener routinierten Könner, die zu allem fähig sind.

Zweites Kapitel: Die attische Philosophie

Mit den Großen der griechischen Philosophie, mit Sokrates, Platon und Aristoteles, nimmt nun das Mutterland, Attika, die philosophische Führung in die Hand. Die Vorsokratiker lebten ja in der Hauptsache in den Randgebieten Griechenlands. Nur von den Sophisten hatte der größere Teil sich auch schon im Mutterlande selbst wichtig gemacht. Aber aus ihnen spricht mehr die politische Ideologie und nicht das philosophische Denken. Was jedoch mit Sokrates, Platon und Aristoteles sich zu Worte meldet, ist große, ewige Philosophie.

1. Sokrates – Wissen und Wert

An Sokrates (ca. 470–399) ist am wichtigsten die Persönlichkeit. Er hat nichts geschrieben, aber alles gelebt. Was wir von ihm wissen, wissen wir durch Platon und ein paar andere Quellen. Daraus erfahren wir, daß bei Sokrates die Philosophie mehr Praxis war als Theorie. Das philosophische Fragen nach dem Was und dem Warum und insbesondere nach den sittlichen Werten oder der Tugend war ihm zur wahren Eixstenzform geworden.

Zwei Dinge waren bei diesen Fragen besonders charakteristisch, seine Maieutik und seine Ironie. Die *Maieutik* war die „Hebammenkunst" des Sokrates. Sie bestand darin, aus dem Gesprächspartner – es waren besonders die jungen Leute, die er in philosophische Diskussionen verwickelte – etwas herauszuholen, wovon dieser selbst noch nicht wußte, daß er es wußte, was er aber, wie Sokrates durch seine geschickten Fragen zeigte, wissen konnte, sobald er nur richtig über die Probleme nachdachte. Es war beste philosophische Schule, was Sokrates damit praktizierte. Immer ließ er dabei die jungen Leute fühlen, daß sie sich in ihren Begriffen und Urteilen nicht allzu früh sicher fühlen sollten. Sokrates überschätzte die gegebenen Antworten nicht; er hieß das Erreichte eher unterschätzen, er bohrte weiter, d. h., er fragte „ironisch": ob sie tatsächlich glaubten, schon alles richtig begriffen zu haben; ob dieses oder jenes überhaupt in seiner Eigentümlichkeit gesehen sei; ob man das Wesentliche und nicht vielleicht bloß Nebensächliches in den Blick genommen habe; ob es nicht Gegengründe gegen die vorgebrachte Meinung gebe? Auch von sich selbst pflegte er zu sagen: „Ich weiß, daß ich nichts weiß." Das war also seine *Ironie*. Sie konnte aufregen, noch mehr aber sollte sie anregen. Sokrates gehört zu den großen Erziehern der

Menschheit, nicht nur durch seine Methode im Umgang mit jungen Leuten, mehr noch durch sein Hinführen zum Schauen und Erleben des sittlich Guten.

Wie das Wissen, so stand auch der Wert im Mittelpunkt seines Umgangs mit Menschen. Wie nämlich die Sophisten dauernd von *Aretē* redeten, darunter allerdings eine zu allem fähige Tüchtigkeit verstanden, so kreiste auch sein Denken um die Aretē, aber um eine Aretē, die wirklich sittliche Tugend war, im Wollen und in der Gesinnung eindeutig ausgerichtet auf den sittlichen Wert. Er stieß damit an, teils weil den politischen Routiniers der Hinweis auf das Wertgefühl und das Gewissen, das „Daimonion" im Innern des Menschen, unangenehm war, teils weil diese tiefere ethische Besinnung im Widerspruch mit der Volksreligion zu stehen schien. So wurde er verfolgt, eingekerkert und mußte schließlich den Schierlingsbecher trinken. Er trank ihn in Ruhe und unbeirrbarer Charakterfestigkeit: „Meine Mitbürger, ihr seid mir lieb und wert, gehorchen aber werde ich mehr Gott als euch. Und solange ich atme und Kraft habe, werde ich nicht aufhören, der Wahrheit nachzuforschen und euch zu mahnen und aufzuklären und jedem von euch in meiner gewohnten Weise ins Gewissen zu reden: Wie, mein Bester, du, ein Bürger der größten und durch Geistesbildung hervorragendsten Stadt, schämst dich nicht, für möglichste Füllung deines Geldbeutels zu sorgen und auf Ruhm und Ehre zu sinnen, aber um sittliches Urteil, um Wahrheit und Besserung deiner Seele kümmerst du dich nicht und machst dir keine Sorge?" Sokrates gehört darum auch unter die großen Ethiker der Philosophiegeschichte.

Seine ethische Terminologie und Theorie bleib freilich hinter dieser existentiellen Wirklichkeit des Guten zurück. Es gelang Sokrates nicht, das wahre Wesen des Sittlichen auch theoretisch eindeutig klarzumachen. Im Gegenteil, er bediente sich einer Reihe von Begriffen, die eigentlich in die Welt der Zweckmäßigkeit und Nützlichkeit des nur technischen Denkens gehören und die, rein theoretisch gesehen, einen Utilitarismus und *Eudämonismus*, also eine Nützlichkeits- und Wohlfahrtsmoral, suggerierten, die ihm in Wirklichkeit ganz fernlag. So wird z. B. das sittlich Gute erläutert durch den Hinweis auf gute Werkzeuge. Der Mensch ist aber kein Werkzeug. Wenn wir ihn sittlich gutheißen, meinen wir unter gut etwas ganz anderes. Manchmal sah es zudem so aus, als ob für Sokrates die ganze sittliche Welt im Wissen und Können aufginge, was man den sokratischen Intellektualismus geheißen hat und was Sokrates in die Nähe der Sophisten zu rücken schien; aber auch nur schien, denn in Wirklichkeit war seine Sittlichkeit nichts weniger als Intellektualismus oder technische Tüchtigkeit. Sie war Willensmacht und Charakterstärke. Es lag nur an den Begriffen, die aus seiner Zeit kamen und die seinem wirklichen Wollen nicht gerecht wurden. Aber gerade dieses Zurückbleiben der philosophischen Reflexion hinter der existentiellen Wirklichkeit war es, was seinen großen Schüler Platon auf das stärkste anregte, die echte ethische Wirklichkeit in den Mittelpunkt seines philosophischen Nachdenkens zu stellen und nach dem wahren und eigentlichen Wesen des sittlich Guten, des Idealen, zu suchen.

Trotz des Vorherrschens der Wertwelt hat Sokrates doch auch noch eine besondere Bedeutung für die rein theoretische Philosophie gehabt, und zwar durch eine Leistung, die fast so etwas wie eine Erfindung war, nämlich seine Methode der *Begriffsbildung*. Aristoteles erzählt von ihr: „Zweierlei ist es, was man mit Recht Sokrates zuschreiben muß, einmal das den allgemeinen Begriff herausholende Forschen und dann das Denken der Wirklichkeit mit Hilfe solcher Allgemeinbegriffe." Platon hat dieses Verfahren des Sokrates in seinen Jugenddialogen durch viele Beispiele dargestellt. Sokrates fragt z. B. nach der Aretē. Man antwortet ihm: Die Aretē haben wir vor uns, wenn man im Staat herrschen, seinen Freunden nützen und den Feinden schaden kann; wenn man tapfer ist, besonnen, klug usw. Seine Erwiderung darauf ist immer die gleiche: Das sind alles nur Beispiele von Aretē, sind konkrete Einzeltugenden, aber nicht die Tugend schlechthin; schaut diese Einzeltugenden doch in ihrer Struktur an, dann werdet ihr sehen, daß diesen Einzelfällen ein immer gleiches zugrunde liegt, eine gemeinsame Gestalt (eidos), ein allgemeines Wesen; das ist die Hauptsache daran, ist das Wesentliche. Das also war das Allgemeine des Sokrates, und damit, meint er, müsse man alle Einzeltugenden denken; dieses Denken wäre dann Wissen und Wissenschaft und nicht nur ein am Einzelnen hängenbleibendes Vorstellen; denn jetzt tauche das Gesetzliche und Notwendige auf im Unterschied zum nur Zufälligen. Und darin liegt die Bedeutung des Sokrates für die theoretische Philosophie.

Man sieht das sofort bei seinem großen Schüler Platon, bei dem gerade diese allgemeine Gestalt, das Eidos oder Wesen der Dinge, zur Grundlage eines ganzen philosophischen Systems wird.

2. Platon – Die Welt in der Idee

In Sokrates hatte der Mann aus dem Volk philosophiert. Platon (427–347) ist athenischer Hochadel. Aber auch diese Philosophie bedenkt das tägliche Leben; denn sie zielt auf den richtigen Menschen und den richtigen Staat. Sie sucht das aber jetzt auf dem Weg über eine bewußt entwickelte und genial durchdachte Theorie, die berühmte platonische Ideenlehre.

a) Ideenlehre

Die platonische Philosophie fängt dort an, wo Sokrates aufhört, bei der Frage nach dem wahren und eigentlichen Wesen des Guten oder, wie wir dafür auch sagen können, der sittlichen Werte. Sokrates war die lebendige Erscheinung der sittlichen Werte gewesen. Aber was ist das Wesen dieser Werte? Wie sollte man sie theoretisch erklären? Platon antwortet auf diese Frage mit seiner Ideenlehre. Die *Ethik* war der eine Weg, der zur Ideenlehre führte.

Eines stand für Platon aus der sittlichen Erfahrung des sokratischen Lebens unerschütterlich fest: Die Werte, z.B. die vier Kardinaltugenden Weisheit, Gerechtigkeit, Tapferkeit, Maß, ebenso aber auch die übrigen Tugenden, sind etwas Absolutes, Unantastbares, Unveränderliches, Ewiges. Aber nur in ihrem An-und-für-sich sind sie so. Für uns Menschen erscheinen sie in Zeit und Raum. Ihre Erkenntnis und Realisierung kann nämlich mangelhaft und mit Irrtümern behaftet sein, kann eine Verfehlung, ja auch eine Verzerrung ihres wahren Wesens bedeuten. Es kann sogar Leute geben, die davon gar nichts wissen, die wertblind sind. Aber auch nur dieses Wertbewußtsein ist relativ auf Zeiten, Völker, Kulturen, Individuen; nur insofern hatten die Sophisten recht mit ihrer Lehre, daß das Gute und Gerechte überall etwas anderes sei. Sie hatten nicht recht, was das Ansich, das eigentlich innere, objektive Wesen der Werte selbst angeht. Hier spricht etwas zu uns, was unabhängig ist vom menschlichen Wollen, Begehren, Bedürfen, von Neigungen und subjektiven Absichten; etwas, das sich als *absolut* erweist. Platon ist nicht so ungenau, daß er den Menschen schlechthin als geschichtliches Wesen sähe. Er sieht beides, das Absolute und das Relative.

Es gibt allerdings auch bestimmte Werte, die von Angebot und Nachfrage abhängen, die Werte des Marktes, deren Werthaftigkeit in der individuellen Nützlichkeit aufgeht, wie z.B. die materiellen Werte. Darüber hinaus aber beobachten wir im sittlichen Tun des Menschen, wo es um den eigentlichen Menschen geht, um Charakter, Gesinnung und um mögliche innere Achtung, eine Werthaftigkeit, die etwas ganz anderes ist als jene materielle und subjektive Utilität, eine Wirklichkeit nämlich von idealer Art und allgemein-verbindlicher Objektivität. Platon sagt dafür einfach Tugend (aretē). Dieses Allgemeine in der Tugend hatte Sokrates wieder und wieder gegenüber den Sophisten aufscheinen lassen. Eben das aber war auch Platon wie in einer Wesensschau zur Evidenz geworden. Es sind ja sowieso seine Worte und Schriften, durch die wir das Wesen und Wollen des Sokrates kennen.

Aber als was soll man nun die Werte begreifen und verstehen, die wir mit dem Wort Gut oder Tugend zusammenfassen? Daß sie nicht einfach Wissen und Können sind, also auch nicht Vollendung in diesem Sinn des Techne-Denkens, hat sich in der Auseinanderset-zung mit der Sophistik wieder und wieder gezeigt. Der Begriff der Vollendung als solcher besagt ja keine eindeutige sittliche Werthaf-tigkeit. Auch ein Dieb oder Lügner kann vollendet sein. Ebensowe-nig genügt der im Grunde damit zusammenhängende Zweckbegriff. Man meint manchmal auch heute noch, die sittliche Qualität eines Menschen aus den Zwecken und Zielsetzungen seines Lebens be-gründen zu können. Aber für die Zwecke gilt das gleiche wie für das Wissen, das Können und die Vollendung: Es gibt auch schlechte Zwecke, schlechtes Wissen und schlechte Vollendung. Also ist nicht der Zweckgedanke als solcher ein mögliches Prinzip der Ethik. Es muß immer das richtige Wissen, das richtige Können, die richtige Vollendung und der richtige Zweck gegeben sein. Worin besteht nun das Richtige für den Menschen? Hier setzt jetzt das spezifische der platonischen Philosophie an. Sie arbeitet mit dem Seinsbegriff. Das Richtige, so antwortet Platon, ist aufgehoben in einem *Reich idealer Wesenheiten*, einem Reich idealen Seins. Es gibt einen Menschen an sich, eine Gerechtigkeit an sich, ein Gutes an sich, ein Schönes an sich. Auf Erden, in Raum und Zeit, gibt es keine vollkommene Gerechtigkeit und kein vollkommen Gutes. Trotzdem hören die Menschen nicht auf, danach zu streben, ihre Gesetze zu verbessern und sich dagegen zu wehren, daß nur Relatives, bloßer Vorteil etwa oder bloßer Machtwille, sich als Gerechtigkeit an sich ausgibt. Sie wollen ein absolut Richtiges. Danach beurteilt man das Leben bei anderen und bei sich selbst auf seine Richtigkeit und seinen Wert hin. Man hat dieses Absolute nicht in der Hand, wie man ein Win-kelmaß in der Hand haben kann. Sonst würde alles Leben und alle Geschichte aufhören, weil das Streben nach dem Unendlichen auf-hörte. Und doch weiß der Mensch um diese idealen Werte an sich. Es ist ein Wissen, das ebensosehr Wissen ist wie Nichtwissen, ein Wissen anderer Art als das um Geschichtszahlen und Raumgrößen.

Indem wir danach streben, haben wir es, und es führt uns, indem wir es suchen. Das Sein dieser Werte an sich ist also von anderer Art als das uns sonst bekannte Seiende der Gegenstände in Raum und Zeit. Es ist kein Sammelbegriff für Seiendes. Dieses Sein ist nicht mit Händen zu greifen; es ist nichts Materielles, nur Zeitliches; nicht einfach nur Vorteil oder Macht oder Lust oder Genuß. Es ist ein Sein, das wir schauen und nicht schauen; das uns leitet und verborgen ist; das ewig ist und in die Zeit eingeht; unräumlich ist und im Raum erscheint; unveränderlich und doch niemals starr und unbeweglich ist. Platon nennt es das Sein der Ideen, das „ideale" Sein, seine Ideenwelt (kosmos noëtos). Das enthüllte sich ihm im Anschluß an die Erfahrung des Daimonion des Sokrates, im Wertwissen, im Gewissen. Und das war jetzt für ihn jenes Absolute, das sie beide suchten.

Sieht man genauer zu, dann dürfte man dieses merkwürdige Sein der Ideen gar kein Sein heißen, mindestens dann nicht, wenn man, wie es in der Neuzeit Sitte wurde, unter Sein zunächst das Sein der Naturdinge versteht, das Sein der Mineralien, Pflanzen, Tiere – im Gegensatz zum Menschen, der über das Sein der Naturdinge hinaus auch noch Geist hat und darin sogar das für ihn Spezifische besitzt. Dieser Geist des Menschen ist es, der im Werterfassen um jene idealen Gehalte weiß, die Platon Ideen hieß. Aber auch nur der Geist kennt so etwas wie die Idee. Man kann darum sagen, daß die Ideen geisthaftes Sein sind, geistiges Sein haben, ein Sein, das uns in seiner Eigenart aufgeht am Menschen, der als Person freier sittlicher Geist ist. Das ist jetzt ein anderer Seinsbegriff als der nur am Seienden der Naturdinge orientierte. Weisheit, Gerechtigkeit, Maß, Treue, Wahrhaftigkeit usw. haben ein anderes Sein als ein Stück Eisen, eine Pflanze, ein Tier. Da aber auch diese daseienden Dinge Sein haben, zeigt sich, daß der Seinsbegriff der antiken Philosophie viel weiter ist als der der modernen. Er versucht zuletzt sogar noch das Sein Gottes zu umgreifen.

Ein zweiter Weg zur Ideenlehre führte gleichfalls über die menschliche Person als Geistwesen, jetzt aber nicht so sehr über den Werte erfassenden, sondern den die Wahrheiten denkenden Geist. Diese Seite des Geistes ging Platon und nach ihm vielen anderen Philosophen besonders am *mathematischen Denken* auf. Die Tangente berührt den Kreis nur in einem Punkt. So etwas hat noch kein Mensch gesehen, trotzdem wissen wir es; und da die Sinne diese Erkenntnis nicht liefern, liefert sie eine andere Erkenntniskraft, das Denken. Es gibt in der sinnlich wahrnehmbaren Welt, so schließt Platon weiter, überhaupt keine eigentliche Gerade, keinen wahren

Kreis, kein wirklich Gleiches. Das sind alles Begriffe, die in ihrer Reinheit nur im Denken gegeben sind. Punkte, die wir in dieser raum-zeitlichen Welt sehen, sind immer ausgedehnt, der mathematische Punkt aber ist unausgedehnt. Die Kreise, die wir zeichnen, sind nie vollkommen rund. Es gibt nichts in dieser sinnlichen Welt, wird später Cusanus sagen, was nicht noch genauer sein könnte. Nur der gedachte Kreis ist darum der wirkliche Kreis. Es gibt, sagt Platon im Phaidon, in unserer sinnlichen Welt nicht zwei vollkommen gleiche Hölzer. In einer Welt von Raum und Zeit, die ständig fließt, ist auch alles in einer ständigen, wenn auch noch so winzigen Veränderung begriffen. Jeden Augenblick ist darum alles immer wieder anders. Aus dieser sinnlichen Welt hätten wir darum niemals den Begriff der Gleichheit gewinnen können. Auch ein Mittelwert würde immer noch differieren. Darum stammen diese Begriffe aus dem Geist selbst, insofern er reines Denken ist.

Die Unabhängigkeit unserer Denkbegriffe von der Sinneserfahrung ist keine absolute. Sie gehen uns tatsächlich nur auf im Umgang mit der sinnlichen Welt. Aber die Reinheit und Wahrheit der Denkbegriffe als solcher stammt aus dem Geist. Sie sind, wie wir heute zu sagen pflegen, a priori. Platon hat dafür das Bild der *Wiedererinnerung* (anamnesis) gebraucht: wir hätten in einer früheren Existenz diese Wesenheiten oder Ideen bei den Göttern geschaut. Diese Rede ist aber nur ein Bild. Was Platon wirklich meint, die Vernunfteinsicht des Geistes in das, was wahr sein muß, und zwar immer und unter allen Umständen, zeigt der Menon, wo ein Sklave, der nie Geometrie gelernt hat, von sich aus und mit der Kraft des Geistes allein weiß, wie groß die Seitenlänge eines Quadrates sein muß, das doppelt so groß ist wie ein Quadrat mit gegebener Seitenlänge. Hierbei werden nicht soundso viele Quadrate ausgemessen, um dann aufgrund dieser Erfahrung festzustellen: Die Seiten waren immer soundso lang – sondern aller Erfahrung voraus wird ausgedacht, wie lang die Seiten sein müssen. Die aller Erfahrung vorausgehenden apriorischen Begriffe bestehen aber nicht nur aus einigen wenigen Grundbegriffen, die in unserem Denken immer wiederkehren, wie etwa Gleichheit, Identität, Verschiedenheit, Gegensatz, Einheit, Vielheit, Ähnlichkeit, Schönheit, Gutheit, Gerechtigkeit, sondern Platon nimmt schließlich von allem, was eine „Wesenheit" hat, solche Ideen an. Es gibt darum Ideen von allen Dingen überhaupt: von Menschen, Tieren, Pflanzen, Stoffen, aber auch von menschlichen Erzeugnissen wie Tisch, Stuhl, Flöte usw. Ihre Gesamtheit bildet die sogenannte Ideenwelt (kosmos noëtos). Die Ideenwelt enthält die *Urbilder* der sichtbaren Dinge. Nach diesen

Urbildern sind die Dinge dieser unserer Welt als Abbilder entstanden und haben als solche an jenen Urbildern teil. Diese *Teilhabe* der sichtbaren Gestalten unserer raum-zeitlichen Welt an unsichtbaren, nur denkbaren Urbildern begründet für Platon das Wesenswas aller Dinge und bedeutet eine stärkere Kausalität als irgendein dynamischer Druck oder Stoß; denn dieser bezieht sich nur auf die raum-zeitliche Bewegung und Veränderung, während jene Teilhabe das ganze Wesen in seiner Wesentlichkeit im Urbild gründen läßt. Platons Welterklärung bewegt sich also von oben nach unten. Wie man ein Porträt nur erkennt und versteht vom Porträtierten her und wie es ohne das im letzten stumm und nichtssagend bliebe, so deutet er alle Weltdinge als Abbilder von ewigen Urbildern und versteht somit das Zeitliche aus dem Ewigen. Diese Welt der ewigen Urbilder ist ihm die Welt des wahren Wissens und der wahren Wissenschaft. Sie ist zugleich die Welt des wahren Seins.

Wenn diese Deutung der Welt möglich sein soll, muß der Mensch im Umgang mit der Vielfalt der erscheinenden Dinge der Sinneserfahrung von sich aus wissen können, was darin das ewig Wahre ist. Das hat Platon denn auch angenommen, und das ist der Sinn seiner sogenannten *eingeborenen Ideen,* richtiger gesagt, seines apriorischen Wissen-Könnens um das, was sein muß. Platon verzichtet nicht auf die Sinneserfahrung – er ist kein Panlogist –, aber sie wird beherrscht, d.h. geregelt und bewertet, von einer übergeordneten Instanz, dem Geist.

Damit wird nun die platonische *Seinslehre* oder Metaphysik ganz klar. Das Sein, das Platon im Auge hat, ist 1. ein vom Menschen als einem Geistwesen vermitteltes, besser gesagt, ausgesuchtes (selegiertes) Sein, ein Sein, das im Grunde immer Geistsein und personales Sein bleibt; 2. ein Sein, das eben deswegen uns immer erst zuwächst und ständig im Werden ist, trotz der Rede von der ewigen Wahrheit; 3. ein Sein, das trotz der Allgemeinheit der Ideen immer auch konkret ist, weil die Urbilder uns nur in den Abbildern erscheinen und diese jene und jene diese immer mitmeinen. Es gibt bei Platon keinen Chorismos, keine Trennung von Idee und Wirklichkeit im Sinn einer Verdoppelung der „wirklichen" Welt durch eine Ideenwelt. Platons Sein stuft sich in einer hierarchischen Ordnung ab, vom höchsten Urgrund, der Idee der Ideen, bis herab zum letzten Abbild. Eines fordert das andere; aber die eine Seite, das Urbild, ist stärker als das Abbild, weshalb der Mensch, in dem die Urbilder aufbewahrt sind, zwar die Welt nicht erschafft, wohl aber immer mehr ist als nur Welt, so daß es Welt für uns nur durch den Menschen gibt und er darum nie ihr Knecht werden kann.

b) Der Mensch

Wenn der Mensch sich und sein Leben nach den ewigen Urbildern formt, kommt er zu seinem wahren Sein, seinem besseren Ich, und findet das Richtige und Gute. Daraus ergibt sich auch, was der Mensch ist. Platon hat es dargestellt in seinem *Höhlengleichnis* im siebten Buch des Staates. Mit uns Menschen stehe es, sagt er da, wie mit Gefangenen, die sich in einer unterirdischen Höhle befinden und von Geburt auf an eine Bank gefesselt sind, so daß sie sich nicht einmal umwenden können, sondern immer nur die Schatten sehen, die auf eine vor ihnen liegende Wand fallen, wenn hinter ihnen Abbildungen der Dinge vorbeigetragen werden, die es in dieser Welt unter der Sonne gibt. Sie werden ihre Schattenwelt an der Wand für die einzige und wahre Wirklichkeit halten. Kämen sie heraus aus ihrer Höhle in diese Welt unter der Sonne, so würden sie es wohl gar nicht glauben können, daß dies die wahre Welt ist. Für Platon ist aber diese raum-zeitliche Welt selbst die Höhle, und was er von den Menschen verlangt, ist, daß sie sich aufmachen, diesen Schein zu durchstoßen, um dahinter oder, richtiger gesagt, darin das wahre Sein, die Ideen, die Urbilder zu sehen. Das ist die eigentliche Aufgabe der *Erziehung*, sei sie Selbst- oder Fremderziehung. Alle Erziehung muß also schließlich philosophische Lebensführung sein: Schau des Wesens der Dinge, ein Weg vom Schein zum Sein. Dieses Schauen ist eine unendliche Aufgabe; denn die Wesenheiten gründen in immer höheren Seinsgestalten, verflechten sich immer mehr miteinander, und es ist nicht möglich, alle Hintergründe und tieferen gegenseitigen Zusammenhänge, also die ganze Wahrheit der Idee, in einem zu schauen. Platon bezeichnet diese Aufgabe als *Dialektik*. Wer sie nicht beherrscht, kommt nicht an die wahren Seinszusammenhänge heran, er bleibt am schönen Schein hängen und bleibt so oberflächlich wie die Sophisten, die nur Putzkünstler und Köche sind, weil sie bloß bieten, was uns schmeichelt. Nicht sie, sondern der Arzt und der Turnlehrer wissen, was der Leibeserziehung des Menschen wirklich frommt und nicht bloß Reiz oder Befriedigung des Gefallens und Begehrens, also des schönen Scheins, ist. Der eigentliche Mensch ist gegeben mit der *Seele*. Der Leib ist ihr gegenüber nur Erscheinung, Schatten, Einengung ihrer viel größeren Möglichkeiten, ja der Leib ist ein Gefängnis für die Seele. Die Seele ist mehr, ist ein Mittleres zwischen Ideenwelt und sichtbarer Welt. Sie ist immateriell, unteilbar und darum auch unsterblich. Eine starke Seele vermag den Leib zu formen, weil alles Hohe das Niedere überformen und dem Höheren mehr und mehr ähnlich machen kann. Darum darf die Erziehung sich nicht verlieren in Kindereien und Spielereien und nicht in der Befriedigung unvernünftiger Neigungen, sondern muß uns aus der Höhle herausführen – hin zu dem Reich des wahren Seins in der Ideenwelt. Auch Kunst kann abgleiten in Kindereien und Schlimmeres. Platon ist skeptisch gegen alles, was sich Künstler nennt. Nur die Wahrheit und die Werte sind die Nahrung der Seele. Hier, in diesem Reich des Geistes, ist der Mensch frei, und er wird um so freier sein, je mehr er Geist ist. Im Mythos von der *Seelenwanderung* und Loswahl hat Platon gezeigt, daß der Mensch an sich frei ist. Die Seelen, die zum ersten Male von ihrem Stern auf diese Erde niedersteigen, sind in ihren Möglichkeiten einander alle gleichgestellt. Sie können jedes Lebenslos wählen. Haben sie aber schlecht gewählt, verführt durch Begierde und täuschenden Schein, dann können sie sich immer mehr in die irdische Welt verstricken und im Stufenreich des Seins immer tiefer sinken. Ihre Lust wird ihre Last und ihnen selbst zur Strafe. Zwar wird der Eros zum Guten nicht sterben, aber die Vernunft wird es immer schwerer haben, die Rosse der Leidenschaft zu zügeln. Darum muß der Mensch sich wappnen mit dem Wissen um das Wahre und um die ewigen Werte und muß so seinen Weg durch die raum-zeitliche Welt gehen. Er soll nicht tun, was die Neigung, was Lust oder Laune ihm eingeben, sondern soll „das Seinige tun", das, was die Vernunft als das wahre Wesen des Menschen erkennt. In höchster Vollendung ist ein solches Leben „Verähnlichung mit Gott, soweit es für uns möglich ist, d. h. heilig zu werden und gerecht aufgrund von Einsicht und Weisheit" (Theaitet 176).

c) Der Staat

Der Staat ist für Platon die Großorganisation des Menschen auf dem Wege zum Guten. Die Sorge für die materiellen Dinge, für Arbeit, Wirtschaft, gesellschaftliche Ordnung, äußere und innere Macht, ist etwas Selbstverständliches, wird aber nicht Selbstzweck, sondern steht im Dienst des Vernunftwesens Mensch. Das kommt am besten zum Ausdruck in der für den platonischen Staat vorgesehenen *Besitz- und Ehelosigkeit der Wächter* und Philosophenkönige. Nicht damit alle gleich viel haben, weil jeder möglichst viel besitzen und nicht hinter einem anderen zurückstehen will, wird das Privateigentum für sie aufgehoben, sondern weil sie sich ganz dem Dienste der geistigen Werte widmen sollen und die materiellen Dinge für sie darum nicht Objekte der Begierde sind, sondern nur notwendige Existenzmittel, für die der dritte Stand zu sorgen hat, der Stand der Bauern. Der zweite Stand, die Wächter, auch Krieger genannt, ist ganz für die Sicherheit des Staates da. Auch Frauen, wenn sie entsprechend geartet sind, leisten Wächterdienste. Die Erziehung der Wächter ist darum ganz am Gemeinwohl ausgerichtet. Die Nahrung der Seele ist die Gerechtigkeit und Wahrheit und nicht mehr bloß Erwerbskunst wie bei den Bauern. Wer unter den Wächtern sich besonders auszeichnet, geht allmählich unter die wenigen Auserwählten ein, die ganz aus der Höhle herausgekommen sind, Wissenschaft und Dialektik voll beherrschen, die ewigen Wahrheiten soviel als menschenmöglich schauen und von diesen Werten aus die menschlichen Dinge lenken: er befindet sich unter den Philosophenkönigen.

Platon hat unter diesem Gesichtspunkt seine *Staatsformen* gefunden. Wenn ein Staat von den geistig und sittlich Besten geleitet wird, dann handelt es sich um eine Aristokratie; ist der Leiter nur einer von diesen Besten, dann um eine Monarchie. Herrschen nicht mehr die wirklich Besten, sondern die Ehrsüchtigen, die sich für wertvoll halten, weil sie Mut und Entschlossenheit haben, gute Jäger, Sportler und Soldaten sind, tatkräftige Praktiker, schlaue Taktiker und findige Karrieremacher, dann handelt es sich um eine Timokratie. Diese Männer haben schon wieder Privateigentum und bereichern sich insgeheim. Sie dienen weniger dem Ganzen und der Sache als ihrem subjektiven Geltungstrieb. Greift das Sich-Bereichern noch mehr um sich und herrscht nur noch eine Gruppe von einigen Reichen, die nichts anderes im Auge haben als materielle Wirtschaftsmacht und eigenen Vorteil, immer bereit, diesen Dingen die höheren menschlichen Werte unterzuordnen, dann haben wir eine Oligarchie vor uns. Von den drei Seelenteilen: Vernunft (Aristokratie), Mut (Timokratie), hat jetzt der dritte, die Begierdeseele, sich in den Vordergrund gespielt. Beherrscht er aber überhaupt das Feld, so daß jeder Staatsbürger „weder Ordnung noch Pflichtenzwang kennt, sondern nach Lust und Laune in den Tag hinein lebt und das ein liebliches, freies und seliges Leben heißt" (Staat 561), so haben wir es mit der Demokratie zu tun. Das Maß der mehr oder weniger großen Annäherung an das Ideal von Ordnung und Recht ging hier, so meint Platon, gänzlich verloren, weil man überhaupt nicht mehr an Wahrheit und Recht an sich glaubt, sondern nur sein subjektives Begehren kennt, mit dem man dann alles Weitere der gesellschaftlichen Verhältnisse aushandelt. Deswegen sind jetzt auch alle gleich. Allem Anschein nach eine reizende Staatsverfassung, herrschaftslos, buntscheckig, so etwas wie Gleichheit gleichmäßig an Gleiche und Ungleiche verteilend (Staat 558). Die äußerste Entartung aber besteht in der Tyrannis. Wenn die Freiheit zur totalen Zügellosigkeit geworden ist, schlägt sie in ihr Gegenteil um. „Das Übermaß im

Vorwärtstreiben der Dinge pflegt den Umschlag ins Gegenteil als Rückschlag zur Folge zu haben, in der Witterung, im Wachstum der Pflanzen und Leiber und nicht zum wenigsten auch in den Verfassungen." In den inneren Auseinandersetzungen des allgemeinen Mehrhaben-Wollens braucht das Volk Führer. Und weil es die Gewohnheit hat, „immer einen im Vorzug vor den anderen an die Spitze zu stellen und ihn zu hätscheln und allmächtig zu machen", kann es dazu kommen, daß ein solcher Volksführer, wenn er einmal das Blut des Machtbesitzes geleckt hat, dem Macht- und Größenwahn verfällt und nun alles tut, um an der Macht bleiben zu können. Er wird alles Recht aufheben, wird das Volk seinen Knechten, wird diese Knechte anderen Knechten ausliefern, bis „endlich das Volk erkennt, welchen Unhold es sich erzeugt und großgezogen hat". Und jetzt sieht man, was Tyrannei ist: Sklaverei unter Sklaven. Nicht nur das Volk ist Sklave, auch seine Zwingherrn sind es und schließlich der Tyrann selbst. Er ist Sklave seiner eigenen Leidenschaften, für den Philosophen eines auf Vernunft und Wahrheit, Freiheit und sittlichem Wollen beruhenden Menschentums verkörpert er die Staatsform der äußersten Greuel.

d) Gott

In der Analyse der Staatsformen zeigt es sich, daß der Mensch sich zum Maß aller Dinge machen kann. Das war der bekannte sophistische Leitsatz. Platon wirft denn auch Sophistik, Demokratie und Tyrannis gern in einen Topf. Für ihn selbst aber gilt der gegenteilige Satz: „Gott ist das Maß aller Dinge" (Gesetze 716).

Die *Existenz* Gottes ist für Platon eine Erkenntnis aus seiner Ideenlehre. Gelegentlich spricht er wohl die Sprache der Volksreligion, d. h. des Polytheismus; aber wo er ganz bei der Sache selbst ist, kennt er nur *einen* Gott. Er fällt bei ihm wohl zusammen mit der Idee des an sich Guten, und darum ist er der Grund aller Gründe, die Idee der Ideen, die Form aller Formen, die Spitze der in der Dialektik sich erhebenden Ideenpyramide. Die Ideendialektik ist Platons eigentlicher Weg zu Gott. Sie will das schon geben, was bei Aristoteles „unbewegter Beweger" heißt. Wenn es sich nämlich um den Anfang einer Körperbewegung handeln sollte, müßte das für Platon etwas Nichtmaterielles sein; denn das Seelische, wie Denken, Wollen und Planen, ist „früher dagewesen als Länge, Breite und Tiefe und Kraft der Körper" (Gesetze 896). Logisch früher wieder als Denk- und Willensakte ist das, was man denken kann, die Inhalte der Ideenwelt. Immer erklärt Platon von oben nach unten.

Er ist das Gegenteil eines Materialisten. Seele und Geist sind nicht

Produkte der Materie, sondern Materie kann es nur geben, wenn wir vorher Seele und Geist ansetzen. Allerdings ist das Seelisch-Geistige gegenüber der Materie nur logisch früher; denn der platonische Gott erschafft die Welt nicht wie der christliche Schöpfergott aus dem Nichts, sondern der platonische *Demiurg* findet eine ewige Materie bereits vor. Die Weltbildungslehre, die der Timaios breit entfaltet, hat lange das Denken des Abendlandes über Welt und Weltentstehung beeinflußt, bis herauf zu Galilei. Auch das Mittelalter hat diesen Dialog gelesen und verarbeitet und dabei im allgemeinen den Weltbildner als Weltenschöpfer verstanden. Das war jedoch Umdeutung.

Das Denken Platons über das *Wesen Gottes* muß man aus seiner Ideenlehre heraus entwickeln, wofür man kurz und einfach sagen kann: Gott ist die Wahrheit. Dazu lese man noch, was die Gesetze zur Rechtfertigung Gottes angesichts des Übels in der Welt und was sie über seine Vorsehung sagen (899–905). Auch eine Anrufung Gottes hat Platon gekannt. Das kleine Gebet, das am Schluß des Phaidros steht, gehört zu den am meisten für diesen Philosophen bezeichnenden Texten: „O lieber Pan und alle anderen Götter dieses Ortes, laßt mich schön werden in meinem Innern. Was ich an äußeren Gütern habe, möge in Einklang stehen mit meinem Wesen. Reich möge mir dünken der Weise. An Goldes Last aber laßt mir nur so viel zuteil werden, als der Maßvolle zu tragen vermag."

3. Aristoteles – Die Idee in der Welt

Aristoteles (384–322) hat für die Schule des Abendlandes eine noch größere Bedeutung gehabt als Platon. Dieser war ein Schöpfer, jener ein Lehrer der Philosophie. Aristoteles war zwanzig Jahre lang Schüler Platons gewesen, bis er schließlich – etwas demonstrativ – die Akademie verließ. Er hat seinen Lehrer mehrfach kritisiert. „Platon ist mir teuer, noch teurer aber die Wahrheit." Man hat später den Gegensatz häufig überbetont, schon in den Schulen der beiden Großen, der Akademie und im Peripatos, auch im Mittelalter und noch in der Neuzeit. Heute erkennt die Forschung, daß es des Gemeinsamen mehr gewesen ist als des Trennenden.

a) Der Logiker
Logik ist die Wissenschaft vom Denken und Sprechen (Logos, griechisch, von legein = sprechen). Der Mensch hat schon lange Sprache und Denken gehabt und gebraucht, ohne sich bewußt zu wer-

den, welche Elemente und Regeln dabei im Spiele sind, so wie er ja auch durch Wiesen und Wälder geht, Pflanzen und Tiere sieht und kennt, ohne zu ahnen, daß der Botaniker und Zoologe diese ganze Vielfalt zu wissenschaftlichen Systemen ordnen kann. So etwas hat Aristoteles mit dem menschlichen Sprechen und Denken getan. Er hat gezeigt, daß diese unendlich weite Welt des denkenden Geistes immer drei ganz einfache Grundelemente benützt: den Begriff, das Urteil und den Schluß.

Der *Begriff* ist der Zauberstab des Geistes. Das Auge wandert, es muß jedes Ding eigens ansehen, muß tausend, zehntausend Dinge ansehen – der Begriff aber denkt zahllose Dinge auf einmal. Haus für Haus müssen wir einzeln sehen – der Begriff Haus aber meint alle Häuser schlechthin. Der Begriff ist darum für den menschlichen Geist eine ungeheure Erleichterung. Die Dinge selbst wandern auch, jeden Augenblick sind sie anders, weil sie in der Zeit stehen und mit ihr fließen; denn nichts in dieser raum-zeitlichen Welt bleibt wirklich ganz und gar immer mit sich selbst identisch stehen. Aber der Begriff denkt auch diese fließende Welt in einem und auf einmal. Er hebt daran das Allgemeine heraus, das, was allem Individuellen und Konkreten gleich eigentümlich ist innerhalb einer Gattung oder Art. Das ist natürlich nicht mehr genau das Einzelding, sondern nur noch etwas an ihm, aber es ist wohl etwas Wesentliches davon, mindestens das, was dem Menschen als wesentlich erscheint. Sokrates schon hatte mit der Praxis des begrifflichen Denkens begonnen; Platon hatte daraus ein ganzes philosophisches System gemacht, denn aus den sokratischen Begriffen waren seine Ideen hervorgegangen. Diesen kühnen Flug macht Aristoteles nicht recht mit. Dafür wird er aber zum Spezialwissenschaftler des Begriffs und seiner Funktionen im menschlichen Denken – und damit zum Begründer der Logik.

Aristoteles entdeckt, daß der Begriff auf gewisse Typen zurückgeführt werden kann, auf die sogenannten Kategorien. Kategorie heißt wörtlich Aussageweise. Bei einer Analyse unseres Sprechens – nehmen wir nur ein so einfaches Modell des menschlichen Denkens und Sprechens wie den Satz: Sokrates ist bleich – zeigt sich Aristoteles zweierlei: erstens haben wir immer etwas, wovon wir Aussagen machen, das Subjekt oder die Substanz (usia), das allen Aussagen zugrunde Liegende, was selbst aber nicht mehr ausgesagt werden kann, z.B. Sokrates selbst; zweitens haben wir Prädikate, die an diesem Subjekt hängen, sich daran „ereignen", die sogenannten Akzidentien. Es sind das Zuständlichkeiten, die entweder Qualität oder Quantität oder Relation oder Orts- oder Zeit- oder Lagebezeichnungen sind oder ein Sichverhalten oder Tun oder Leiden darstellen. Sokrates z. B. ist klein (Quantität), ist bleich (Qualität), ist der Mann der Xanthippe (Relation) usw.

Auch das ist in die Geistesgeschichte eingegangen, was die aristotelische Logik für die kunstgerechte Bildung eines Begriffes vorgeschrieben hat, ihre Regeln für die sogenannte Definition: Man stelle die nächsthöhere Gattung eines Begriffes fest, und schränke sie dann wieder ein durch Angabe der spezifischen Differenz, durch die sich eine bestimmte Art dieses Begriffes von den anderen Arten, die auch unter die allgemeine Gattung fallen, unterscheidet. Für den Menschen ist z. B. die nächsthöhere Gattung Lebewesen. Die für ihn spezifische Differenz gegenüber anderen Lebewesen ist die Vernunftbegabung. Dadurch unterscheidet er sich von diesen anderen Arten, die auch unter die Gattung Lebewesen fallen, z. B. vom Tier. Darum lautet die Definition des Menschen: „vernunftbegabtes Lebewesen".

Der Begriff, so wertvoll er für das menschliche Geistesleben ist, hat auch seine Gefahren. Es ist möglich, daß die Begriffswelt ganzer Wissenschaften, ja ganzer Kulturen, in sich selbst verkrustet und verstaubt und wirklichkeitsfremd wird. Der Begriff greift ja immer etwas aus der Wirklichkeit heraus. Aber was wir dabei herausgreifen, hängt weithin vom erkennenden Subjekt ab, seinen Interessen, seinem engen oder weiten Horizont, der Zeit, in der man lebt, und nicht zuletzt von einem bestimmten Machtwillen des Menschen. Viele merken nichts von diesen Gefahren. Sie halten die Begriffswelt, in der sie aufgewachsen sind oder die ihnen von irgendwoher suggeriert wurde, für die Welt schlechthin. Es gibt einen Wissenschaftsaberglauben, der kritisch gegen manchen religiösen Glauben ist, aber sich ganz unkritisch seiner eigenen wissenschaftlichen Begriffswelt verschreibt.

Aristoteles schon hat diese Gefahr bemerkt. Man sieht es an seiner Lehre vom *Urteil*. Das Urteil, so definiert er, ist eine Verbindung von Begriffen, um damit eine Aussage über die Wirklichkeit zu treffen. Die Urteilsaussagen sollen wahr sein. Während aber bei Platon die Wahrheit mit dem Sein selbst gegeben war, den Ideen nämlich (ontologische Wahrheit), ist sie bei Aristoteles nur eine Urteilseigenschaft (logische Wahrheit); aber entschieden wird über diese Urteilseigenschaft auch bei Aristoteles vom Sachverhalt her. An ihm hat unser Urteil sich auszurichten: „Zu sagen, daß das Seiende sei und das Nichtseiende nicht sei, darin besteht die Wahrheit." Der Wahrheitsbegriff hat in der Philosophiegeschichte viele Variationen erfahren. Alles mögliche hat man als Wahrheit bezeichnet. Aristoteles hat mit seiner Definition eine Norm aufgestellt, die man nie mehr übersehen konnte. Auch mit einem weiteren Punkt seiner Urteilslehre hat er Unvergängliches geleistet: Er hat gesehen, daß das wissenschaftliche Urteil sich grundlegend vom alltäglichen Urteil unterscheidet. Letzteres betrifft nur ein Einzelwesen, z.B. Sokrates oder Kallias; das wissenschaftliche Urteil dagegen hat zum Subjekt etwas Allgemeines, den Menschen überhaupt, das Leben überhaupt, Kohlenstoff überhaupt usw. Darüber werden dann allgemeingültige Aussagen getroffen – Gesetze aufgestellt, wie wir heute zu sagen pflegen. Aristoteles hat mit dieser schlichten logischen These über das Urteilssubjekt den Boden für den modernen Wissenschaftsbegriff bereitet. Allerdings hatte bereits Platon gelehrt, daß die Wissenschaft ihren Ort im Allgemeinen habe, in den Wesenheiten des kosmos noëtos.

Der dritte Teil der aristotelischen Logik betrifft den *Schluß* (Syllogismus). Wenn wir heute die übliche Schlußformel vortragen: Alle Menschen sind sterblich, Sokrates ist ein Mensch, also ist Sokrates sterblich, sprechen wir die Sprache des Aristoteles; immer noch. Unser Philosoph hat erkannt, daß in dieser Form ein Grundschema menschlichen Denkens überhaupt vorliegt. Aber nicht nur dieses Gelenk unseres Denkens hat er entdeckt; er bemerkte und beschrieb auch gleich wieder in der für ihn bezeichnenden Weise die typischen Variationen dieses Schemas. Er fand deren drei, die sogenannten Schlußfiguren. Von diesen Figuren hat jede wieder je vier Formen (Modi). Das nähere Wie lese man in einem Lehrbuch der Logik nach, wo diese Lehre heute noch nach dem Grundriß vorgetragen wird, den Aristoteles entworfen hat.

Der Schluß ist eine Art Begriffsmechanismus. Drei Begriffe (Oberbegriff, Mittelbegriff, Unterbegriff) greifen ineinander: Weil Sokrates ein Mensch ist, weil alle Menschen sterblich sind, ist auch Sokrates notwendig sterblich. Man kann damit beweisen und widerlegen; denn dieser Mechanismus sagt zwingend: so muß es sein oder so kann es nicht sein. Das ist wertvoll, hat aber auch wieder seine Gefahren. Der Mechanismus kann zur akrobatischen Dialektik werden, wo man mit Worten werkelt und die Sachen selbst nicht mehr sieht, besonders dann, wenn man der Sprachregelung bestimmter Schulen verfallen ist und damit Probleme lösen möchte.

Aristoteles selbst wäre der letzte gewesen, der so etwas gebilligt hätte. Er weiß, daß unsere Begriffswörter einen objektiven Sachverhalt hinter sich haben müssen. Das zeigte sich schon in seiner Lehre von der Urteilswahrheit. Er hat das aber noch in einem anderen Zusammenhang ausgedrückt, nämlich in der Lehre vom *Ursprung*

unserer Begriffe. Diese sollen nach ihm ihre Wurzeln in der erfahr-
baren realen sinnlichen Welt haben. Das Wissen des Menschen ist
nicht angeborener Besitz des Geistes. Wenn es so etwas gäbe, sagt
Aristoteles kritisch gegen Platon, dann müßte man das auch merken.
Die Seele sei vielmehr eine unbeschriebene Wachstafel. Ihr würden
durch die Sinne Bilder von außen eingedrückt. Aristoteles äußert
sich positiver zum Wert der Sinneserkenntnis als Platon. Die Sinne
haben bei ihm die Aufgabe, uns die Wesensformen zu übermitteln,
die in den konkreten Einzeldingen stecken und deren Strukturfor-
men bilden. Die einzelnen Sinneswahrnehmungen sind freilich jeweils individuell verschieden, aber man kann aus ihnen ein allgemeines Bild herausholen, wenn man die nebensächlichen individuellen
Differenzen wegläßt, so etwa, wie die Form des Siegelringes doch
ein und dieselbe ist, wenn auch durch den Stoff, in den man das
Siegel eindrückt, die Siegelung jeweils etwas anders ausfällt. Das
Herausholen der allgemeinen Form nennt Aristoteles Abstraktion.
Wie in der Neuzeit spielt auch hier schon dieses Stichwort eine
Rolle, nur daß trotz der Gemeinsamkeit des Terminus die Abstraktion der antiken Philosophie doch etwas wesentlich anderes ist als
bei den englischen Empiristen. Bei der eigentlichen Begriffsbildung
schaltet sich nämlich nach Aristoteles eine geistige Kraft ein, der
später so genannte „tätige Verstand" (nus poiëtikos), durch den
eigentlich die inneren Formen in den Sinneswahrnehmungen sichtbar
werden, so wie auch die Farben nur durch das Licht sichtbar werden.
Da dieser tätige Verstand eine selbsttätige Aktivität (Spontaneität)
entfaltet, ist auch bei Aristoteles die Sinneswahrnehmung für unser
Erkennen mehr Material- als Wirkursache, und Aristoteles kehrt
damit nun doch wieder im Grunde zu Platon zurück. Er ist Empiriker, aber nicht Empirist. Beide könnten auch schon sagen, was später
Kant sagen wird, daß unser Erkennen zwar bei den Sinnen anhebt,
aber nicht aus lauter Sinneswahrnehmung besteht. Der „Verstand"
ist noch etwas Eigenes und ist mehr als nur Sinnlichkeit.

b) Der Metaphysiker

Was ist „Metaphysik" überhaupt? Wie die Logik den Geist studiert,
seine Elemente und Funktionen, so ergründet die Metaphysik das
Sein als solches und das, was ihm wesentlich zukommt. Diese Definition umreißt etwas ganz Neues und Spezifisches. Es gibt nämlich
nicht nur Seiendes von einer bestimmten und konkreten Art, wie
z. B. Seiendes von der Form der Mineralien oder der Pflanzenwelt
oder der Tierwelt oder des Menschen oder bestimmter Qualitäten,
etwa der vitalen oder sittlichen oder ästhetischen oder religiösen

Werte, sondern es gibt auch eine allerallgemeinste Bedeutung von Sein, an der jene Spezialfälle von Sein teilhaben, das ihnen allen zugrunde liegt und das sie in ihrer besonderen Weise darstellen. Und nun sagt sich Aristoteles: So wie man das Seiende in bestimmten Ausschnitten zum Gegenstand des Wissens machen kann, in der Medizin etwa oder in der Biologie oder in der Physik, so kann man auch das allerallgemeinste Sein als solches wissenschaftlich betrachten. Das unternimmt er in jenem Werk, das später den Namen Metaphysik bekommen hat. „Metaphysik" heißt darum bei Aristoteles nicht eigentlich Wissenschaft von dem, was „hinter" den Dingen steht, wie man oft hören kann, sondern besagt, wie die Forschung heute gezeigt hat, zunächst die Wissenschaft, die man nach (hinter) der Physik (Wissenschaft von der Natur überhaupt) studieren soll, und zwar deswegen, weil sie tiefer führt als die Physik. Die Physik behandelt nur einen Spezialfall von Sein, nämlich das sinnlich erscheinende Sein, die Metaphysik aber jenes tiefere, vorausliegende Sein, das in der Erscheinung erscheint. Es verhält sich dazu wie der Grund zur Folge. Insofern war die alte Deutung von Metaphysik nicht ganz ohne Sinn; das „hinter den Dingen" konnte meinen „hinter den Erscheinungen", aber im Sinne von: das, worin die Erscheinungen gründen. Es bedeutete also nicht eine unzugängliche Hinterwelt, die mit dieser unserer raumzeitlichen Welt nichts zu tun hat, sondern wollte gerade die inneren Gründe des uns begegnenden Seins aufhellen – aufhellen als das, was den wesenhaften Kern dieser Erscheinungen ausmacht. Weil diese inneren Gründe das Erste und Uranfängliche am Seienden sind, das, was die Erscheinungen ermöglicht oder „rettet", darum heißt die Metaphysik auch „erste Philosophie". Und weil die Gründe selbst wieder begründet sind, schließlich und letztlich in einem Grund aller Gründe, von dem das Sein überhaupt herkommt, der dann Gott geheißen wird, darum nennt Aristoteles diese erste Wissenschaft auch noch „Theologik". Es ist das, was später natürliche Gotteslehre oder natürliche Theologie heißen wird.

Wie soll man sich dieses allerallgemeinste Sein vorstellen, und was wäre das, was ihm als solchem zukommt? Ist das nicht alles sehr blaß und wenig greifbar gesagt? Aber unser Philosoph trifft trotzdem recht markante Aussagen darüber. Es sind die folgenden:

Am Anfang der aristotelischen Metaphysik steht ein Grundsatz, der sich gegen Platon wendet: Sein im Ursinn ist nicht die Idee, sondern das konkrete, sinnlich wahrnehmbare Einzelding, die sogenannte „erste Substanz" (substantia prima), Sokrates z. B. oder ein sonstiges Diesesda aus der lebendigen oder toten Natur oder auch aus der Welt der technischen oder künstlerischen Dinge. Die platonische Idee ist etwas Allgemeines, Übersinnliches, Geistiges, das sich anheischig macht, diese unsere sinnliche, raum-zeitliche Welt zu begründen, so daß unsere reale Welt von der Gnade der Idee leben soll. Aristoteles denkt umgekehrt: Zuerst ist diese raum-zeitliche Welt da, und zwar immer als eine Welt von Einzeldingen. Das macht die eigentliche Realität aus, und die Idee lebt nur von der Gnade dieser raum-zeitlichen Wirklichkeit. Was Platon für das wahre Sein angesehen hat, sei nur ein bloßer Gedanke, später Universale (allgemeiner Begriff) geheißen, und er habe es nur gefunden als eine Verdoppelung dieser unserer irdischen Welt. Dieses Konkrete also, nichts anderes, bedeute „Sein" im eigentlichen Sinn. Und das nun ist für Aristoteles Realität. Für Platon war Realität die Idee.

Die Entscheidung des Aristoteles hat für die abendländische Philosophie ungeheure Folgen gehabt. Seitdem stehen sich mit diesen Behauptungen über das, was wahres Sein ist, Idealismus und Realismus gegenüber. Allein, wenn Aristoteles nun darangeht, das zu entwickeln, was dem Sein als solchem zukommt, die sogenannten Eigentümlichkeiten des Seins, wovon die „Seinsprinzipien" (archai) die wichtigsten sind, wird sich zeigen, daß der Gegensatz zu seinem Lehrer doch nicht so groß ist, wie es zunächst aussieht. Dieser Prinzipien sind es vier: Form, Stoff, Bewegung (Kraft), Zweck.

Die Einzelsubstanz ist für Aristoteles ein Erstes, aber doch nicht ein Allererstes. Sie hat nämlich auch wieder ihre Erklärungsgründe, und die heißen jetzt Stoff (Materie) und Form.

Die *Form* ist für Aristoteles eines der wichtigsten Seinsprinzipien. Wenn wir in der Natur Arten, Gattungen, kurz typische Gestalten, modern gesprochen: Gesetzlichkeiten vor uns haben, dann deswegen, weil das Sein aufgegliedert wird durch ein Prinzip, das Form ist und Formen schafft. „Der Mensch erzeugt den Menschen", so lautet ein bekanntes aristotelisches Axiom. Es besagt: Das Baumaterial der Welt, mag es heißen wie auch immer, wird gesteuert durch ein Sinnprinzip, das immer wieder die gleichen Gestalten entstehen läßt. Diese Form schwebt nicht jenseits der Dinge, sie existiert überhaupt nicht für sich allein, sondern ist immer in den Dingen, im Baumaterial der Welt, schon ganz unten, sobald die Materie nur anfängt, sich zu differenzieren. Aber sie ist nicht ein bloßer Begriff, kein durch Abstraktion herausgezogener Gedanke, sondern ist etwas Tätiges, Wirkendes. Daß Sokrates Mensch sein kann, ist nur möglich, weil es neben dem Baustoff seines Körpers etwas gibt, was wir „Menschheit" heißen und was das leibliche Baumaterial gerade zum Menschen und nicht zu etwas anderem formt. Darum heißt sie denn auch wieder Substanz, aber jetzt zweite Substanz, weil sie als die allgemeine Wesensheit hinter der konkreten Einzelsubstanz steht. Und damit nähert sich die Form doch wieder der platonischen Idee. Aristoteles sagt zwar, daß die Form nicht rein als solche in ihrer Allgemeinheit, sondern nur in der jeweiligen Besonderung wirke, in der sie in Raum und Zeit realisiert sei – im Fall des Sokrates in der Besonderung, die die Menschheit in dem individuellen Menschen gefunden hatte, der der Vater des Sokrates war. Aber auch in diesem Falle ist die Form als solche kein bloßer Begriff, sondern etwas Wirkliches und Wirkendes; sonst wäre eben doch nicht die allgemeine Form Prinzip, sondern etwas anderes, ein einmaliges, stofflich-mechanisches Agens, das dann zwar das Diesesda erklärte, aber nicht den Menschen in Sokrates. Für das Diesesda in Sokrates ist nämlich der *Stoff* verantwortlich, der für Aristoteles ebenso Seinsprinzip ist wie die Form. Indem die allgemeinen Formen in den Stoff eingehen, werden sie individuiert. Auch für den Menschen ist die Materie Individuationsprinzip. Der Stoff ist nämlich bei Aristoteles so etwas wie das ständig fließende Band des Raum-Zeit-Kontinuums, in das die ewigen Formen eingetragen werden, dadurch einen einmaligen Stellenwert bekommen und sich so individuieren. An sich ist alles Seiende Stoff, auch das schon irgendwie Vorgeformte, was durch eine weitere Gestalt überformt werden kann. Aber dieser Materiebegriff meint nur eine relative (zweite) Materie. Der eigentliche und absolute Materiebegriff (erste Materie) des Aristoteles besagt das, „was man weder als Substanz noch als Quantität noch sonstwie durch eine Kategorie bezeichnen kann". Erste Materie ist also das absolut Bestimmungslose. Diese erste Materie existiert sowenig für sich allein wie die Form. Trotzdem hat man sie später häufig als eine Art Einheitsstoff der Welt verstanden, aus dem die Formen dann jeweils das machen, was die Naturdinge sind. Als dann an der Schwelle der Neuzeit die Elemente entdeckt wurden und man in ihnen etwas nicht weiter Reduzierbares sah, wurde der angeblich aristotelische Materiebegriff, wie überhaupt die Naturphilosophie des Aristoteles, heftig bekämpft. Allein der Materiebegriff des Aristoteles ist weniger ein naturphilosophischer als ein metaphysischer Begriff gewesen. Er will uns sagen, daß prinzipiell bei aller Erkenntnis der Welt durch Formen, Begriffe, Gesetze und Zahlen immer etwas bleibt, was geformt, gedacht und auf mathematische Relationen gebracht wird; daß also nicht alles nur Zahl oder nur Begriff ist; auch dann nicht, wenn dieser Weltwirklichkeit durch fortschreitende Differenzierung der Begriffe, Gesetze und Zahlen immer mehr entrissen und auf die Formseite gebracht wird. Ja gerade dann bleibt immer noch ein Rest. Und weil wir die Welt anders nicht verstehen können, sondern sie sozusagen denken müssen als das Substrat unserer Aussagen, als das letzte Subjekt aller Prädikate, das unerschöpflich ist für eine endlose Formung im Sein und im Denken, hat Aristoteles in der ersten Materie ein Prinzip gesehen. Man könnte sie, weil sie mit dem menschlichen Denken und seinem ursprünglichen Seinsverständnis wesentlich zusammenhängt, auch ein logisches Prinzip heißen. Bezeichnenderweise heißt für Aristoteles nicht nur die erste Materie Hypokeimenon (zugrunde Liegendes), sondern auch das Urteilssubjekt, das durch die Prädikate immer noch weiter bestimmt wird. Bedenkt man dies, dann ist die Stoff-Form-Metaphysik, der sogenannte Hylemorphismus, sehr viel mehr als nur eine Theorie über den Aufbau der Materie – er ist Seinsphilosophie überhaupt und ist unterwegs zu einer Priorität der Form gegenüber dem Stoff, ohne das Denken zum Ganzen und zum Sein selbst zu machen.

Das dritte Prinzip heißt „der Anfang der Bewegung". Es ist ein spezifisch aristotelisches Philosophem mit einer deutlichen Spitze gegen Platon, dessen Philosophie nur das Ideelle im Sein gesehen habe, nicht aber das Dynamische. Mit Ideen allein baut man keine Häuser, sagt jetzt Aristoteles. Und so sei in der Welt auch die Bewegung, genauer ihr Woher, eine Sache für sich. Ohne ein solches Prinzip könne man Werden, Veränderung und Bewegung als solche überhaupt nicht fassen. Hier handle es sich immer um einen Übergang von der Potenz (Möglichkeit) in den Akt (Wirklichkeit), um die Verwirklichung also eines Möglichen. Idee sei nämlich nur Möglichkeit. Die Ursache, die sie verwirkliche, sei etwas anderes, ja sei mehr und stärker als die Idee. Daraus entsteht ein Axiom, nämlich der aristotelische Kausalsatz: „Der Akt ist früher als die Potenz." Damit hat Aristoteles schließlich sogar noch seinen Gottesgedanken grundgelegt: Gott ist ihm die Ursache aller Ursachen, die Wirklichkeit aller Wirklichkeiten, der Anfang der Bewegung schlechthin, der selbst keines Aktes mehr bedarf, der aller Möglichkeit vorhergeht, weil er eben der reine Akt (actus purus) ist, d. h. nur und ausschließlich Akt ist. Wenn Aristoteles seine Bewegung fassen und beschreiben will, kann er das allerdings nur mit Formfaktoren tun. Wenn er Bewegung definiert als Überführung des Potentiellen in den Akt, worauf schließlich jede Veränderung zurückgeführt wird, dann steht am Anfang eine Form und ebenso am Ende, aber der Übergang selbst wird als Übergang nicht anders sichtbar denn durch Verweis auf den Formenwechsel. Das allein bleibt, und darum ist Aristoteles über die eidetischen Prinzipien Platons doch nicht hinausgekommen. Das sieht man noch besonders in seinem vierten Prinzip, dem Zweckgedanken.

Der *Zweck* (telos) ist für Aristoteles das, weswegen etwas geschieht. Er meint, alles in der Welt geschehe um eines Zweckes willen. Nicht nur der Mensch hat Zwecke und weiß darum, weil er weiß, was er will. Auch die Natur hat bei Aristoteles Zwecke. Zwischen Kunst und Natur ist bei ihm insofern kein Unterschied gemacht worden. Würde ein Haus in der freien Natur wachsen, es würde so entstehen, wie heute der Handwerker baut; und müßte, was die Natur hervorbringt, von der Technik geleistet werden, dann könnte es auch nicht anders entstehen. Diese Harmonie von Natur und freiem Zweckschaffen des Menschen ergibt sich für Aristoteles daraus, daß er sich keine Bewegung vorstellen kann, ohne daß sie zweckgesteuert wäre: „Alles Werden macht seinen Weg aus etwas zu etwas... von einem ersten Bewegenden, das bereits eine bestimmte Gestalt hat, wieder hin zu einer Gestalt oder einem ähnlichen Telos." So sehr ist das aristotelische Seinsdenken in seiner ganzen Anlage teleologisch konzipiert, daß schon im Begriff eines Dinges der Zweck mitgedacht wird. Die Wesenheit („Physis" = das Gewordene) eines Dinges ist ein Zu-etwas-hin-geworden-Sein und hat darum schon den Zweck in sich, wofür Aristoteles „Entelechie" (en-heauto-telos-echon) sagt. Die aristotelische Entelechie gibt es darum nicht bloß im Reich des Lebendigen, sondern alles Seiende, auch das Seiende der toten Natur, wird entelechial verstanden. Darum kann Aristoteles die paradoxe Formulierung prägen: Das Vollendete steht nicht am Ende, sondern am Anfang. In den Prozessen in Raum und Zeit kommt natürlich die Vollendung erst am zeitlichen Ende, aber im logisch-ontologischen Denken des Seins steht das Vollendete als der Sinn des Seienden am Anfang und ist „der Natur nach früher". Womit denn wieder das platonische Erbe in Erscheinung tritt; denn nur ein ideelles Sein kann dem Wirklichen gegenüber als ein Vollendetes vorausgehen und so am Anfang stehen. Wenn Aristoteles gesagt hat, daß in allem Werden der Stoff sich nach der Form sehne, so hat er dieses Vollendete im Auge, jene ideellen Formen also, die zuerst Platon gesehen hat, gegen die Aristoteles polemisierte, ohne die er aber auch nicht auskommen konnte. In der idealistischen Grundkonzeption dieser Seinsphilosophie liegt auch die Rechtfertigung für den Zweckbegriff. Er ist schon mit dem Formbegriff gegeben. Zwecke brauchen darum hier nicht erst als geplante Ziele innerhalb des Seienden und Geschehenden aufgewiesen zu werden – wie in der Naturphilosophie Demokrits oder David Humes, in der grundsätzlich alles getrennt ist und regellos auseinanderliegt. Den Naturdingen des Aristoteles sind die Formen immanent, und alle Formen stehen zueinander in irgend-einer (wenn auch noch so weit gespannten) Beziehung, so daß die ganze Weltwirklichkeit ein einziger Kosmos von Formen ist, ein Kosmos, dessen Zusammenhang Platon in seiner Dialektik studierte, Aristoteles aber in seiner Lehre von der Ordnung der Formen und Zwecke.

Mit Hilfe der vier Seinsprinzipien gestaltet nun Aristoteles seine *spezielle Metaphysik,* die Lehre von Seele, von Welt und Gott.

Seele hat für Aristoteles, wie für den Griechen überhaupt, alles, was Leben (Selbstbewegung) besitzt, also nicht nur der Mensch, sondern auch das Tier und die Pflanze. Der Grund für diese Selbst-bewegung liegt wieder in einer besonderen Form, und darum lautet die Definition der Seele: „erste Entelechie eines organischen physi-schen Körpers". Seele ist also Lebensprinzip, womit sich zeigt, daß Form hier mehr bedeutet als nur gestalthaften Umriß, daß sie viel-mehr etwas Dynamisches ist, ursprünglich Kraft ist, „un être capable d'action", wie später Leibniz sagen wird. Aber nicht ein mechani-sches Kraftquantum stellt die Seele dar, sondern ein organisches, eine Sinnganzheit, in der kraft des Logos des Ganzen alle Teile Sein und Wirken erhalten, aufeinander abgestimmt und zum Sinn des Ganzen geformt werden. Je nach den verschiedenen Schichten des Lebens gibt es auch verschiedene Seelen: die vegetative oder Wachs-tumsseele, die sich schon bei den Pflanzen findet und das Prinzip des Wachstums, der Nahrungsaufnahme und der Fortpflanzung bil-det; die sensitive oder Sinnenseele, die zu den Vermögen der vegeta-tiven Seele hinzu noch die Fähigkeit der Sinnesempfindung, des Strebens und der selbsttätigen Ortsbewegung besitzt und erstmals mit dem Tiere auftritt; und die rationale oder Vernunftseele, die die eigentliche Menschenseele ausmacht. Aufgrund seiner Seele ist der Mensch ein „vernunftbegabtes Lebewesen" (animal rationale). Als Lebewesen hat er die Fähigkeiten der vegetativen und der sensitiven Seele. Für letztere zählt Aristoteles jene Sinnesvermögen auf, die noch heute im populären Denken als die fünf Sinne des Menschen bezeichnet werden: Sehen, Hören, Riechen, Schmecken, Tasten. Sie fließen im Gemeinsinn zusammen, und ihre Meldungen werden in der Einbildungskraft und im Gedächtnis aufbewahrt. Zu der Sin-nenseele zählen aber auch die „natürlichen Strebungen" (appetitus naturales) des Instinktes nach Nahrungsaufnahme und Geschlechts-betätigung sowie „natürliche Erregungen" wie Ehrgeiz, Mut, Kampfbegierde, Rachsucht, Empörung, Verachtung, Unbotmäßig-keit, Selbstbehauptung und Herrschsucht. Die höhere und eigentlich menschliche Seele ist Geistseele und hat als solche Verstand, Vernunft und freien Willen. Der Verstand ist diskursives, in Begriffen, Urteilen und Schlüssen sich bewegendes Denken. Die Vernunft ist das Schauen der obersten, ewigen Grundsätze des Wahren und Guten und insofern „etwas Göttliches". Darum kann sie auch „schöpferisch" sein (intellectus agens), d. h., die Seele kann, obwohl sie als unbeschriebene Tafel auf die Meldungen der Sinneserfahrung angewiesen ist, doch von sich aus zeitlose Wahrheiten und Werte aus den Dingen herauslesen, in apriorischen Beurteilungen dieser „Erfahrungen" aufgrund eigener spontaner Wesensschau und Urteilskraft. Während die niedere Seele bei der Zeugung vom Vater auf das Kind übertragen wird, kommt die Geistseele „zur Türe herein", ist also etwas Übermenschliches; das nämlich will dieser Ausdruck des Aristoteles wohl sagen. Sie vergeht auch nicht mit dem Menschen, sondern ist unsterblich, allerdings nicht in ihrer Individualität, sondern als Geist überhaupt. Darüber hat es im Mittelalter erhebliche Aufregung gegeben. Siehe unten S. 94.

Die *Welt* ist der Ort der Veränderung und Bewegung. Demokrit hatte die Bewegung rein mechanisch gefaßt als Druck und Stoß. Das kennt Aristoteles auch, aber alles Mechanisch-Quantitative wird bei ihm überhöht durch eine eidetisch-qualitative Steuerung seitens der Formen. Die mathematisch zu fassenden Funktionsvorgänge quantitativer Art der modernen Naturwissenschaft, z. B. die Galileischen Fallgesetze, würde der historische Aristoteles durchaus bejahen, sie aber als Formgestalten bezeichnen. Darum gibt es auch wieder die im Prinzip qualitativ zu verstehenden vier Elemente Wasser, Feuer, Luft und Erde, gibt es einen „natürlichen Ort" aller Dinge, der mit ihrem qualitativen Wesen gegeben ist: das Feuer strebt nach oben, der Stein nach unten, hin zu seiner „Form". Als fünftes Element (quinta essentia) taucht der Äther auf, aus dem die Gestirne bestehen, die unvergänglich sind und nur noch die reine Ortsbewegung kennen. Mit Rücksicht darauf wird die Welt grundsätzlich in zwei Hälften zerschnitten, in die Welt unter dem Monde (sublunarische Welt), auf der wir Menschen leben und die veränderlich ist, und in die Welt über dem Monde, das sogenannte Jenseits, die Welt der ewigen Sterne. Die Welt ist nur eine, weil alles, was überhaupt in Bewegung ist, von dem ersten unbewegten Beweger bewegt wird. Sie besitzt Kugelgestalt. In ihrer Mitte steht die Erde, die als ruhend gedacht wird. Sie wird umschlossen von 56 konzentrischen Sphären (Kugelschalen), die sich um ihre eigene Achse drehen, aber abhängig von der Bewegung der äußersten Schale, der Sphäre der Fixsterne, dem sogenannten ersten Himmel. Er wieder verdankt seine Bewegung dem ersten unbewegten Beweger unmittelbar. Letztlich wird dabei die Bewegung gedeutet als ein Sich-Sehnen des Stoffes nach der Form. Die Bewegung ist ewig, wie auch die Zeit für Aristoteles ohne Anfang und Ende ist. Das muß so sein, denn die Zeit ist „das Maß der Bewegung in Hinsicht auf das Früher und Später". Das Entstehen und Vergehen betrifft nur die Einzelwesen. Schon die Arten aber sind ewig. Sie entstehen nicht wie die Darwinschen Spezies, sondern sind ewig wie die Platonischen Ideen. Darum hat es immer Menschen gegeben, wenn sie auch zeitweilig durch große Katastrophen mehr oder weniger ausgetilgt wurden.

Trotzdem hat diese ewige Welt einen Grund, den unbewegten Beweger, den aristotelischen *Gott*. Die Gedankengänge, die Aristoteles zur Annahme seiner Existenz führten, sind als der Gottesbeweis aus der Bewegung in die Philosophiegeschichte eingegangen. Es sind die folgenden: Wenn alles, was in Bewegung ist, von einem anderen bewegt wird, so kann das auf zweierlei Weise geschehen. Dieses andere kann selbst wieder von einem anderen bewegt werden, dieses auch wieder und so immer weiter zurück; oder aber es ist nicht mehr von einem anderen bewegt, und dann liegt in ihm ein „erstes Bewegendes" vor, womit wir schon beim Göttlichen angelangt wären. Aber auch wenn alles immer wieder von einem anderen bewegt wird und wir immer weiter zurückgedrängt werden, müssen wir die Existenz Gottes annehmen; denn man kann nicht ins Unendliche zurückgehen. Das wäre ein Ausweichen vor der Wirklichkeit, die immer bestimmt ist und in ihren Kausalreihen ein Letztes hat und damit auch ein Erstes haben muß. Damit stehen wir vor etwas, das nicht mehr von einem anderen abhängt, sondern ganz aus sich selbst ist (ens a se), das darum keinerlei Potentialität mehr enthält, die erst überwunden werden müßte, um so ins Dasein zu treten, das vielmehr reine Wirklichkeit (actus purus) ist – und insofern auch notwendig und ewig existiert. Die Natur Gottes beschreibt Aristoteles als reines Sein, als Geist und Leben. „Leben" meint das Sich-aus-sich-selbst-Bewegen. Die höchste Form dieses Aus-sich-selbst-Seins ist der Geist, der immer denkt und sich selbst denkt, weil er das Vollkommenste ist und nichts außer seiner selbst bedarf. Alles übrige Sein aber außerhalb dieses vollkommensten Seins braucht dieses ens a se; es ist Seiendes aufgrund eines anderen (ens ab alio), kommt aus dem Vollkommensten, ist aus ihm gegründet und von ihm verursacht. Aristoteles sagt dafür: Gott ist das Sein, die Wirklichkeit, die Substanz schlechthin; alles übrige ist nur „Seiendes", d.h., es hat nur Sein bekommen, hat teil am Sein selbst, es abbildend, ausfaltend, aber immer nur stückweise und immer nur begrenzt in einzelnen Formen. Gott aber ist das Sein des Seienden, die Wirklichkeit des Wirklichen, die Form der Formen. Platon hatte von den Dingen, die an der Idee teilhaben, gesagt: Sie wollen sein wie die Idee. Aristoteles sagt, daß in den Dingen sich der Stoff nach der Form sehne. Und von Gott sagt er, daß er die Welt bewege als das Geliebte. Nicht mechanisch bewegt er sie, sondern als das ideale Ziel aller Formwerdung überhaupt. Darum kann er auch einer ewigen Welt gegenüber logisch und ontologisch „früher" sein als das Vollkommenste, das von vornherein alles Geschehen insgeheim steuert und so der Welt ihren Sinn und ihr Sein gibt. „An einem solchen Prinzip hangen der Himmel und die Natur" (Metaph. 1072 b 13).

c) Der Ethiker

Der Mann, der das Wahre und das Sein zu ergründen sucht, interessiert sich ebensosehr auch für das Gute. Er meint damit zunächst das Gute, von dem die Menschen reden, wenn sie einander loben oder tadeln, Achtung oder Mißachtung zuteilen und das gewöhnlich Sittlichkeit oder Moral geheißen wird. Aristoteles führt das alles auf ein paar ethische *Regeln* zurück, die im übrigen typisch griechisch sind. Wann ist man gut? Seine Antwort: Wenn man so handelt, wie der einsichtige Mann handelt. Und wie handelt er? So wie es die richtige Vernunft (recta ratio) verlangt. Und was wäre denn die richtige Vernunft? Antwort: Sie ist immer dann da, wenn unser Handeln „schön" ist, und es ist schön, wenn es die rechte Mitte einhält zwischen einem Zuviel und einem Zuwenig. Tapferkeit z.B. ist die rechte Mitte zwischen zu viel Mut (Tollkühnheit) und zu wenig Mut (Feigheit); Sparsamkeit die rechte Mitte zwischen Verschwendungssucht und Geiz. Für ein solches Vorgehen braucht man natürlich einen Überblick über verschiedene menschliche Tugenden, so etwas wie eine Werttafel. Aristoteles hat denn auch in der Nikomachischen Ethik eine solche Orientierung gegeben, indem er die wesentlichen sittlichen Tugenden des Menschen zusammenstellt und im Detail beschreibt: Weisheit also, Klugheit, Tapferkeit, Gerechtigkeit, Selbstbeherrschung, Freigebigkeit, Hochherzigkeit, Seelengröße, Ehrliebe, Sanftmut, Wahrhaftigkeit, Höflichkeit, Freundschaft. In ihrer Gesamtheit verkörpern diese Werte das Idealbild des Menschen, sein eigentliches und besseres Selbst. Sie werden nicht daraus abgeleitet, sondern stellen sich uns von selbst und unmittelbar, in einer Art Wert- und Wesensschau, als ein Seinsollendes, Schönes, Richtiges und Vernünftiges dar. Sie sind ein Erstgegebenes. Über sie erschließt sich uns die eigentliche Menschennatur. Ontologisch gesehen, ist diese Menschennatur allerdings ein Früheres. Sie ist sittliches Prinzip und bildet den metaphysischen Grund, in dem diese Werte wurzeln. Damit gibt Aristoteles zugleich seine Antwort auf die Frage nach dem Wesen der *Eudaimonia*. Mit diesem Begriff hebt alle griechische Ethik an. Und immer wieder hat seitdem die Ethik gefragt: Was ist das Glück? (Mit „Glück" wird Eudaimonia gewöhnlich übersetzt; genau heißt das Wort allerdings: „richtiger Geist".) Aristoteles antwortet: Nicht in der Lust oder im Genuß liegt das Glück, nicht im materiellen Besitz und auch nicht in Ansehen und Geltung im öffentlichen Leben, sondern in dem für den Menschen typischen Werk, in der vollkommenen Betätigung der menschlichen Wesensnatur. Was das ist, hat sich in der konkreten Tugendlehre gezeigt. Äußere Güter, auch Ansehen und sogar die Lust sind damit nicht ausgeschlossen. Aber sie sind nicht Prinzip, bilden nicht das Eigentliche des sittlich Guten. Das Eigentliche ist die rechte menschliche Natur, die rechte Vernunft, der richtige „Geist". Wenn das da ist, dann kommt alles andere von selbst dazu. Auch hier herrscht die Form über den Stoff. Der sittlich Rechtschaffene tut das Gute nicht, weil es ihm Lust einbringt oder Vorteil, sondern um seiner selbst willen. Dann stellt sich das Glück ein als ein „Hinzukommendes". „So stehe denn fest, daß jedem nur so viel Glück zufällt, als er Tugend und Einsicht besitzt und dementsprechend handelt. Ich rufe als Beweis Gott zum Zeugen an, der selig und glücklich ist, aber durch kein äußeres Gut, sondern nur durch sich selbst und die Beschaffenheit seiner Natur." Damit ist Aristoteles auf dem Wege über die Ethik wieder bei dem Prinzip angekommen, an dem der Himmel und die ganze Natur hangen. Das Idealbild des sittlich vollkommenen Menschen ist der Weise. Die Weisheit schlechthin aber ist in Gott, der als Geist Denken des Denkens ist, der sich selbst denkt, weil er das Vollkommenste ist. Platon hatte gesagt: Wir müssen Gott ähnlich werden, soweit wir können. Aristoteles sagt: Wir sollen weise werden, Gott aber ist die Weisheit schlechthin. Auch in der Ethik ist Gott das, was alles bewegt „als das Geliebte".

Die Vollendung der irdischen Sittlichkeit sollte der *Staat* sein. Aristoteles weiß nichts von der modernen Antinomie zwischen Politik und Moral. Auch der Staat und auch Politik und Macht können gut sein. Erst in der Gemeinschaft wird das Gute im großen Maßstab organisiert. Mit Gesetz ist der Mensch das edelste Wesen, ohne Gesetz das wildeste Tier. Wer zuerst den Staat ins Leben rief, war daher der Schöpfer größter Werte. Der Staat dient natürlich auch den Bedürfnissen des physischen Daseins, der Wirtschaft und der äußeren und inneren Macht, um der Sicherheit des Daseins willen, aber seine eigentliche Aufgabe ist das „gute" und „vollkommene" Leben, d. h. das sittlich und geistig kultivierte edle Menschentum. Der Staat entsteht um des nackten Lebens willen, aber er besteht um der Eudaimonie, also um einer sittlichen Größe willen. Wir arbeiten, lautet ein Grundsatz des Aristoteles, nicht um der Arbeit und des Geldes, sondern um der Muße willen und führen Krieg um des Friedens willen. „So falle denn dem Schönen und nicht dem tierisch Wilden die erste Rolle zu. Nicht der Wolf oder sonst ein wildes Tier mag einen schönen Kampf bestehen, sondern der feine Mann. Die aber in der Erziehung ihrer Söhne auf Leibesübungen und kriegerische Ausbildung übermäßiges Gewicht legen, um sie in dem Notwendigen ungebildet zu lassen, machen sie in Wahrheit zu Banausen." Darum kann Aristoteles auch sagen, daß der Staat früher sei als das Individuum. Genetisch, in Raum und Zeit gesehen, sind Individuum und Familie früher; aus einer Mehrheit davon bildet sich erst die Gemeinschaft und der Staat. Aber sie schließen sich dabei nicht willkürlich zusammen, um durch einen Gesellschaftsvertrag zum Gesetz zu machen, was ihnen gerade gefällt, wie Thomas Hobbes das gemeint hat, sondern sie realisieren eine im Sein des Menschen selbst angelegte Tendenz. „Der Mensch ist von Natur ein geselliges Wesen", schreibt Aristoteles im ersten Buch seiner Politik. Aufgrund dieser seiner Natur ist darum das Wesen des Staates mit seinen entscheidenden Grundsätzen schon vorgegeben, und insofern ist der Staat früher als Individuum und Familie, „weil das Ganze notwendig früher sein muß als der Teil". Nicht erst durch Mehrheitsbeschluß werden die Grund- und Freiheitsrechte des Individuums aufgestellt, sie bestehen schon mit der Natur des Menschen; ein Staatsvertrag kann sie höchstens bekennen, proklamieren und interpretieren. Was Aristoteles im einzelnen zu sagen hat über die Ideale der Innen- und Außenpolitik sowie zu den verschiedenen Staatsformen (Aristokratie, Politie, Oligarchie, Demokratie), ist wieder ein Zeugnis seiner Weisheit, seiner Lebenserfahrung und insbesondere seiner umfassenden Kenntnis der Staatsverfassungen und des Staatsrechtes der antiken Welt; in manchen Dingen aber auch ein Zeugnis dafür, daß auch dieser große Philosoph ein Kind seiner Zeit war, so z. B. wenn er die Sklaverei für „von Natur aus" bestehend verteidigt, die Tötung ungeborenen Lebens, die Kindesaussetzung und ähnliches für erlaubt gehalten hat. Vielfach polemisiert Aristoteles gegen die platonische Staatsutopie, in manchen Dingen berechtigter-, in anderen überflüssigerweise, gelegentlich auch reitet er nur auf dem Wort herum. Aber

im Grunde ist gerade sein Ethos des Rechtes, der Wahrheit und Sittlichkeit auch im Staat bestes platonisches Erbe.

Drittes Kapitel: Die Philosophie des Hellenismus und der römischen Kaiserzeit

Im Hellenismus schaut man bereits auf eine reiche Kultur und eine
große wissenschaftliche Tradition zurück. Darum fängt man an, sich
zu spezialisieren. Auch die Philosophie umfaßt nicht mehr, wie noch
in der Vorsokratik, Naturwissenschaft, Medizin, Technik und die
Wissenschaft vom Sein überhaupt, sondern zieht sich zurück auf
das nur Philosophische und sieht dies in der Logik, Ethik und Physik, wobei man unter Physik aber in der Hauptsache die Metaphysik
versteht. Aber eines übernimmt sie noch aus einer größeren Per-
spektive heraus: die Seelsorge für den Menschen. In einer Zeit, in
der die antiken Mythologien und Religionen zusammenbrechen,
wurde es zur Aufgabe der Philosophie, auf ihre Weise für das Heil
des Menschen zu sorgen. Als dann in der römischen Kaiserzeit das
Christentum auf den Plan trat, wird diese Aufgabe der Philosophie
von der neuen Religion abgenommen; die Philosophenschulen er-
matten und schließen ihre Tore – zuletzt, auf Befehl Justinians, im
Jahre 529, die Akademie von Athen. Es kommt zu einer Gegner-
schaft zwischen Philosophie und christlicher Religion, die in der
Frühzeit der Patristik oft genug spürbar wird, zwar im Mittelalter,
wo die Philosophie sich in der Obhut der Religion befindet, nicht
in Erscheinung tritt, mit der anhebenden Neuzeit aber wieder kräftig
aufflammen wird.

Wir müssen die kleineren Philosophenschulen links liegenlassen,
den *Peripatos,* der die Nachfolge des Aristoteles antritt, die *Akademie,* die die Schule Platons bildete, und die *Skeptiker* der verschiedenen Richtungen, ebenso die *Neupythagoreer,* um dafür das Wichtigste über die großen Philosophenschulen zu sagen, nämlich über
die *Stoa,* den *Epikureismus* und den *Neuplatonismus.*

1. Die Stoa – Der Mensch des Realismus

Die Stoa benennt sich nach der Stätte ihrer Schule, der ,,bunten
Halle" (stoa poikile), zu Athen. Sie hat ehrwürdige Gestalten hervorgebracht: *Zenon* aus Kition, der um 300 v. Chr. die Schule grün-

dete, *Kleanthes*, seinen Nachfolger, und *Chrysipp* aus Soloi († ca. 208 v. Chr.), den sogenannten zweiten Schulgründer. Später folgen *Panaitios* († 110 v. Chr.), *Poseidonios* († 51 v. Chr.), *Seneca* († 65 n. Chr.) u. a. „Finstere Greise" nennt sie Boethius, wohl wegen ihrer Tugendstrenge und harten Pflichtauffassung. Andere sagen ihnen „Tugendstolz" nach. Aber man wird die Schriften dieser Männer immer wieder mit Nutzen in die Hand nehmen, auch heute noch. Wie sehr diese ganze Philosophie, längst zur Schulphilosophie und kleinen Münze geworden, auf das Mittelalter gewirkt hat, ist viel zu wenig untersucht.

In der *Logik* fragen die Stoiker zuerst nach den Grundlagen des menschlichen Erkennens überhaupt. Sie sehen diese in der Sinneswahrnehmung. Der Mensch sei eine unbeschriebene Tafel, und erst von außen würden ihr Eindrücke eingeprägt. Diese Eindrücke seien sinnlicher Art und blieben immer nur sinnliche Vorstellungen, auch im Begriff und im Urteil. Der Stoiker ist Sensualist; er besitzt kein Apriori, um von hier aus die Sinnlichkeit zu lesen oder zu beurteilen; er ist ihr ausgeliefert, er bildet sie ab, wie der Ausdruck dafür lautet. Die Abbildtheorie, die das Mittelalter beherrscht und für aristotelisch gehalten wird, ist in Wirklichkeit stoische Philosophie. Zu Aristoteles paßt sie gar nicht, weil der aristotelische Nus schöpferisch ist und über der sinnlichen Erfahrung steht, sowohl in der Logik wie in der Ethik. Um das Abbilden zu sichern, um zu adäquaten Vorstellungen zu kommen, wie man zu sagen pflegte, zu Vorstellungen also, die die Dinge wiedergeben würden, wie sie wirklich sind (naiver Realismus), sucht man nach einem Wahrheitskriterium. Man findet es in der sogenannten Evidenz. Sie ist gegeben, wenn unsere Sinnesorgane normal funktionieren, der räumliche und zeitliche Abstand zwischen Subjekt und Objekt der Wahrnehmung nicht zu groß ist, der Wahrnehmungsakt lang genug gedauert hat und gründlich genug vor sich gegangen ist, wenn kein Medium sich störend zwischen Subjekt und Objekt geschoben hat und wiederholte eigene und fremde Beobachtungen zum gleichen Ergebnis gekommen sind. Derartig gesicherte Vorstellungen sind „packend" (kataleptisch). Ihnen könne man seine Zustimmung nicht versagen. Von ähnlicher Gewißheit sind dem Stoiker jene Begriffe, die sich für ihn wie von selbst einstellen, „Vorbegriffe" (prolepseis, notiones communes), die fast so etwas wie angeborene Begriffe bilden, weil sie zum Stammbesitz einer fertig ausgebildeten Vernunft gehören und eine Art Teilhabe am Weltlogos darstellen, obwohl es so etwas wie angeborene Begriffe angesichts der Lehre von der unbeschriebenen Tafel für den Stoiker nicht geben dürfte. Auf diesen Vorbegriffen beruht das von Cicero und vom Mittelalter so hoch geschätzte Argument von der Übereinstimmung aller (consensus omnium), das man für einen sicheren Garanten der Wahrheit hielt. Trotz dieser Sicherungsversuche bleibt es beim naiven Realismus, denn keine der angeblich „packenden" Vorkehrungen ist wirklich täuschungsfrei. Bedeutender war die stoische Schullogik, besonders ihre Lehre von den Schlußformen, was heute erst wieder richtig durchschaut wird, besonders seitens der modernen Logistik.

In der *Physik*, richtiger gesagt, in der Seinslehre oder Metaphysik, waren die Stoiker Materialisten. Sein oder Wirklichkeit ist für sie identisch mit Körperlichkeit. Das wirklich Wahre ist letztlich das, was mit den Sinnen wahrgenommen werden kann. Das ist der Sensualismus, der immer zum Materialismus gehört. Materialistisch wird auch das Leben gedeutet. Man spricht zwar noch von der Lebenskraft als etwas Eigenem, nennt sie Pneuma (Atem), Lebenswärme und Feuer, aber dieses Pneuma ist nur Stoff. Auch alle Entwicklung wird materialistisch gedeutet. Man spricht zwar auch hier anscheinend von etwas anderem, nämlich der Weltvernunft oder dem Weltlogos, von Weltgesetz und Vorsehung, von Zeus und seinen Schickungen, dem Schicksal (fatum, heimarmene); aber das alles ist nichts anderes als die unendliche Ursachenreihe, die mit dem Stoff und seiner materiellen Gesetzlichkeit gegeben ist. Wenn davon die Rede ist, daß dieser Entwicklung Gedanken (logoi) zugrunde liegen, die sogenannten Keimkräfte (rationes seminales), so sind auch das in Wirklichkeit keine Ideen, sondern auch nur Gesetzlichkeiten des Kausalnexus und seiner Notwendigkeit. Und wenn man von einer Urkraft redet, von einem Urfeuer, und es göttlich heißt und als Zeus anspricht, so ist auch das nichts anderes als die Materie und ihre immanente Gesetzlichkeit. Das Ganze wird aber mit religiöser Inbrunst erlebt, verehrt und gepriesen. Aber das Weltall selbst war das Göttliche. Der Materialismus war zum Pantheismus geworden.

Groß ist die *Ethik* der Stoiker. Was *Marc Aurel* in seinen Selbstbetrachtungen oder *Epiktet* in seinem Handbüchlein (Enchiridion) geschrieben hat, ist edelste Lebensphilosophie. Die stoische Ethik war hart. Immer nur ist von der Pflicht die Rede. Die Affekte müssen zum Schweigen gebracht, ja ausgelöscht werden. Man müsse zur Unempfindlichkeit (Apathie) kommen gegenüber den Leidenschaften von innen und den Schickungen von außen. Man müsse „entsagen und ertragen". Nur die Vernunft darf herrschen und das aus ihr sprechende Pflichtgebot. Der an diesen Idealen gebildete Mensch wird ein Willensmensch, opfert sich für die Aufgaben der Öffentlichkeit und harrt auf seinem Posten aus, was immer auch kommen mag. Der Kirchenvater Ambrosius hat sich für diese Ethik ebenso begeistert wie später König Friedrich II. von Preußen. Vor allem aber hat die mittelalterliche Ethik davon gelernt. Ihre Rede vom natürlichen Sittengesetz und vom ewigen Gesetz wurde zwar unmittelbar von Augustinus übernommen, stammt aber letztlich aus der Stoa. Denn dort war es gewesen, wo die Übereinstimmung mit der Natur zum sittlichen Prinzip gemacht wurde und zum Lebensziel (telos, finis) erhoben worden war. Nicht umsonst las man mit Vorliebe Ciceros De officiis und De finibus bonorum et malorum wie einst Ambrosius. Lange schon vor der Aristotelesrezeption war auf diesem Wege die Rede von der rechten Vernunft (recta ratio), der Einsicht, Weisheit und dem natürlichen Sittengesetz in das Mittelalter gekommen. Auch das Naturrechtsdenken des Mittelalters schöpfte aus dieser Quelle und gab es von da an weiter an die Ethik und Rechtsphilosophie der Neuzeit. Und wie schon in der römischen Kaiserzeit, so hat dieses Ideal zu allen Zeiten wohltuend und befreiend in der menschlichen Gemeinschaft gewirkt.

Die Ethik der Stoiker gerät freilich in einen unlösbaren Konflikt mit ihrer Metaphysik. Die Ethik spricht immer von einem „Du sollst", setzt also Freiheit voraus. Nach der Metaphysik der Stoa aber gibt es keine Freiheit, sondern alles im Leben ist Schicksal. Wenn dem so ist, dann wären allerdings alle Ideale umsonst. Um ethisch denken und leben zu können, mußte der Stoiker seine Metaphysik vergessen.

2. Der Epikureismus – Antike Lebensphilosophie

Was dem Begriff des Epikureismus gewöhnlich seinen Sinn gibt, ist die Lustlehre. Er ist hier das gerade Gegenteil der Stoa. Während diese entsagen will, will der Epikureer genießen. Sein ethisches Prinzip ist die Lust, Lust in jeder Form, rein um des Genusses willen. „Alles Wählen und Streben geht doch auf das Wohl des Leibes und die Ruhe der Seele; denn das ist das Telos eines glücklichen Lebens. Und was wir tun, tun wir, um der Unlust zu entfliehen und die Ruhe der Seele zu finden", heißt es in einem Brief Epikurs (314–270). Andere haben plumper gesprochen, so daß ihre Rede abstoßend wirkte. Aber dieser Umstand, ob die Lust kultivierter oder platter ist, ändert, wie Kant mit Recht gesagt hat, nichts am Prinzip. Ob es sich um mehr geistige oder mehr körperliche Lust handelt, sei ohne Belang; denn worauf es beim Epikureismus ankomme, sei die Lust als solche gewesen. Hier sei Epikur ein konsequenter Denker gewesen, wenn auch seine Lehre nicht mehr Ethik, sondern eben nur Lustlehre war; denn wenn man nur danach fragt, „wie sehr etwas vergnügt", dann gäbe es keine sittlichen Gesetze mehr, so meint Kant, sondern nur lauter subjektive und relative Geschmacksrichtungen.

Was den Epikureismus auch noch bekannt gemacht hat, ist die von *Lucretius Carus* (96–55) in seinem Lehrgedicht über die Natur wiedererweckte demokriteische *Atomlehre*. Auch für Lukrez gibt es nur den leeren Raum, die Atome und die ewige Bewegung. Was er neu hinzufügt, ist der Zufallsbegriff: Durch einen Zufall seien Atome von der geraden Fallrichtung abgewichen (declinatio), und dadurch erst hätte es zur Weltbildung kommen können; denn die ewig gerade fallenden Atome Demokrits hätten ewig so weiter fallen müssen, und es hätte sich nichts Neues bilden können. Die Epikureer erhofften sich vom Zufallsbegriff aber noch etwas anderes: die Befreiung von der ewig gleichen Notwendigkeit des stoischen Fatums. Und Freiheit brauchten die Anhänger der Lustlehre. Es war ein nur negativer Begriff von Freiheit, nur eine Freiheit wovon. Damit ist der Freiheitsbegriff nicht erschöpft. Freiheit ist eine positive Aufgabe. Doch mit tiefer greifenden Problemen pflegte der Epikureer sich nicht zu belasten. Er ist in der Philosophie, was im Theater die leichte Muse ist. Immerhin, Lukrez schlug mit seinem Lehrgedicht eine Brücke vom antiken Atomismus zum Atomismus der Neuzeit; denn aus ihm schöpfte Gassendi, einer der Begründer der neuzeitlichen Physik.

3. Der Neuplatonismus – Philosophie und Religion

Der Neuplatonismus ist nicht nur Philosophie, sondern auch Religion. Das ist nichts Überraschendes. Der griechische Geist war für das religiöse Denken jederzeit offen gewesen. Die Orphik war ein Stück Mystik; Empedokles war Philosoph, Priester und Prophet; Platon schreibt über die Frömmigkeit und zählt sie unter die Kardinaltugenden; Aristoteles schreibt über das Gebet, Theophrast und Eudemos über Gott und Gottesverehrung. Wer den Tempelhügel von Agrigent gesehen hat, weiß, daß dieses Volk ein frommes Volk gewesen ist, auch auf dem Höhepunkt seiner Macht.

Der religiöse Impuls im philosophischen Denken des Hellenismus erfuhr eine besondere Belebung durch *Philon von Alexandrien* und fällt in eine Zeit, die man die *Vorbereitung des Neuplatonismus* geheißen hat. Philon ist Jude und fußt auf den geoffenbarten Schriften seines Volkes. Er interpretiert sie im Geiste der griechischen Philosophie. Aber der Gedankengehalt der Offenbarung bleibt immer noch stark genug, um sie nicht nur nicht verfälschen zu lassen, sondern umgekehrt dem philosophischen Denken Vorstellungen und Ideen zu übermitteln, die über den Neuplatonismus, die Patristik, die arabische und jüdische Philosophie in das Mittelalter und in die Renaissance hinein ausstrahlen, ja noch darüber hinaus.

Da ist zunächst der Gottesbegriff. Der philonische Gott ist markanter als der philosophische Gott der Griechen. Er ist absolut transzendent, er ist das ganz andere, ist besser als gut, vollkommener als vollkommen – und es ist ein persönlicher Gott, was hier als Gott angesprochen wird. Ein zweiter wichtiger Begriff ist der der Schöpfung. Nie hat die griechische Philosophie daran gedacht, daß die Welt aus dem Nichts geschaffen werden könnte. Der Demiurg war nur Weltbildner, nicht Weltschöpfer. Aber die Bibel spricht von einer Schöpfung aus dem Nichts. Philon deutet sie zwar um in eine Schöpfung aus einer ewigen Materie im Sinn der griechischen Philosophie; aber das Wort von der Schöpfung war gefallen und wird jetzt immer wieder nachgesprochen werden – und das wird zu größten Konsequenzen führen. Der dritte Kerngedanke Philons ist seine Lehre vom Logos. Der Logos ist für ihn die Idee der Ideen, die Kraft der Kräfte, der oberste der Engel, der Stellvertreter und Gesandte Gottes, der erstgeborene Sohn Gottes, der zweite Gott, ist Weisheit und Vernunft Gottes, durch ihn wird die Welt geschaffen, und er ist die Weltseele, die alles belebt. Man sieht, es wird eine Brücke geschlagen zwischen Gott und Welt, indem Zwischenwesen eingeschoben werden, die vermitteln sollen zwischen der Welt und dem ganz anderen, das mit den Begriffen dieser Zeitlichkeit überhaupt nicht zu fassen ist. Und damit haben wir nun ein Grundmotiv des ganzen Neuplatonismus vor uns, ein Grundmotiv auch der späteren Theologie, die als „negative Theologie" Gott von der Welt trennt und doch wieder zu positiven Aussagen über ihn kommen muß und darum gezwungen ist, einen Mittelweg zwischen Transzendenz und Immanenz einzuschlagen, so ähnlich wie ein Logos des Menschen, der als Gedanke reiner Geist ist und nichts mit dem Körper zu tun hat, dann doch als Laut und Wort in der Sinnlichkeit erscheinen und Fleisch annehmen kann.

Auch bei *Plotin* (204–269 n. Chr.), dem Begründer des Neuplatonismus, beginnt die Philosophie mit einer besonders betonten Trennung Gottes von der Welt. Gott ist das Überseiende. Schlechthin keine Kategorie könne von ihm ausgesagt werden. Nur „das Eine" will Plotin ihn nennen, und zwar das Eine im Sinne der Negation des Vielen, also des konkreten Diesesda, und das Eine im Sinn des Ersten von allem. Aber auch das Gute schlechthin glaubt er Gott noch nennen zu können. Das Jenseits Gottes wird im späteren Denken immer stärker herausgestellt werden, wobei es häufig zu einer Trennung schlechthin kommt und der besondere Modus der Trennung, der ursprünglich mit dem Begriff des Chorismos gemeint war, nicht mehr gesehen wird. Plotin hat aber darüber nachgedacht; denn er differenziert die Trennung dadurch, daß er die Welt auch aus dem transzendenten Gott hervorgehen läßt und damit Gott und Welt nun doch wieder verbindet, dies aber in einer besonderen Hinsicht und besonderen Modalität, und so zu einer Immanenz der Transzendenz kommt. Darin darf die eigentliche Leistung des Neuplatonismus erblickt werden.

Der Begriff, der die Immanenz der Transzendenz realisieren soll, ist der der *Emanation*. Alles Seiende erfließt aus dem Einen, weil dieses Eine als das Vollkommenste überströmen müsse. So verlange es die Natur des Guten. Das Gute ströme sich selber aus, sagt ein bekanntes Wort aus späterer Zeit. Plotin gebraucht viele Bilder, um diesen Sachverhalt auszusprechen. Das Seiende kommt aus dem einen, sagt er, wie das Wasser aus der Quelle, der Baum aus der Wurzel, das Licht aus der Sonne, der Kreisbogen aus dem Zentrum, das Unvollkommene aus dem Vollkommenen, das Abbild aus dem Urbild. Die Bilder von Quelle, Baum, Sonne u.s.w. sind nur eine vordergründige Rede; die beiden letztgenannten Gleichnisse jedoch geben den Gedanken Plotins exakter wieder, weil mit ihnen besonders deutlich wird, wie bei Plotin die Seinsbegründung von oben nach unten geht, von einem Ersten, Höchsten, Vollkommenen aus herabsteigend zu dem, was von ihm kommt, in ihm aufgehoben war und nun infolge des „von ihm" und „aus ihm" nun doch ein anderes wird, ohne im Anderssein je sein ursprüngliches Sein verleugnen zu können, weil, um das Anderssein auch nur denken zu können, das ursprüngliche Sein mitgedacht werden müsse; weil man das Unvollkommene nur denken könne, indem man das Vollkommene zuerst denke, und das Abbild nicht verstehen könne, wenn man nicht vorher schon das Urbild in ihm verstanden habe. Hier hat man also immer beides zugleich: „Das Eine ist alles und ist nichts von allem"; „das Viele ist dem Einen ähnlich, aber das Eine nicht dem Vielen"; „das Erste muß ein Einfaches, *vor* allen Dingen Liegendes sein… nicht vermischt mit etwas, was von ihm stammt, und dabei doch in anderer Weise wieder fähig, den anderen Dingen beizuwohnen." So ist das Transzendente transzendent und doch auch wieder den

Dingen immanent: „in anderer Weise" immanent. Um diese Weise oder Modalität des Identischseins und Nichtidentischseins kreist das ganze Mühen der Philosophie Plotins.

Demgegenüber ist die berühmte Lehre von den drei *Hypostasen* (Seinsgestalten), dem Einen nämlich, dem Geist und der Seele, nur die detaillierte Auszeichnung des Emanationsprozesses. Das Eine ist Gott, die beiden anderen Hypostasen sind außergöttlich, auch wenn der Geist oft göttlich geheißen wird; denn göttlich meint dann nur gottähnlich. Das Eine verliert nämlich nichts von seiner Substanz. Es bleibt sich immer gleich. Die Bilder für das Ausstrahlen (Emanation, Quelle, Sonne) sind, obwohl Plotin sie selbst gebraucht, vordergründig und eigentlich irreführend.

Was das Eine als Erstes aus sich entläßt, ist der Geist oder der Nus. Er heißt Sohn Gottes, ist das Abbild des Ureinen, ist der Blick, mit dem das Ureine sich selber schaut und sich als ein anderes setzt – ein Gedanke, der später in der christlichen Trinitätslehre verwendet werden wird. Auch kosmos noëtos ist der Geist, also das Gesamt aller Ideen, von denen schon Platon gesprochen hatte. Und wieder bilden sie das geistige Gerüst der Welt, und der Geist wird dadurch auch noch zum Demiurgen. Durch ihn entsteht jetzt die Welt. Zunächst allerdings gliedert sich aus dem Geist die dritte Hypostase aus, die Seele, die etwas Geistähnliches ist und in der Mitte steht zwischen Geist und Welt, sei es die Weltseele oder die Einzelseele. Mit der Seele fängt die Lust am Werden an, das Viele, das Ausgedehnte, die Zeit, kurz, die Natur. Entfernt sich die Emanation noch mehr von ihrem Ursprung, hört schon jede eigene Bewegung auf – sie war am stärksten noch im Geist, schwächte sich aber schon ab in der Seele –, dann haben wir es mit der toten Materie zu tun.

Aber selbst im letzten Hervorgang lebt noch die Erinnerung an den Ursprung und bringt dem Andersgewordenen die Entfremdung zum Bewußtsein und ruft zurück nach dem Einen. Diese *Rückkehr* (epistrophē) zum Einen ist nicht eigentlich die Umkehr der Emanation, die sozusagen zeitlich hinterher kommt wie nach einer Wanderung der Heimweg. Sie ist nur die Kehrseite der Emanation, das Bewußtsein des Ursprünglichen im anderen, die Position in der Negation, des Identischen im Nichtidentischen. So, wenn wir ontologisch sprechen. Ins Ethische gewendet, ist es das Wissen um die seelische und geistige Heimat des Menschen, um sein wahres Sein und besseres Ich, ist das Wissen um das Vollkommene, das uns von oben her zu sich emporzieht, im Eros und im Willen zum Guten, wie ihn das platonische Symposion schon beschrieben hat und viele Neuplatoniker in ihrer Rede vom Aufstieg zum Intelligiblen immer wieder nachvollziehen, von Porphyrios über Augustinus bis herauf zu Meister Eckhart und anderen mittelalterlichen Mystikern. Sie alle wissen um den göttlichen Funken im Menschen (scintilla animae), der die Erinnerung an das Eine ist und der uns antreibt zur Verinnerlichung, d. h. zum „Abscheiden" aus dem Vielen und zum „Einbilden" in das Urbild, das Ureine. Der Weg dazu setzt darum zunächst die Reinigung voraus (via purgativa); läßt dadurch den göttlichen Funken heller werden in der Erleuchtung (via illuminativa) und führt schließlich zur Heimkehr in das Eine in der Einigung (via unitiva). Ihre höchste Form wäre die Ekstase. Plotin soll sie mehrfach erlebt haben.

Der Neuplatonismus hat viele *Schulen* gehabt. Man pflegt zu unterscheiden: die Schule Plotins selbst mit *Porphyrios* u. a.; die syrische Schule mit *Jamblichos* († 330 n. Chr.); die Schule von Pergamon, der der Kaiser *Julian Apostata* angehörte; die Schule zu Athen, wo *Proklos* (411–485) lehrte; die alexandrinische Schule mit den großen Kommentatoren zu Platon und Aristoteles; und der Neuplatonismus des lateinischen Westens mit *Macrobius, Chalcidius, Boethius* u. a.

Über Augustinus, Boethius, Pseudo-Dionysius und Johannes Scotus Eriugena hat der Neuplatonismus sehr stark auf das Mittelalter gewirkt. Besonders durch die Elementatio theologica des Proklos und den aus ihr schöpfenden Liber de causis ist das geschehen.

Die Philosophie des Mittelalters

Als Mittelalter bezeichnet man gewöhnlich die Zeit zwischen dem Ausgang der Antike im Ende des weströmischen Reiches (476) und dem Fall von Konstantinopel (1453) oder dem Beginn der Reformation (1517). Das philosophische Denken dieser Zeit wird aber weithin fundiert durch das Denken der Kirchenväter, so daß es sich empfiehlt, vor dem eigentlichen Mittelalter auch noch die Patristik in ihren wichtigsten Gedankengängen kurz ins Auge zu fassen.

Das Mittelalter war beherrscht vom Geist der christlichen Religion. Man kann über sein ganzes Denken das Wort Augustins schreiben, das durch Anselm von Canterbury zu einem förmlichen Motto für das Mittelalter gemacht wurde: Ich glaube, um wissen zu können (credo, ut intelligam). Darum weiß die Philosophiegeschichte nicht viel über diese Zeit zu sagen. Hier habe eben der Glaube gesprochen und nicht die Vernunft. Das Denken dieser Zeit sei nicht voraussetzungslose reine Philosophie gewesen, sondern Religion. Diese Meinung ist allerdings ein Pauschalurteil. Es ist oft so gewesen, aber es ist nicht immer so gewesen. Es kommt auf den einzelnen Fall an, den man eben kennen muß. Über das Mittelalter wird viel zuviel aus großer Entfernung geurteilt. Auf einem Strom kann ein Schiff mit wertvoller Fracht dahinfahren. Das Boot kann leck werden, die Wellen können über Bord gehen, das Wasser kann die Ladung beschädigen. Die Fracht kann aber auch unbeschädigt weitergetragen, ja es kann sogar etwas dazugeladen werden. So war es mit der Philosophie, die aus der Antike heraufgekommen war und auf dem Strom des mittelalterlichen Geisteslebens an die Tore der Neuzeit gebracht wurde. Es hat mittelalterliche Denker gegeben, bei denen die philosophische Fracht vom religiösen Denken überspült wurde, z.B. bei Augustinus oder Bonaventura oder Cusanus. Man kann trotzdem auch da noch das philosophische Gedankengut in seiner Eigenart unterscheiden, und wer diese homines religiosi wirklich kennt, wird nicht bestreiten, daß sie ausgezeichnet philosophiert haben. Andere haben bewußt darauf gesehen, die Fracht rein und trocken zu halten, z. B. Thomas von Aquin. Wie das gelungen ist, muß der Ausweis der Quellen im einzelnen entscheiden; man kann es nicht von vornherein und im allgemeinen sagen. Wir pflegen ja auch nicht von vornherein zu sagen, daß ein Neukantianer oder ein marxistischer Philosoph a priori nicht mehr fähig sei, objektiv zu urteilen. Jedenfalls hat sich das Mittelalter grundsätzlich für die Freiheit des Geistes entschieden. Es war stehende Lehre, daß der Mensch seinem persönlichen Gewissen zu folgen habe, selbst wenn es irrig sei; schon in der Patristik ist diese Lehre vertreten worden. Innozenz III. entschied in der Frage, ob ein Gläubiger, der aufgrund besserer Kenntnis der Sachlage dem Befehl eines Oberen nicht zuzustimmen vermag, zu maßregeln sei, für die persönliche Überzeugung und ihre Freiheit: „Alles, was nicht aus Überzeugung geschieht, ist Sünde (Röm. 14, 23); und was gegen das Gewissen geschieht, erbaut zur Hölle. Gegen Gott darf man nicht dem Richter gehorchen, sondern muß lieber die Exkommunikation über sich ergehen lassen." Diese Entscheidung des Papstes wurde in das kirchliche Gesetzbuch aufgenommen. Darum haben auch Thomas von Aquin und andere Scholastiker gelehrt, daß ein auf irrtümliche Voraussetzungen hin Exkommunizierter lieber im Banne sterben müsse, als einer nach seiner Kenntnis der Sachlage verfehlten Weisung eines Oberen zu gehorchen; „denn das wäre gegen die persönliche Wahrhaftigkeit", die man nicht einmal um eines möglichen Ärgernisses willen preisgeben dürfe. Trotz dieser grundsätzlich deklarierten geistigen Freiheit hat diese Zeit aber von diesem Recht keinen allzu großen Gebrauch gemacht. Man hat es nicht besser verstanden. Haben andere Zeiten es immer verstanden? Es kommt hier wieder alles auf den einzelnen Fall an. Und darum ist es gut, die Dinge konkret zu studieren. Wer mittelalterliche Texte liest, wird staunen über den Scharfsinn, die Exaktheit, die Logik und die Objektivität dieses Denkens.

Erstes Kapitel: Die Patristik

1. Das junge Christentum und die alte Philosophie

Die Kirchenväter haben zunächst von der Philosophie nicht viel wissen wollen. Sie standen noch ganz unter dem Eindruck des Neuheitserlebnisses ihres Glaubens. Man zitierte aus Paulus: „Ich will die Weisheit der Weisen vernichten und die Klugheit der Klugen zuschanden machen … Hat nicht Gott die Weisheit der Welt für Torheit erklärt? … Denen, die berufen sind, verkünden wir Christus als Gottes Kraft und Gottes Weisheit." Man konnte aber bei Paulus auch lesen, daß es eine natürliche Gotteserkenntnis gibt, die auch die Heiden haben (Röm. 1,19), und konnte sehen, wie er selbst in seiner Areopag-Rede griechische Philosophen zum Beleg seiner eigenen christlichen Lehre zitierte. Und so gab es ein Für und Wider. Tertullian ist scharf dagegen, Justin der Martyrer ist dafür und heißt jetzt sogar „der Philosoph". Schließlich setzte sich, vor allem unter dem Einfluß Augustins, das positive Ja zur Philosophie durch. Wir wollen, sagt Augustinus, nicht nur in der Autorität der Heiligen Schrift reden, sondern auch aufgrund der allgemeinen Menschenvernunft (ratio), „um der Ungläubigen willen". Wenn die Philosophen etwas Richtiges gesagt haben, warum sollten wir es nicht übernehmen?, fragt er. Es kann doch schließlich sogar dazu dienen, den Glauben zu begründen und besser zu verstehen.

Und so fing man an, die philosophischen Texte zu lesen und auszuwerten, vor allem die Platoniker und Neuplatoniker, denen Augustinus soviel verdankt und von denen er sagt: Niemand ist uns so nahe gekommen wie diese. Aber auch die Stoiker werden beigezogen, vielfach über Cicero, dann Philon und die Neupythagoreer. Noch keine größere Rolle spielt Aristoteles, überhaupt keine die Epikureer. Vor allem sind es die Apologeten, die die Philosophie verwerten, also Minucius Felix, Aristides, Athenagoras, Laktanz, dann die drei großen Kappadokier: Gregor von Nazianz, Gregor von Nyssa und sein Bruder Basilius der Große; vor allen aber Origenes, Klemens von Alexandrien und immer wieder Augustinus.

2. Die Hauptthemen der patristischen Philosophie

Es gab eine Reihe von Kernproblemen, die sich in dieser ganzen Zeit durchhalten. Eines davon war das Problem von *Glauben und Wissen*. Zunächst sah man den Gegensatz, aber schließlich treten die beiden Begriffe in eine Spannung, die mehr positiv ist als negativ. Es seien zwei Wege, die zum selben Ziel führen können, sagt man. Vielleicht ist der Glaube der königliche Weg; aber auch das Wissen komme von Gott und führe zu Gott. Und so schließen beide sich nicht aus, wie das in der Neuzeit der Fall sein wird. Ein anderes Kernproblem ist die Frage nach der *Existenz Gottes*. Daß es einen Gott gibt, wußten sie zunächst aus der Glaubensverkündigung: aber sehr bald kümmerte man sich darum, das Dasein Gottes auch

„von Natur" aus zu sehen und zu beweisen, besonders unter Berufung auf Röm. 1, 19, wo davon die Rede ist, daß man Gott aus seinen Werken erkennen könne mit einem Geist, der noch nicht der Geist des Glaubens ist. Ebenso interessiert sie natürlich die Frage nach dem *Wesen Gottes*. Ist er etwas Materielles, etwa Licht oder etwas Ähnliches? Tertullian und Augustinus haben da zunächst einige Schwierigkeiten. Aber bald setzt sich durch, was dann stehende Lehre wird: Gott ist ein Geist, er ist der Welt gegenüber transzendent, er ist nur einer, ist ewig, absolut, unermeßlich, allmächtig. Sein Werk ist die *Schöpfung*, und zwar eine Schöpfung aus dem Nichts. Das ist ein besonders typischer Begriff der christlichen Philosophie, der nun nicht mehr verlorengehen wird. Und sofort beginnt man auch, ihn zu klären nach dem näheren Wann und Wie. Ein beliebter Gedanke ist dabei der Begriff einer Simultanschöpfung, die außer der Zeit erfolgt, da es ja Zeit erst mit der Schöpfung gibt. Eine große Rolle spielt dabei (und darüber hinaus) die Lehre vom *Logos*. Man schöpft mit vollen Händen aus Philon und den Neuplatonikern und bereichert das Ganze noch mit dem Bericht der Bibel über den göttlichen Logos und die göttliche Weisheit. Auch über den *Menschen* und die Seele weiß man jetzt sehr viel mehr und sehr viel Bestimmteres zu sagen, als dies die alte Philosophie sich zutraute. Jeder Mensch ist frei. Wie nie zuvor wird verkündet: „Keiner ist von Natur aus, in der Gott zuerst den Menschen erschaffen hat, Sklave eines Menschen oder einer Sünde"; so z. B. klipp und klar bei Augustinus (De civitate Dei 19, 15). Und die *Seele* ist eine Substanz, ist immateriell und unsterblich. Und der Leib ist nicht mehr wie in der Orphik oder im Platonismus ihr Kerker. Die Schöpfungslehre gibt auch dem Leib einen positiven Wert. Nur über die Entstehung der Seele, ob sie präexistiert oder von den Eltern übertragen oder von Gott unmittelbar geschaffen wird, gab es eine längere Diskussion. In der Nähe der Lehre von der Seele liegt die Lehre von der *Sittlichkeit*. Nirgendwo konnte die Synthese zwischen Griechentum und Christentum, Philosophie und Religion rascher gefunden werden als auf dem Gebiet der Ethik, wo Platonismus und Stoa geradezu eine Vorarbeit für die christliche Sittlichkeit geleistet hatten. Man übernimmt auch die Lehre von den Ideen, vom Logos und vom Naturgesetz, bemerkt aber sofort: Diese *rechte Vernunft* ist nichts anderes als der göttliche Logos, der Fleisch geworden ist; er ist das natürliche Gesetz, nicht irgendeine Natur aus Fleisch und Blut; er ist der Weg, die Wahrheit und das Leben; und er zeigt, was die wahre Natur ist. Weil man das konkrete Logosbild der Offenbarung vor sich hat, wird auch die Ethik konkreter und bestimmter als zuvor. Nicht zuletzt in der Lehre vom *Gewissen,* wo auch die Antike in je verschiedenen Formen und Begriffen von Sokrates bis zu Seneca vorangegangen war, wo aber nie das Gewissen so sehr der Ort der eigenen freien selbständigen Entscheidung der sittlichen Persönlichkeit war wie im Christentum. Gerade über das Gewissen, das den Menschen bindet, macht das Christentum den Menschen frei und zum „Herrn seiner Akte", weil ihm nicht mehr Menschen seine Entscheidung diktieren, sondern er selbst im Angesicht einer höheren Norm sich entscheiden kann.

3. Augustinus – Lehrer des Abendlandes

Augustinus (354–430) ist *die* Patristik. In ihm ist alles zusammengefaßt. Er gibt auch alles weiter an die kommende Zeit. Er ist der Lehrer des Abendlandes. Sein Schrifttum ist gewaltig. Wir heben die wichtigsten philosophischen Themen heraus.

a) Wahrheit

In heißen Auseinandersetzungen hat Augustinus dem Skeptizismus die Möglichkeit der Wahrheitserkenntnis abgerungen. Die Skeptiker sagen: Es gibt keine Wahrheit; man kann alles anzweifeln. Augustinus entgegnet: „Mag einer bezweifeln, was er will, über dieses Zweifeln selbst kann er nicht zweifeln." Also gibt es doch Wahrheit, und der Skeptizismus ist damit grundsätzlich widerlegt. Jahrhunderte später wird Descartes gegenüber dem absoluten Zweifel ähnlich operieren; und nochmals wird man an Descartes erinnert, wenn Augustinus den Prototyp des Wahrseins in den mathematischen Wahrheiten sucht. Der Satz 7 + 3 = 10 sei ein allgemein gültiger Satz für jedermann, der überhaupt Vernunft hat. Auch Platon hat ein solches Beispiel schon gebraucht; Kant wird es gleichfalls wieder bringen. Damit ist aber auch schon der Ort aufgewiesen, wo die Wahrheit eigentlich zu suchen ist; nicht in den Sinnen und in der sinnlichen Welt, wo alles in Fluß ist, sondern im Geist: „Suche nicht draußen, kehre in dich selbst zurück, im Innern des Menschen wohnt die Wahrheit." Hier, wo man einsieht, daß 7 + 3 = 10 sein muß, findet Augustinus, was auch sonst noch für jeden vernünftigen Geist wahr sein müsse, die sogenannten „Regeln", „Ideen", „Maßstäbe", nach denen wir alles Sinnliche aufnehmen, lesen und zugleich messen und berichtigen. Diese Regeln sind etwas Apriorisches, und in ihm erweist sich der Mensch der Welt und ihrer „Erfahrung" gegenüber überlegen, frei, autonom. Er weist diese Erfahrung nicht zurück, aber sie ist ihm nur Material, über das er nach eigener Verantwortung verfügt und dem gegenüber er nicht höriger Knecht ist. Augustinus führt diese innere Wahrheitsquelle auf eine „Erleuchtung" zurück (Illuminationstheorie). Der Ausdruck besagt nicht etwas Gnadenhaftes, ist überhaupt kein Theologumenon, sondern meint einfach die natürliche apriorische Natur des menschlichen Geistes. Nur das schwingt im Wort von der Erleuchtung von oben noch mit, daß der Mensch nicht glauben sollte, daß er dies alles sich selbst und sich allein verdanke. So wollte Augustinus seine Autonomie nicht verstanden wissen. Über dem Menschen steht immer noch das Sein, das Gute und Gott.

b) Gott

Derselbe Augustinus, der die Wahrheit im Innern des Menschen sucht, sagt gleichzeitig mit derselben Emphase: Gott ist die Wahrheit. Er kommt zu dieser Erkenntnis auf einem Weg, den Platon im Symposion vorgezeichnet hatte. Wie bei Platon der Eros sich entzündet am einzelnen Schönen, das Schöne dann immer reiner erfaßt und schließlich in seiner ganzen unendlichen Größe erkennt als das Urschöne, an dem alles einzelne Schöne teilhat, so steigt auch Augustinus vom einzelnen Wahren auf zu der einen Wahrheit, durch die alles Wahre wahr ist, weil alles daran teilhat. Dieser Aufstieg ist ihm ein Beweis dafür, daß es Gott gibt, und zugleich ein Aufweis dessen, was Gott ist: das Ganze des Wahren, das Gutsein alles Guten, das Sein alles Seienden. So ist er alles und doch wieder nichts von allem, weil er alles überragt. Keine Kategorie kann auf ihn angewendet werden, wie Augustinus mit Plotin sagt. Trotzdem wissen wir um ihn, weil alle Welt sein Bild und Gleichnis ist. Er ist der Ort aller Urbilder. Nach diesen Ideen ist die Welt geschaffen worden, und eben deswegen ist sie Bild und Gleichnis Gottes (Exemplarismus). Das ist ein Gedanke, der für die Mystik und ihren Symbolismus später von größter Fruchtbarkeit geworden ist.

c) Schöpfung

Schöpfung ist kein philosophischer, sondern ein theologischer Begriff. Wenn Augustinus ihn bedenkt, setzen darum sofort philosophische Schwierigkeiten ein. Soll Schöpfung z. B. *Emanation* sein? Dann müßte, meint Augustinus, auch das Veränderliche in Gott hineingenommen werden. Die Kirchenväter haben, wie man auch aus dieser Bemerkung wieder sieht, Plotin gern pantheistisch gedeutet. Außerdem beruhe die Schöpfung auf einem freien Willensakt Gottes und sei kein notwendiger Hervorgang, wie man oft gegen die Emanationstheorie gesagt hat. Wann hat sie dann stattgefunden? Offenbar außer der Zeit, denn die Zeit entsteht ja erst mit der Schöpfung. Dann aber, wenn es noch kein zeitliches Nacheinander gibt, muß die Schöpfung offenbar auf einmal erfolgt sein (Simultanschöpfung). Augustinus legt tatsächlich den biblischen Bericht über das Sechstagewerk nicht wörtlich, sondern bildlich aus. Aber soll, wenn die Schöpfung außer der Zeit stattgefunden hat, die Welt dann ewig sein? Für Augustinus sicher nicht. Der Ratschluß Gottes mag ewig sein; aber die Realisierung? Sie kann auch nicht in der Zeit erfolgen, weil mit ihr erst die Zeit entsteht. Augustinus stellt die Frage schließlich zurück. Er sieht, daß sie nicht mit den raum-zeitlichen Denkmitteln, die uns zur Verfügung stehen, beantwortet werden kann. Gottes Jahre und Tage seien nicht unsere Zeit, sagt er. Er sucht nach anderen Weisen des Denkens und Sprechens, aber er findet sie nicht. Nur wo er auf die *Zeit* selbst und an sich zu sprechen kommt, und er hat darüber sehr viel nachgedacht, besonders in seinen Confessiones, tut sich ihm eine neue Dimension auf, die das herkömmliche Vorstellen der Dinge hinter sich läßt und in der man fast etwas Transzendentales erblicken möchte, einen Modus des subjektiven Geistes, mit dem der Mensch die Welt anschaut. Ist Zeit, fragt nämlich Augustinus, nicht vielleicht so etwas wie ein geistiges Sich-Ausdehnen, ein vorausschauendes Sich-Erstrecken des Geistes selbst? Zugleich damit sieht Augustinus, daß Zeit etwas ganz anderes ist als *Ewigkeit*. Ewiges Sein besitzt sich in einem und auf einmal; zeitliches Sein ist zerstückt, holt sich erst ein, wird erst. Ähnliche Schwierigkeiten begegnen mit dem Begriff der *Materie*. Wahlverwandt mit dem Platonismus, möchte Augustinus die Materie am liebsten als Schatten verstehen, allein es liegt nicht im Sinne des christlichen Schöpfungsbegriffes, ihr allzu großen Abbruch zu tun. Auch die Materie ist geschaffen worden. Immerhin „nahe dem Nichts" ist sie auch für Augustinus immer noch. Nur die ewigen *Urbilder* sind wahres und volles Sein. Und sie, die ewigen Formen, bringen nun auch das Denken Augustins über die Schöpfung in volle Fahrt. Durch sie ist alles „nach Maß, Zahl und Gewicht geordnet". Über diese Ordnung schreibt er ein eigenes Buch – und damit hebt die Weltanschauung des Mittelalters als eines Ordo-Denkens an. Jetzt gibt es *Keimkräfte* in der Materie, und aufgrund dieser Logoi wird eine Entwicklung möglich, die anscheinend nur aus der Materie kommt, sich hinterher aber als sinnvoll erweist, weil die Materie eben selbst schon sinnvoll gestaltet war.

d) Seele

Was Augustinus über die Seele schreibt, seine feinsinnige Einfühlung, seine Kunst des Schauens und Benennens, seine eindringende Analyse und verschiedenes anderes noch erweisen ihn als einen hervorragenden Psychologen. Man braucht nur die Bekenntnisse zu lesen und wird sich sofort darüber klarwerden. Die Seele war ihm auch ein besonderes Anliegen. „Gott und die Seele verlange ich zu erkennen." Die Seele hat denn auch einen deutlichen *Primat* gegenüber dem Leibe. Man denkt nicht mehr pessimistisch über den Leib, das verbietet schon der Geist des Christentums und seine Schöpfungslehre. Aber trotzdem ist für Augustinus der Mensch eigentlich Seele. Und das wird so bleiben, auch nachdem im Hochmittelalter die aristotelische Formel von der Einheit von Leib und Seele aufkommen wird. Nach wie vor ist der Mensch Seele, „eine Seele, die einen sterblichen Leib in Gebrauch hat". De facto ist es noch heute so, wenn auch die Terminologie sich inzwischen etwas gemildert hat. Das geht alles auf Augustinus zurück. Ebenso hat er dem Gedanken der *Substantialität* der Seele den Platz verschafft, den diese Lehre heute in der christlichen Philosophie einnimmt. Augustinus findet die Substantialität darin – hier betätigt er sich wieder als Psychologe –, daß unser Ich-Bewußtsein dreierlei enthalte: die Realität, die Selbständigkeit und die Dauer des Ich. Das Ich ist nicht einfach die Summe seiner Akte, sondern hat Akte, als ein reales, selbständiges und dauerndes Etwas. Und darin bestehe nach der Ansicht der Schule die Substantialität. Auf ähnliche Weise hat Augustinus die Immaterialität und Unsterblichkeit der Seele zu erweisen versucht. All das gehört noch heute zum eisernen Bestand der christlichen Seelenlehre.

e) Das Gute

Wenn Augustinus die religiöse Sprache spricht, dann ist für ihn das Gute einfach der Wille Gottes. Will er aber die tieferen Hintergründe aufdecken, dann sagt er: Das Gute ist gegeben mit dem *„ewigen Gesetz"* (lex aeterna). Das sind die ewigen Ideen im Geiste Gottes, die wie bei den Platonikern, so auch hier wieder Erkennen, Sein und das Gute begründen. Sie sind eine ewige Ordnung. Nicht nur der Mensch ist gut, auch das Seiende ist gut, und das Erkennen ist wahr, wenn sich nur alles an dieser ewigen Ordnung ausrichtet. Wir vermögen das, denn das ewige Gesetz ist uns eingeprägt. Seine Tendenzen sind auch die Grundtendenzen unseres Geistes. Der Mensch ist nicht umsonst ein Ebenbild Gottes. Auf diese Lehre Augustins geht es zurück, wenn das Mittelalter das „natürliche Gesetz" (lex naturalis) eine „Teilhabe des menschlichen Geistes am göttlichen Licht" nennt und darin den metaphysischen Hintergrund des menschlichen Gewissens erblickt. Das ewige Gesetz wird aber nicht mehr wie einst die platonische Ideenwelt nur intellektuell verstanden. Augustinus sieht darin zugleich den *Willen Gottes*, was für das Spätmittelalter wichtig werden wird, wo man im Gegensatz zu Thomas von Aquin schließlich darangeht, die sittliche Ordnung zu voluntarisieren, gelegentlich sogar so sehr, daß Gott mehr Wille ist als Vernunft und Weisheit, sogar irrationaler Wille sein kann, ein mystischer Gott der Allmacht und des Zornes, dem man sich nur gläubig unterwerfen kann, mit dem man aber nicht rechten darf nach den Gesetzen der Vernunft. Das war einer der Anfänge des Weges, der in der neuzeitlichen Philosophie das Wissen aufhob, um zum Glauben Platz zu bekommen. Bei Augustinus war allerdings kein solcher Gegensatz vorhanden, überhaupt nicht und auch nicht in seinem Begriff des ewigen Gesetzes; denn es ist sowohl Vernunft wie Wille; der Wille ist vernünftig, und das Vernünftige wird gewollt.

Nicht nur in der ethischen Prinzipienlehre, auch in der konkret gelebten Sittlichkeit läßt Augustinus den Willen und das Gefühl zu Worte kommen. Es ist wie bei Plotin: Die Seele denkt nicht nur, sie will auch, liebt, sehnt sich im *Eros* nach dem Guten, sie hat ein Gefühl dafür, fast so etwas wie einen Instinkt. Die ganze antike Ethik hebt mit dem Glücksbegriff an (Eudaimonia). Manche fürchten, daß dies eine Subjektivierung des sittlich Guten bedeutet, weil das Gefühl für das, was Glück ist, sehr verschieden sein soll. Augustinus weiß um diese Verschiedenheit, weiß aber auch darum, daß alles Irren und alles Streben auf dem Grunde eines streng allgemeingültigen, objektiven Glücksbegriffs erfolgt, der uns angeboren ist, der sich aus diesem verborgenen Grund heraus regt und den Menschen erst dann zur Ruhe kommen läßt, wenn das Irren und Suchen überwunden und das wahre Glück erreicht ist. Das menschliche Herz hat seinen „natürlichen Ort". Dorthin gravitiert es, zum Einen, das die Wahrheit und das Gute ist: es gravitiert zu Gott. „Du hast uns für dich geschaffen, o Gott, und unruhig ist unser Herz, bis es ruht in dir." Das Lieben des Menschen, wenn es nur tief genug ist, findet den rechten Weg. Auch das Herz hat seine Logik. Diese Gedanken gehören zu den tiefsten und dauerndsten Überzeugungen des großen Kirchenlehrers.

f) Gottesstaat

Es ist in der Gemeinschaft, in den Staaten und Kirchen wie in der ganzen Weltgeschichte, nicht viel anders als im Leben des einzelnen: es gibt auch da das Suchen und Streben, gibt den Irrtum und die Wahrheit, das Böse und das Gute. Menschen und Völker sind eben für Augustinus Wille, aber sie sollten idealer Wille sein und werden. Ein reiner Machtstaat, der der Gerechtigkeit den Abschied gegeben hat, sei darum von einer Räuberbande nicht verschieden. Man könne überhaupt die menschlichen sozialen Gebilde unter den Gesichtspunkt der idealen Ordnung und der begehrlichen Unordnung in Gottesstaat und Erdenstaat einteilen. Die Unterscheidung meint nicht den weltlichen Staat einerseits und die Kirche andererseits, sondern hier den idealen Staat, der sich der ewigen Ordnung Gottes fügt und letztlich in Gott das Ziel aller seiner Werke sieht (darum Gottesstaat), dort den nicht idealen, der die Welt nicht „gebrauchen" (uti) will, um zu Gott zu kommen, sondern sie in Begehrlichkeit und Unordnung „genießen" (frui) will, weil er nur hier die Stätte seines Bleibens sieht und schließlich die Welt oder den Menschen schon für Gott hält; darum ist dieser nur Erdenstaat. Immer wird in der Weltgeschichte dieser Kampf zwischen Licht und Dunkel, zwischen dem Ewigen und nur Zeitlichen, dem Übersinnlichen und Sinnlichen, dem Göttlichen und Widergöttlichen stattfinden. In seinem großen Werk über den Gottesstaat (De civitate Dei) zeigt Augustinus an den ihm bekannten Beispielen der Weltgeschichte des Alten Bundes, des Griechischen und Römischen Reiches, wie die Mächte des Guten ständig kämpfen müssen mit den Mächten des Bösen. Das Ganze gestaltet sich zu einer großangelegten *Geschichtsphilosophie.* Ihr letzter Sinn ist der Sieg des Guten über das Böse. So verlangte es der Geist des Christentums und seines Gottesbegriffes. So verlangte es aber auch die Philosophie der Platoniker, für die das Vollkommene immer das Stärkere ist, das Wahre und ewig Bleibende, und für die das Unvollkommene nur vom Vollkommenen lebt und bloßer Abfall, eine Negation oder Privation ist, die im Grunde keine Substanz hat, wie geschäftig sie sich auch gebärdet und wie sehr sie auch zu blenden versteht. Mitten im Herzen des Bösen sitzt immer schon der Vorwurf des Guten, und sein Antlitz ist gezeichnet von den Furchen der Trauer um das verlorene wahre Glück.

4. Boethius – der letzte Römer

An Bedeutung für das Mittelalter kommt nach Augustinus sofort Boethius (480–524). Er wird vor allem wichtig für den Schul- und Lehrbetrieb, weil über ihn eine Reihe von Begriffen der antiken Philosophie in das Mittelalter hereingetragen wurden. Aus der platonischen Philosophie überliefert er den Gottesbegriff, die Idee der Glückseligkeit, den Teilhabegedanken, die apprioristische Fassung des Universale, dazu noch die wesentlichen Gedanken des platonischen Timaios über die Weltbildung. Aus der Stoa gibt er weiter den Naturbegriff, die Rede vom Naturgesetz, der Ursachenreihe, der Begriff des Schicksals und der Vorsehung, vor allem aber den Realitätsbegriff: Realität ist die körperhafte Außenwelt. Besonders bedeutsam aber wurde für die Scholastik, daß Boethius wichtige logische Schriften des Aristoteles übersetzt und kommentiert hat. Durch ihn fand Aristoteles erstmals Eingang in das Mittelalter, wenn auch nur als Logiker. Die Schriften des Boethius über Logik, Arithmetik und Musik wurden als Textbücher des Unterrichts in den sogenannten Sieben Freien Künsten allgemein benützt.

Neben diesem mehr technischen Apparat der Wissenschaft hat Boethius dem Mittelalter aber auch noch eine Reihe von wichtigen Philosophemen mit auf den Weg gegeben, die alle so waren, daß sie nicht nur Wegmarken darstellten, sondern sofort auch zum Weiterdenken anreizten. Um nur einige wenige anzuführen: *Gott* ist für ihn „das höchste Gute überhaupt, das alles Gute in sich enthält, ein Gut, demgegenüber nichts Größeres gedacht werden könne". Damit spannt Boethius den Bogen von Platon über Augustinus bis zu Anselm und Descartes. Der *Mensch* ist ein Individuum, d. h. etwas Eigenes, Eigengeprägtes und Einmaliges. Es steht in ihm die konkrete Einzelsubstanz immer gegen das Universale der Begriffe und der Gemeinschaften. Darum definiert er die Person als „das Selbständigsein eines vernunftbegabten Lebewesens". Der einheitliche Geist des Mittelalters hat trotz der Universalität schon früh die Rechte des Individuums gesehen und sie nie preisgegeben. Boethius spricht auch sogleich von der *Freiheit*. Der Mensch hat sie trotz der einheitlichen Ordnung. Nur das Untermenschliche wird von der allgemeinen Ordnung genötigt, der Mensch dagegen empfindet sie als ein Sollen und insofern zwar als verbindlich, aber auch dann noch bleibt er frei. Dabei ist die Freiheit nicht nur etwas Negatives, sondern auch etwas Positives: je mehr Geist, desto mehr Freiheit; d. h. also: je mehr der Mensch sich erhebt über das Nichtgeistige, die Materie, die Natur, die Begierden, je mehr er sich dem Einen, Wahren, Guten nähert, um so freier wird er sein. Dann findet er auch sein Glück. Das Hauptwerk des Boethius ist sein „Trost der Philosophie". Er hat das Buch in äußerster Ohnmacht geschrieben, im Kerker und angesichts des Todes. Trotzdem sagt sich Boethius: Der Gute ist der Stärkere und ist der Glücklichere; sein Recht ist seine Macht und sein Glück; der Schlechte ist trotz seiner physischen Macht der Schwächere und ist der Unglücklichere; sein Unrecht macht ihn schwach und nimmt ihm den Frieden. Darin sah Boethius die Rechtfertigung Gottes – die Trostschrift ist eine kleine Theodizee – und die Rettung des Menschen angesichts des *Übels* in der Welt. Das Übel wurde überwunden in der Kraft des Idealismus, mit dem Platoniker und Stoiker vom Geist und vom reinen Willen her der Welt ein neues Gesicht zu geben verstanden, ein Gesicht, das nicht einfach alle Züge des Scheins und der Erscheinung trug, sondern dem wahren Wesen des Seins selbst entstammte.

5. Dionysius Pseudo-Areopagita – Ausklang der Patristik

Mit Pseudo-Dionysius (frühes 6. Jh.) kommt der ganze Platonismus der Väter noch einmal ausführlich und kraftvoll zur Darstellung. Gott, so heißt es in der Sprache des Proklos, ist das Übereine, Übergute, Übervollkommene, Überseiende. Sein Anderssein wird im Geiste der negativen Theologie bis zum Extrem hervorgehoben; aber nicht, um Gott endgültig von der Welt zu trennen, sondern um das wahre, vollkommene, eigentliche Sein als das Frühere erkennen zu lassen, aus dem das Endliche und unvollkommene Seiende hervorgeht und auf das es entsprechend seinem Hervorgang auch immer wieder zurückverweist. Je nach der Nähe zum Übereinen gliedert sich das Sein dann auf in hierarchische Schichten: Zuunterst steht das Sein der toten Materie, das nur gestaltlos Seiendes ist; darüber erhebt sich die Seinsschicht des Lebens; darüber die des Seelischen, und darüber noch das Reich des Geistes. Je weiter wir emporsteigen, um so mehr hebt sich ein Sein heraus, das das Herz aller Dinge bildet und doch über ihnen allen steht, „vornehmer" ist und darum „mächtiger", wie einst bei Platon, wo die Idee des an sich Guten alles überragte „an Würde und Macht", „jenseits" aller Wesenheit steht und doch auch wieder anwesend ist und dadurch Sein, Wesen und Erkennen möglich macht. Es ist das unendliche Sein, das durch sich selbst „ist", während alles andere an ihm teilhat und darum Sein nicht ist, sondern nur „hat". Pseudo-Dionysius gehört zu den großen Platonikern, die der Menschheit die Augen dafür öffnen wollen, daß sie nicht nur die Vielfalt des Seienden sehen, sondern das Sein selbst und seine geheimen Tiefen.

Die Schriften des Pseudo-Dionysius wurden vom Mittelalter hoch verehrt und viel gelesen. Wer die Metaphysik des Mittelalters, die von hier aus mitgeprägt wird und aus dieser Tradition ihr grundlegendes Erbe empfing, wirklich verstehen will, muß die areopagitische Lehre kennen. Thomas z. B. nur von Aristoteles her zu sehen, wie es das Wort von der thomistisch-aristotelischen Philosophie suggeriert, hieße Wesentliches bei Thomas übersehen.

Pseudo-Dionysius steht am Ende der Patristik. Es tauchen dort noch viele andere Namen auf: *Cassiodor, Isidor von Sevilla, Beda Venerabilis, Johannes Damascenus* u. a. Sie alle werden von den Schulen des Mittelalters mit Eifer gelesen und bilden Brücken von der Antike und Patristik einerseits zu den lernbegierigen Menschen und Schulen einer neuen Zeit andererseits.

Zweites Kapitel: Die Philosophie der Scholastik

Allgemeines zur Scholastik und ihren Schulen

Scholastik, die Epoche etwa von Karl dem Großen bis zur Renaissance, übersetzt man am besten als die Zeit der Schulen. Lehren und Lernen standen hoch im Kurs. Ein Magister war mehr als heute ein Industriebaron, eine Handschrift war wertvoller als ein Traumauto. Es war eine Zeit der Wissenschaft und des Geistes, nicht des technischen, sondern des metaphysischen. Dadurch war der Mensch mehr als die Maschine und das Geld.

Die Schulen waren ursprünglich Dom- und Klosterschulen, später waren es die Universitäten. Die Klosterschulen, an sich für den Klosternachwuchs bestimmt, hatten jeweils auch eine äußere Abteilung, die gern aus den Kreisen des Adels besucht wurde und so auch der höfischen Dichtung das antike und christliche Bildungsgut vermittelte. Grundlage der mittelalterlichen Schule war der Unterricht in den sogenannten Sieben Freien Künsten. Sie teilten sich in das Trivium (Grammatik, Dialektik, Rhetorik) und das Quadrivium (Arithmetik, Geometrie, Musik, Astronomie). Das Gefüge war locker; man konnte z. B. in der Rhetorik auch die Ethik unterbringen. Inhaltlich orientierte man sich dabei an dem platonischen Schema der vier Kardinaltugenden, das man aus Apuleius oder Macrobius, aus Cicero oder Augustinus übernahm. Der Lehrbetrieb an den

Hohen Schulen des Mittelalters bestand aus der lectio und disputatio, unserer heutigen Vorlesung und Seminarübung. Daraus entwickelten sich dann zwangsläufig bestimmte Literaturformen: die Summen, die Kommentare und die Quaestiones disputatae. Die Methode, die man einschlug, war betont an der Autoritätsidee orientiert, d.h. an der Bibel, an kirchlichen Lehrentscheidungen und an den Aussprüchen großer Denker, Theologen und Philosophen, z.B. Augustinus, Aristoteles, Averroes. Doch da die Autoritäten sich oft widersprachen, mußte man zu klären anfangen; darum war man ebenso stark rational-denkerisch eingestellt und arbeitete ausgesprochen formallogisch, vor allem mit Hilfe des Syllogismus. Eben deswegen auch liebte man Diskussion und Dialektik.

I. DIE FRÜHSCHOLASTIK

1. Die Anfänge

Die Anfänge der Scholastik liegen in den Schulen Karls des Großen. Wir stoßen auf Männer wie *Alkuin* an der Hofschule zu Aachen, *Rhabanus Maurus* in Fulda, *Paschasius Radbertus* im Kloster Corbie an der Somme. Einer der bedeutendsten war *Johannes Scotus Eriugena* († ca. 877). Wir treffen bei ihm schon gleich wieder den für die ältere Scholastik so bezeichnenden Geist des Neuplatonismus an. Eriugena analysiert das Sein auf seine verschiedenen Modi, Schichten, Gründe und Hintergründe. Von ihm stammt eine „Einteilung der Natur", wie sie uns in abgewandelter Form später wieder bei Spinoza begegnet. Am Anfang, als Grund aller Gründe, steht Gott, „die ungeschaffene, alles schaffende Natur". Indem er sich selber schaut, entstehen von Ewigkeit her die Ideen, die uranfänglichen und urbildlichen Gründe der seienden Dinge, die sogenannte „geschaffene und schaffende Natur". Durch sie kommt es zu unserer raum-zeitlichen materiellen Welt, der „geschaffenen, aber nicht mehr selbst schaffenden Natur". Auch hier wendet sich aufgrund innerer Konstitution alles Seiende seinem ganzen Werden nach wieder seinem Ursprung zu und kehrt heim zu seiner Vollendung, der „weder geschaffenen noch schaffenden Natur", der ewigen Ruhe in Gott dem Herrn. Man hat in Eriugena schon einen Vorläufer Hegels sehen wollen. Das ist etwas übertrieben. Wir wollen in ihm lieber wieder ein Beispiel sehen für die Kunst der Platoniker, das Seiende zu analysieren und den Schein zu übersteigen in Richtung auf immer tieferes, reineres Sein, das es ebenso gibt, wie es einen immer noch reineren Willen gibt und ein immer noch reineres Gutes.

Weniger bedeutend waren in dieser Zeit die *Dialektiker* und ihre Opposition, die Antidialektiker. Nur einer aus den letzteren verdient Erwähnung, *Petrus Damiani* (1007–72), weniger weil er besonders bedeutend wäre, sondern weil von ihm das bekannte Wort von der Philosophie als „Magd der Theologie" stammt, was man ihm sehr verübelt hat, wobei man jedoch vergaß, daß Philosophie auch in unserer Zeit verschiedene Vorspanndienste leisten muß.

2. Anselm von Canterbury – Vater der Scholastik

Anselm von Canterbury (1033–1109) heißt der Vater der Scholastik, weil von ihm die *scholastische Losung* stammt, das Glaubensgut nach rationalen, logischen Gesichtspunkten zu durchdenken: fides quaerens intellectum, d.h., der Glaube soll einsichtig werden. Das bedeutet keine Auflösung des Glaubens in reine Vernunft, wie etwa bei Hegel, sondern ist nichts weiter als der Geist Augustins, auf den die Idee ja letztlich zurückgeht, der von Anfang an einer Synthese von Glauben und Wissen das Wort geredet hat, weil Glauben niemals ohne Wissen und Wissen nie ohne Glauben auskommen könne, wenn beides menschlich bleiben soll, und weil Wissen und Glauben nur zwei verschiedene Wege zu einem einzigen Ziel seien.

Noch berühmter ist Anselm durch seinen sogenannten *ontologischen Gottesbeweis* geworden, den er in seinem Proslogion entwikkelt hat. Man sagt gewöhnlich, das ganze Problem von Kant und Descartes her sehend, der ontologische Gottesbeweis erschließe die Existenz Gottes aus dem Begriff Gottes. Der Begriff Gottes sagt nun aber, Gott ist das vollkommenste Wesen. Zu einem wirklich vollkommenen Wesen gehöre aber auch die Existenz. Infolgedessen könne man aus dem Begriff Gottes auch notwendig seine Existenz erschließen. Würde man so verfahren, dann läge tatsächlich ein Trugschluß vor, weil man mit dem Begriff sich nur in einer logischen Sphäre bewegte und nicht ohne weiteres auf die Wirklichkeit überspringen kann; denn es ist ja bei allen Begriffen, die wir haben, die Frage, ob es das, was sie denken, auch wirklich gibt. Aber bei Anselm war es gar nicht so gemeint. Was er unter der Wesenheit oder Idee Gottes versteht, ist gerade kein bloßer Begriff gewesen. Gott ist ihm das All der Realität, das Ganze des Seins, das Sein selbst, an dem alles teilhat, auch das Denken, mit und in dem diese Wirklichkeit sich manifestiert; nicht in ihrer Gänze; wir haben nur teil;

aber wir haben eben doch teil, und das an ihrem Selbst. Er braucht also gar nicht auf eine Wirklichkeit von einem Begriff aus zu schließen in seiner Gottesidee, genauer: in ihrer besonderen Fassung als omnitudo realitatis, begegnet uns jene Wirklichkeit selbst schon. Anselm ist ein ganz am Geist Augustins und der Platoniker orientierter Mensch gewesen. In allen Wahrheiten sieht er die eine Wahrheit, und in der Wahrheit wiederum Sein und Gott, weil alles Unvollkommene das Vollkommene voraussetze als das, wovon es lebt. Irgendwie platonisierende Denker haben darum gewöhnlich auch seinen Gottesbeweis angenommen, bis herauf zu Leibniz und Hegel; andere haben ihn nicht mehr verstanden, darunter Thomas von Aquin und Kant.

3. Peter Abaelard – Mittelalterliche Subjektivität

Peter Abaelard (1079–1142) hat unter den im allgemeinen ziemlich braven Scholastikern nicht wenig Staub aufgewirbelt, einmal durch die Extravaganz seines Lebens und dann durch zwei, auch etwas aus der Reihe tanzende Theorien, seine nominalistisch gefärbte Erkenntnislehre und seine subjektivistische Ethik.

In der Frage nach dem Wesen des menschlichen Erkennens fand Abaelard zwei Meinungen vor. Der *Ultrarealismus* erblickte in den Allgemeinbegriffen, den sogenannten *Universalien* (das Haus, die Menschheit im allgemeinen), ein Allgemeines, das es „an sich" gebe in dieser Form der Allgemeinheit, noch bevor es einzelne, konkrete und individuelle Dinge gibt (Häuser und Menschen) und erklärte, dieses Allgemeine allein schon mache das Ganze der konkreten Dinge aus, so daß alles Individuelle nichts Besonderes mehr darstelle. So z. B. *Wilhelm von Champeaux* (1070–1120). Die gegenteilige Lehre, der *Nominalismus (Roscellin von Compiègne*, ca. 1050–1120), wollte im Universale überhaupt nichts Eigenes erblicken und hielt nur die konkreten und individuellen Dinge für real. Auf die Trinität angewandt, hieß das: nur die Einzelpersonen sind real, ihr gemeinsames Wesen aber, die Gottheit, ist dann nichts, ist eventuell nur ein Name. Das erschien gefährlich nicht nur für die Theologie, sondern vor allem auch für die Metaphysik. Abaelard spielte mit diesem Feuer, und man spürt bei ihm auch tatsächlich einen ersten Zweifel an dem, was die alte Tradition als die Wirklichkeit des Wirklichen erkannt hatte, an der „inneren Natur der Dinge", wie Boethius zu sagen pflegte, an der einen Wahrheit, durch die alles wahr ist, wie Anselm sagte. Abaelard lehrte nämlich, daß diese Universalien nur Meinungen seien, daß sie kein sicheres Wissen darstellen und daß es ganz von unserem Interesse abhinge, was wir für wesentlich und nicht wesentlich hielten. Damit war der Geist des Mittelalters an einer empfindlichen Stelle getroffen.

Ähnlich ging es mit der *Ethik*. Auch hier kannte man bisher sichere Realitäten, Normen, Wahrheiten und Werte. Das natürliche Sittengesetz war für die Scholastik, um es in der Sprache Kants zu sagen, ein für jeden vernünftigen Geist verbindliches Gesetz. Für Abaelard ist es auch nur eine Meinung. Es komme alles auf die subjektive Absicht an. Das Werk, das gute oder das böse, sei ohne Bedeutung. Die Sünde habe keine Substanz, pflegte er zu sagen. Damit deutete er ein Wort Augustins in einem bedenklichen Sinn um. Augustinus wollte nur sagen, daß die Sünde kein wahres Sein habe, sondern eine privatio darstelle, einen Abfall also. Abaelard aber sprach nur von der Gesinnung. Sie ist sicher etwas Wesentliches im sittlichen Tun, aber sie kann nicht alles ausmachen. Und da das Mittelalter objektiv dachte, regte man sich über Abaelard entsprechend auf. Es ist ein Zeichen für die grundsätzlich bestehende Freiheit des Geistes, daß sein Ansehen als „Meister" trotzdem ein gewaltiges war und daß er bedeutende Männer des Mittelalters zu seinen Schülern zählen konnte, darunter die späteren Päpste Alexander III. und Coelestin II. sowie den Verfasser des allgemeinen theologischen Textbuches der Scholastik, Petrus Lombardus.

4. Die Schule von Chartres – Mittelalterlicher Humanismus

Chartres ist nicht nur durch seine Kathedrale berühmt, sondern auch durch seine Schule. Ihre Blüte fällt in die Zeit, da man den Dom baute, in das 12. Jahrhundert. Wir stehen jetzt unmittelbar vor den Toren der Hochscholastik. Neue Ideen strömen zu, man studiert die schöne Literatur der Antike, verwertet offenbar erstmalig die sogenannte neue Logik, d.h. die bisher noch nicht bekannten logischen Schriften des Aristoteles (die beiden Analytiken, Topik und Elenktik), kennt anscheinend auch schon seine physischen Schriften, liest die medizinischen Schriften des Hippokrates und Galen sowie jüdische und arabische naturwissenschaftliche Werke. Die Schule ist überhaupt stark naturwissenschaftlich orientiert. Ihre philosophische Grundhaltung ist eine platonisierende. *Bernhard von Chartres,* der in der Blütezeit der Schule vorsteht, gilt als „der Erste unter den Platonikern unseres Jahrhunderts", wie *Johannes von Salisbury* sagt, der ebenfalls zu der Schule zählte. Bernhards Bruder, *Thierry von Chartres*, gehört in die lange, von Platon bis Cusanus reichende Reihe der Philosophen, die sich bemühen, aus dem Einen alles Seiende hervorgehen zu lassen, wie die Zahlen aus der Eins hervorgehen. Andere berühmte Namen der Schule sind *Clarenbaldus von Arras, Gilbert von Poitiers, Wilhelm von Conches, Bischof Otto von Freising.*

5. Die Mystik

Zur Scholastik gehört auch die Mystik. Sie ist ihr gegenüber nicht etwas Fremdes, sondern bildet ihre Vollendung. Das nur Schulisch-Technische wird vorausgesetzt, aber nicht mehr gepflegt; dafür erscheint das, wozu alle Schularbeit da ist: das religiöse Leben in hohen und höchsten Aufgipfelungen; gelegentlich allerdings auch in Übersteigerungen, die bis hart an die Grenze des Möglichen gehen, wie z. B. bei Joachim von Fiore. Der wohl berühmteste Name ist hier der Zisterzienser *Bernhard von Clairvaux*, der scharfe Gegner Abaelards und flammende Kreuzzugsprediger. Neben vielen anderen ist er ein Beleg dafür, daß die antike Philosophie den Geist des Christentums nicht überrundet und sich nicht entfremdet hat. Wie die Väter sagten: Die wahre Natur des Menschen ist im göttlichen fleischgewordenen Logos sichtbar geworden, so erklärt auch Bernhard: Die wahre Philosophie ist die Liebe zu Christus dem Gekreuzigten. Das ist aber nicht bloß Mystik und Theologie; denn wie dieser Mystiker Welt und Mensch analysiert auf das Höhere hin, wie er auch in der „krummen Seele" noch die „unsterbliche Größe des Menschen" aufzuzeigen weiß, die am Einen und unendlich Vollkommenen hängt, die sich danach sehnt und dort untergehen will wie ein Tropfen im Meer, oder wie er zu zeigen weiß, daß Demut groß und Hochmut klein ist, Dialektik windige Geschwätzigkeit und die Wahrheit schlicht und einfach sein kann – das alles ist echteste Philosophie des Seins und der Werte und sichert dem Mystiker Bernhard einen Platz auch unter den Philosophen.

Ähnlich liegt es mit den gelehrten Meistern aus dem Kloster St. Viktor vor den Toren zu Paris, mit *Hugo* und *Richard von St. Viktor.* Ersterem (oder Konrad von Hirsau?) verdanken wir das schöne Schriftchen zur Tugendlehre „Die Früchte des Fleisches und des Geistes", letzterer ist einer der Prediger der Lehre vom Seelenfünklein gewesen. Ganz im Süden, in Kalabrien, lebte *Joachim von Fiore.* Er trug eine von den vielen Geschichtsphilosophien vor, die, unter dem Zauber der Fortschrittsidee stehend, die Zeiten einem neuen Paradies entgegeneilen sehen. Nach Zeiten der Knechtschaft am Anfang, einer dann folgenden mittleren Epoche zwischen Fleisch und Geist, kommt nach ihm schließlich die Fülle der Zeiten, die Zeit der Freiheit und des Geistes, das ewige Evangelium, wo alle Menschen zu Gott gefunden haben, wo es einer sichtbaren Rechtskirche nicht mehr bedarf und jeder in Freiheit und Liebe von sich aus das Rechte zu finden weiß. Der lautere Abt von San Giovanni hat über der Idealität die Realität nicht mehr richtig einzuschätzen gewußt. Er war ein reiner Tor gewesen; denn manchmal ist im Leben das Bessere der Feind des Guten.

II. Die Hochscholastik

Mit dem 12. Jahrhundert kommt es im Mittelalter zu einem gewaltigen geistigen Aufschwung. Es war wie eine Bluterneuerung, die drei Umständen zu verdanken ist: der Übernahme der aristotelischen philosophischen Werke, dem Aufblühen der Universitäten und der sich immer mehr entfaltenden wissenschaftlichen Tätigkeit der großen Orden. Das waren die neuen Antriebe, die sich jetzt überall geltend machten.

Die neuen Antriebe

Die *Aristoteles-Rezeption* vollzog sich in verschiedenen Stadien. An sich war von Boethius her Aristoteles schon bekannt, doch nur in zwei Schriften, den Kategorien und De interpretatione. Seine anderen logischen Schriften kamen als die sogenannte neue Logik über Chartres zu den Scholastikern. Jetzt aber tat sich noch ein Weg auf: der über die arabisch-jüdische Philosophie. Die *Araber* haben sehr früh die Werke des Aristoteles übernommen und verarbeitet. Durch Übersetzungen aus dem Arabischen kam Aristoteles auch in das Mittelalter. Die beiden bedeutendsten Philosophen waren *Avicenna* († 1037) und *Averroes* († 1198). Sie wurden zu zwei großen Autoritäten des Mittelalters. Letzterer kommentierte fast alle Werke des Aristoteles. Seine Kommentare wurden den Aristotelesausgaben beigegeben, und er selber wurde so zum Kommentator schlechthin. Noch nachhaltiger hatte allerdings lange vor ihm Avicenna aristotelische Gedanken weitergegeben. Aber dieser „Aristotelismus" war ein neuplatonisch konzipierter – was übrigens nicht so ganz falsch war, wie wir heute wissen, nachdem nunmehr feststeht, daß auch der historische Aristoteles sein platonisches Erbe nie ganz verloren hat. In der Richtung einer neuplatonischen Interpretation des Aristoteles wirkten außerdem zwei bei den Arabern entstandene Werke, die unter dem Namen des Aristoteles kursierten: der *Liber de causis* und die sogenannte *Theologie des Aristoteles.* Ersteres war ein Auszug aus der Elementatio des Neuplatonikers Proklos, letzteres ein Auszug aus Plotin.

Ein zweiter Weg des Aristoteles in das Mittelalter geht über die *jüdische Philosophie.* Da diese jüdische Philosophie wesentlich von den Arabern beeinflußt ist, wird auch von dieser Seite aus eine neuplatonische Aristoteles-Interpretation suggeriert. Die beiden bedeutendsten Männer der jüdischen Philosophie sind *Avencebrol* († 1070) und *Maimonides* († 1204) gewesen. Letzterer hat in besonders nachhaltiger Weise auf die Schöpfungslehre bei Thomas von Aquin Einfluß genommen.

Der dritte und wissenschaftlich wertvollste Weg des Aristoteles ins Mittelalter setzte, wenigstens in seinen vollen Zügen, etwas später ein. Es waren die *direkten Übersetzungen* aus dem Griechischen. Das Einfallstor scheint Sizilien gewesen zu sein. In Catania treffen wir auf den ersten Übersetzer aus dem Griechischen: *Henricus Aristippus* († 1162). Andere werden folgen. Einer der bedeutendsten ist *Wilhelm von Moerbeke* gewesen, der besonders für Thomas von Aquin gearbeitet hat. Mit dem 13. Jahrhundert war das ganze Werk der direkten Übersetzung aus dem Griechischen abgeschlossen. Zum Verständnis des mittelalterlichen Aristoteles ist es immer notwendig, die originalen Texte des Aristoteles selbst zugrunde zu legen. Das geschieht auch seit langem. Es ist aber ebenso notwendig, und das geschieht gewöhnlich nicht, die neuplatonischen Infiltrationen mit einzubeziehen, die sich für den mittelalterlichen Aristotelismus aus dem Weg ergeben, den Aristoteles in das Mittelalter genommen hat. Und da das Mittelalter zu kombinieren pflegte, muß man auch noch einkalkulieren, was sie aus den *platonischen Werken* selbst übernommen haben. Sie kannten davon in Auszügen den Staat und die Gesetze durch Übertragungen aus dem Arabischen, den Menon, Phaidon, Timaios und Parmenides durch direkte Übersetzungen aus dem Griechischen.

Es gab übrigens auch einige *Aristotelesverbote* (1210, 1215, 1263). Auf konservative Geister wirkt das Neue manchmal verdächtig. Doch das waren nur vorübergehende Störungen. Es dauerte nicht lange, bis umgekehrt die Kenntnis des ganzen Aristoteles Voraussetzung war für das Lizentiat in der Artistenfakultät.

Der zweite große Antrieb für die Hochblüte der Scholastik war die durch Päpste und Könige erfolgte Neugründung von *Universitäten*. Es bildeten sich zunächst nur einzelne Fakultäten aus, in Salerno eine medizinische, in Bologna eine juristische. In den anderen großen Städten schlossen sich aber allmählich alle Fakultäten, die theologische, juristische, medizinische und die philosophische oder die „Artisten" (weil man hier die Sieben Freien Künste studierte) zusammen zur Universitas magistrorum et scholarium. Paris und Oxford sind die ältesten. 1200 folgt Orléans, 1209 Cambridge, 1222 Padua, 1224 Neapel, um 1220 Salamanca, 1229 Toulouse, 1347 Prag, 1365 Wien, 1368 Heidelberg, 1388 Köln, 1389 Erfurt.

Unter den verschiedenen *Orden* wurden für die Wissenschaft des Mittelalters von besonderer Bedeutung die Dominikaner und die Franziskaner. Sie hatten Lehrstühle auch auf den weltlichen Universitäten. Die ersteren schlugen sich allmählich auf die Seite des immer mehr aufblühenden Aristotelismus, die letzteren waren mehr für die ältere, augustinisch-platonische Tradition.

1. Paris im frühen 13. Jahrhundert – Theologen und Artisten

Paris hieß schon im 12. Jahrhundert „die Stadt der Philosophen" schlechthin. Das äußere Gesicht ist trotzdem bestimmt durch die Theologen. Berühmte Namen geben in dieser Zeit der Stadt das Gepräge, in der sowieso der große Lehrer zu Hause war, der jenes Sentenzenwerk geschrieben hat, das überall dem theologischen Unterricht zugrunde lag: *Petrus Lombardus* († 1160). Jetzt sind es *Wilhelm von Auxerre* († 1231), *Philipp der Kanzler* († 1236), *Wilhelm von Auvergne* († 1249). Sie schreiben aber nicht nur über Theologie, sondern auch über typisch philosophische Themen, über den freien Willen, das Naturrecht, über das Gute, über die Tugend und die Tugenden, über die Seele, über den Kosmos und über das erste Prinzip des Seins. Sie sind vor allem deswegen von Wichtigkeit, weil über diese Männer viel Gedankengut aus der arabischen und jüdischen Philosophie in die Scholastik eingeströmt ist, z. B. durch Wilhelm von Auvergne die später so viel erörterte Realdistinktion von Wesenheit und Dasein. Andere Lehren des arabischen Neuplatonismus lehnt er allerdings sofort ab: die Ewigkeit der Welt, die Einheit des Intellektes, die Notwendigkeit der Emanation. Letzterer gegenüber besteht er auf der Transzendenz Gottes. Die Dinge verhielten sich zu Gott nicht wie das Wasser zur Quelle, was eigentlich Gleichheit bedeute. Nur eine Analogie bestehe zwischen Gott und Welt. Klar klingt hier dieses nun oft in der Scholastik zu hörende

Motiv an; im übrigen nach dem Beispiel des Aristoteles von Gesundheit und gesund.

Aber vielleicht war Paris, die Stadt der Philosophen, für die spätere Entwicklung noch wichtiger geworden durch die *Meister der Logik*, die um diese Zeit hier tätig waren: *Wilhelm von Shyreswood* († ca. 1267), *Petrus Hispanus* († 1277), der das am meisten studierte Logiklehrbuch geschrieben hat, das je herausgekommen ist, und *Lambert von Auxerre*. Es waren lauter „Artisten", so genannt, weil sie der Fakultät angehörten, die die Sieben Freien Künste (artes liberales) zu lehren hatte, eine Fakultät, die sich aus dem Betrieb der Universität auszugliedern begann, als mit dem Aufkommen des ganzen Aristoteles die Theologen die philosophische Arbeit nicht mehr zu leisten vermochten, einfach deswegen, weil der Stoff zu umfangreich geworden war. Das war der Anfang unserer heutigen philosophischen Fakultät.

2. Die Schule von Oxford – Mathematik und Naturwissenschaft

Oxford ist neben Paris das andere Tor zur Hochscholastik. Hier ist die alte, platonisch-augustinische Tradition noch besonders stark. Man muß das wissen, um nicht dem allgemeinen Gerede zu verfallen, daß die ganze Hochscholastik nur sklavisches Nachbeten der Lehre des Aristoteles sei. Man kennt ihn; der Gründer der Schule war einer der großen Übersetzer aristotelischer Werke; aber man bleibt trotzdem kritisch. Dafür ist man besonders aufgeschlossen für die naturwissenschaftlichen Kenntnisse der Araber, pflegt das Erbe von Chartres, treibt Mathematik und Physik, wofür man in Paris weniger Interesse hatte. Vor allem, man ist, wie es immer Eigenart der englischen Philosophie sein wird, empirisch eingestellt, obwohl man in der Grundhaltung platonisch denkt. Der Idealismus besagt ja gar keinen Gegensatz zum Studium der Erfahrung, er bedeutet vielmehr nur etwas für ihre Verwertung und Beherrschung.

Der Gründer der Schule ist *Robert Grosseteste* († 1253), der durch seine Lichtmetaphysik ebenso berühmt wurde wie durch seine Forderung, die Naturerscheinungen nach mathematisch-quantitativen Methoden zu beschreiben und zu messen, statt immer nur von inneren Wesenheiten zu sprechen. Ein anderer großer Name der Schule ist *Roger Bacon* († 1292), der ebenso Idealismus und Erfahrungswissenschaft verbindet und in manchen Dingen auffallende Ähnlichkeit besitzt mit seinem späteren Namensvetter Francis Bacon. Er verlangt Freiheit gegenüber der Autorität, fordert das Experiment und kennt auch schon die falschen, die Wahrheit verdunkelnden Idole. Seine Sprache war scharf, was ihm nicht gut bekommen ist.

3. Die ältere Franziskanerschule – Die Männer des Augustinismus

Die herkömmliche, am Platonismus und Neuplatonismus besonders orientierte augustinische Tradition überwiegt auch in der Franziskanerschule, ja diese Schule ist ihr eigentlicher Hort. Sie hält einige Lehrpunkte hoch, die sie von anderen Schulen, besonders vom Thomismus, unterscheiden. Es sind die folgenden: der Primat des Willens vor dem Intellekt, der Verweis auf die ewigen Gründe des Erkennens im Geiste Gottes, der Erleuchtungsbegriff, der Begriff der Keimkräfte in der Materie, die Lehre von der Vielheit der Formen, die Unmöglichkeit einer ewigen Weltschöpfung, der Begriff einer geistigen Materie, eine mehr oder weniger große Selbständigkeit der Seele als Substanz gegenüber dem Leibe, die unmittelbare Erkenntnis der Seele in ihrer Wesenheit und vor allem der Begriff einer christlichen Philosophie, die nicht mehr nur auf der natürlichen Erkenntnis beruht, sondern betont auch gewisse Lehren der Offenbarung als Basissätze der Philosophie voraussetzt.

Am Anfang der Schule begegnen uns *Alexander von Hales* († 1245), *Johannes de Rupella* († 1245) u. a. Der größte und eigentliche Träger des Ganzen aber ist Bonaventura gewesen, neben Thomas von Aquin die andere führende Gestalt der Hochscholastik.

Bonaventura (1221–1274) ist eigentlich Theologe, sogar Mystiker, Vertreter einer typisch „christlichen Philosophie" und belegt doch wieder auf das schlagendste, daß man auch unter diesen Voraussetzungen exakte philosophische Sacharbeit leisten kann. Wir können uns bei seiner Darstellung kurz fassen, weil Bonaventura, wie er selbst sagte, bewußt auf der Tradition fußen wollte, und weil wir die platonisch-augustinische Tradition nun wohl schon zur Genüge umrissen haben. Nur einige Punkte seien besonders hervorgehoben.

Zentrum der Philosophie Bonaventuras ist wie bei Augustinus der *Gottesgedanke*. Thomas wird sagen, das Sein ist das Ersterkannte; Bonaventura sagt: Gott ist das Ersterkannte. Wir begegnen ihm in unserer Seele. Wir wissen schon von Augustinus her: Die Wahrheit ist es, die ihn uns sehen läßt, die Wahrheit in ihrer Unveränderlichkeit, Ewigkeit, Absolutheit; denn Gott ist die Wahrheit, durch die alles Wahre wahr ist. Das gleiche gilt vom Werterleben. Auch im Guten finden wir Gott; er ist der Grund des Guten, das Gute in allem Guten, wie wieder Augustinus gelehrt hatte. Und da uns der Wert, wenn wir nur nicht wertblind sind, schauend gegenwärtig ist, ist uns so auch Gott gegenwärtig. Legen wir seine Natur auseinander, die, allgemein gesprochen, Sein, Leben, Licht und Macht ist, im Erkennen aber uns als Wahrheit begegnet, dann haben wir die *Ideen im Geiste Gottes* vor uns. Auch bei Thomas gibt es die Idee, aber weit klarer und betonter tritt Bonaventura dafür ein. Er sieht auch sofort durch die Verdeckungen der traditionellen Worte hindurch, daß sie nicht nur etwas Logisches ist, sondern etwas Dynamisches, Aktives, Schöpferisches und insofern mehr Sein als anderes Seiendes. Bonaventura tadelt Aristoteles, daß er in diesem Punkte Platon kritisiert habe. Die Gründe, die er angeführt habe, taugten nichts. Aristoteles sei eben der Mann der Wissenschaft gewesen, Platon jedoch der Mann der Weisheit. Es ist etwas sehr Wesentliches, was damit Bonaventura über Platon gesagt hat und – über sich selbst. Auch er hat jenes besondere Sehvermögen, das nicht an den Teilen und ihrer Summe hängenbleibt, sondern das Ganze sieht, das Wesentliche und Eigentliche, das Sein hinter dem Schein, die Kraft hinter dem Ergebnis. Darum fängt seine Seinsphilosophie mit dem Vollkommenen an, um von hier aus das Unvollkommene zu verstehen, womit zugleich eine Bewertung des Seienden gegeben ist, die es niemals zum Ersten werden läßt, zu einem Prinzip des Guten, etwa des Angenehmen oder der Wohlfahrt, wovor dann der Mensch in die Knie zu gehen hätte, um ihm, einem Götzen, zu dienen. Es ist immer unvollkommen und weist immer über sich hinaus. Man könne jenes Vollkommene nicht „erschließen" aus dem Unvollkommenen. Wer so verfahre, werde es überhaupt nicht finden. Das Vollkommene ist unmittelbar einsichtig als das Erstgegebene. „Man muß staunen über die Blindheit eines Verstandes, der das nicht betrachtet, was er zuvörderst sieht, und ohne das er nicht erkennen kann." Dieser Ausspruch ist bezeichnend. Tatsächlich fangen alle großen metaphysischen Denker zu philosophieren an mit dem Vollkommenen als dem Erstgegebenen. Damit wird klar, was Bonaventura über die *Welt* zu sagen hat. Sie kann nicht ewig sein. Der Begriff einer ewigen Schöpfung sei ein innerer Widerspruch. Alles ist vielmehr zusammengesetzt aus Wesenheit und Dasein, aus Materie und Form. Auch die Seele hat „Materie", hat Potentialität; das nämlich meint der Begriff der geistigen Materie. Es gebe keine sogenannte erste Materie im Sinne einer gänzlichen Unbestimmtheit. Alle Materie schließe vielmehr bereits Keimkräfte ein, die logoi der antiken Philosophie. Und was die Form angeht, so gebe es im Seienden, besonders im Lebendigen, immer mehrere es konstituierende Formen, wenn auch eine einzige sie alle überforme – eine Ansicht, die den Ergebnissen der modernen biologischen Forschung besser gerecht wird als die übliche thomistische Lehre von der Einheit der Form. Mit den Formen sind wir aber schon wieder bei den Ideen im Geiste Gottes angelangt. Tatsächlich ist für Bonaventura die Welt als Erscheinung ein Symbol, ein Strom von Bildern, die uns hinweisen auf die ewigen Urbilder (Exemplarismus). Und das Leben des Menschen ist dann ein *Wanderweg zu Gott,* wenn er nur die Augen hat, zu sehen und Seiendes und Werte zu durchdringen auf ihren wahren, göttlichen Kern hin. Es gebe *Stufen* in diesem Schauen des ideellen Wahrheitsgehaltes der Symbole, und Bonaventura hat damit einen beachtenswerten Beitrag zur Ideenlehre gegeben, zu einer gewissen Antinomie nämlich der Ideenlehre, wenn dort auf der einen Seite die Schau der Ideen behauptet und auf der anderen Seite wieder gesagt wird, daß des dialektischen Weges kein Ende sei und man nicht denken dürfe, die eigentliche Wahrheit schon erfaßt zu haben. Bonaventura erklärt: Es gibt Erkenntnisinhalte, die nur „Schatten" sind; andere wieder, die schon „Spuren" bilden; und schließlich solche, die „Bilder" sind. Das Bild ist Abbild und hat insofern das Urbild in sich, ist es aber nicht ganz. Es besteht immer noch ein Unterschied. Bonaventura ist darum kein Ontologist. Der Unterschied ist ein solcher der Analogie. In der Frage der *Analogie* gibt es in der Scholastik zuviel Gerede und zuwenig Klarheit. Auch Thomas ist in dieser Sache mehrdeutig geblieben. Bonaventura aber hat das Wesentliche klar gesehen: Analogie ist Ähnlichkeitsanalogie, d. h. Teilhabedenken, und sonst nichts. Auf der Linie dieser Teilhabe sind dann Schatten, Spur und Bild die Gradunterschiede. Aus dem Gesagten kann man sich die *Erkenntnislehre* Bonaventuras nun von selbst ausrechnen. Lassen wir das Nötigste ihn selbst darüber sagen: „Die Dinge haben ein dreifaches Sein: das im erkennenden Geist, das in ihrer eigenen Wirklichkeit und das im ewigen Geist. Darum genügt unserer Seele zum sicheren Wissen nicht die Wahrheit der Dinge in ihrem Selbst noch ihre Wahrheit in der eigenen Wirklichkeit, weil sie hier beide Male veränderlich sind, vielmehr muß sie an dieselben irgendwie nach ihrem Sein im göttlichen Wissen heranreichen." Der Einklang mit Augustinus liegt auf der Hand; wir brauchen, heißt das, die ewigen Gründe im Geiste Gottes. Das steht für Bonaventura ganz fest. Aber wenn er sagt, „irgendwie" müßten wir an das Sein der Dinge im göttlichen Wissen heranreichen, spürt man zugleich, mit welch wirklich philosophischer Kritik er auch dieser so berühmten Lehre noch gegenübersteht.

Bonaventura hat natürlich *Schule* gemacht. *Matthäus von Aqua-*

sparta, Roger Marston, John Peckham, Petrus Johannis Olivi u. a. gehören ihr an.

4. Albert der Große – Doctor universalis

Mit Albert (1193–1280) rückt der um das mittelalterliche Geistesleben hoch verdiente Dominikanerorden in den Vordergrund. Zugleich damit kommt die große Neuerung des Mittelalters zum vollen Durchbruch, der Aristotelismus. Nun ist der Aristotelismus des Mittelalters eine Sache für sich, jedenfalls nicht identisch mit dem historischen Aristoteles, auch bei Thomas nicht. Es kommt immer darauf an, zu zeigen, welche Nuance jeweils vorliegt. Wir haben schon auf die Infiltration verwiesen, die vom Neuplatonismus her erfolgte. Nur Unkenntnis glaubt etwas zu sagen, wenn sie Thomas oder gar Eckhart einfach als Aristoteliker bezeichnet. Trotzdem faßt der Name Aristotelismus eine bestimmte, wenn auch noch so komplexe Bewegung zusammen. Und dafür ist Albert von ausschlaggebender Bedeutung geworden. Er hatte die Absicht, „alle Teile der aristotelischen Philosophie den Lateinern verständlich zu machen". Sein Unternehmen ist tatsächlich geglückt. Nicht nur die Logik, auch die Physik, Metaphysik, Psychologie, Ethik und Politik des Stagiriten werden nun dem Denken der Scholastiker übermittelt. Arabische und jüdische und insbesondere auch neuplatonische Quellen kommen außerdem noch dazu, das Ganze teils durchdringend, teils wenigstens färbend. Albert selbst ist das beste Beispiel für das soeben über die Nuancierungen des Aristotelismus im Mittelalter Gesagte. Sein Aristotelismus ist zugleich Neuplatonismus. Die Synthese wurde bewußt angestrebt. „Du mußt wissen", hat er selbst gesagt, „daß man in der Philosophie nur dann zur Vollendung kommt, wenn man das Wissen von beiden hat, von Aristoteles und Platon." Albert heißt mit Recht Doctor universalis. Er war ein Enzyklopädist großen Stils. Bald nach seinem Tode schreibt ein anonymer Chronist über ihn: „In dieser Zeit blühte Bischof Albert aus dem Dominikanerorden, der ausgezeichnetste Theologe und gelehrteste aller Magister, mit dem verglichen nach Salomon in der ganzen Philosophie kein Größerer oder Ähnlicher erstand ... aber weil er von Nation ein Deutscher war, wird er von vielen gehaßt, und sein Name wird verschrien, obwohl seine Werke benützt werden."

Der Enzyklopädist war aber beileibe nicht bloß ein Bücherwurm. Er war auch ein hervorragender Naturforscher, ein Sammler auch auf diesem Gebiet und dazu ein Mann der eigenen Untersuchungen, besonders im Felde der Zoologie und Botanik. Einer seiner Editoren hat geschrieben: „Wäre die Entwicklung der Naturwissenschaften auf der von Albert eingeschlagenen Bahn weitergegangen, so wäre ihr ein Umweg von drei Jahrhunderten erspart geblieben."

Zur *Schule* Alberts gehören *Hugo Ripelin von Straßburg, Ulrich von Straßburg, Dietrich von Freiberg, Berthold von Moosburg*. Sie wurde zu einer Heimstätte der Mystik. Auch *Eckhart* und *Cusanus* sind davon beeinflußt.

5. Thomas von Aquin – Christlicher Aristotelismus

Thomas (1224–1274) ist der große Meister der Schule. Was in die Hochscholastik eingeströmt war, baut er jetzt zusammen zu einer eindrucksvollen Synthese. Seine Lehre ist nicht immer einheitlich. Er war zu sehr mittelalterlicher Mensch, um etwas auszulassen, was die Überlieferung ihm darbot. Da fügt sich nicht alles reibungslos ineinander. Gerade der Umstand aber, daß man bei ihm Verschiedenes und Divergierendes finden kann und nicht nur eine einheitliche Norm, hebt ihn hinaus über das Schulniveau, macht ihn zum Träger vieler Möglichkeiten des Denkens und läßt sein Werk zum dankbaren Feld wissenschaftlicher Forschung und Analyse und zur Anregung für das philosophische kritische Durchdenken werden.

a) Das Erkennen
Die Lehre vom Sinn und Ursprung menschlichen Erkennens beginnt bei Thomas nicht sofort mit einem Hinweis auf die ewigen Gründe im Geiste Gottes wie bei Augustinus oder Bonaventura, sondern er meint, daß das Erste, was in diesem Leben von uns erkannt wird, die Wesenheit der materiellen Dinge sei. Wenn Augustinus sagt, man solle die Wahrheit im Innern des Menschen suchen, sagt Thomas umgekehrt: Suche sie draußen! Dementsprechend wird auf die Sinneserkenntnis betonter Wert gelegt. Wenn wir schon einen Körper haben, dann müsse sich das auch auswirken, und er wirke sich tatsächlich aus in der Rolle, die die *Sinneserkenntnis* spiele. Das Weitere wird nun gewöhnlich so geschildert, daß man erzählt, wie nach Thomas die Sinneswahrnehmung uns Vorstellungen von außen zuführe, die sogenannten Phantasmen, ohne die (was auch Aristoteles schon gesagt hatte) die Seele niemals denke und die dann der sogenannte tätige Verstand „durchleuchte", um so aus ihnen das allgemeine Wesensbild herauszuheben. Dadurch käme man zu unsinnlichen und allgemeinen Begriffen. Hier wird allerdings Wesentliches nicht

gesagt. Die Frage ist nämlich, was abstrahiert wird: nur der Durchschnitt der sinnlichen Vorstellungen oder mehr? Wenn ersteres, dann gibt es niemals allgemeingültige Begriffe; denn die Wahrnehmungsunterlagen sind ja begrenzt und reichen nicht aus zu allgemeingültigen Urteilen. Man kann nicht vom Partikulären auf das Universelle schließen, lautet ein alter Satz der Logik. Wenn tatsächlich mehr herausgeholt wird, ein wirklich Allgemeines, wenn die sinnlichen Vorstellungen dafür nur Beispiele waren, aber nicht die totale Wirkursache, dann gibt es eine allgemeingültige Wesenserkenntnis. Und das ist die wirkliche Lehre des Aquinaten gewesen. In seiner Summa theol. I, 84, 6 sagt er ausdrücklich, daß die Sinneswahrnehmung nicht die „ganze und vollendete Ursache" der geistigen Erkenntnis bildet, und darum sei die geistige Erkenntnis weiter als die Unterlagen der Sinneserfahrung. Das aber heißt, daß die Abstraktion bei Thomas nicht die moderne Abstraktion ist. Wenn dem so wäre, wäre Thomas Sensualist gewesen. Anders ausgedrückt, der tätige Verstand bei Thomas ist im Grunde ein *apriorisches Vermögen*. Es ist in der Sache nicht anders gewesen als bei Kant. Nur in den Worten klingt es anders. Die Erkenntnis hebt auch bei Thomas bei den Sinnen an, vollendet sich aber erst im Verstande. Der arbeitet nach Kant apriorisch und spontan; nach Thomas gibt es einen „tätigen Verstand" (intellectus agens), was (richtig übersetzt) auch Spontaneität besagt; und wenn man es mit „schöpferisch" übersetzen will, hat man auch wieder das Apriorische vor sich. Nur ist bei Kant das Apriori ein formales (Kategorien), bei Thomas ein inhaltliches (Wesenheiten). Man braucht Thomas nicht von Kant oder anderswoher zu interpretieren. Man braucht ihn auch nicht sofort „weiterzubilden". Man sollte erst einmal sehen, was er selbst schon hat. Auch das Alte ist manchmal gut. Die Philosophie ist kein Krawattenladen, wo nur das Neue und Neueste gilt. Aber vielleicht ist es tunlich, seine Gedanken auch mit modernen Begriffen zu umschreiben, damit noch deutlicher werde, was vorliegt.

b) Das Sein

Die Seinslehre bei Thomas ist an der des Aristoteles orientiert. Auch Thomas will das Sein als solches betrachten, wie wir es bei Aristoteles schon gesehen haben, und er will es auch mit den dort üblichen vier Prinzipien tun. Allein dieser Seinsphilosophie übergeordnet sind einige andere Seinsbestimmungen, die dem Ganzen die letzte und eigentliche Gestalt geben und Aristoteles dadurch nicht unerheblich abwandeln. Da ist zunächst der typisch christliche Begriff „*geschaffenes Sein*". Darin verrät sich der Theologe; aber auch der

Philosoph Thomas arbeitet prinzipiell mit diesem Begriff, der bei ihm zu einer Art Transzendentale wird. Bei der näheren Erklärung nimmt Thomas den Emanationsbegriff zu Hilfe. Schöpfung sei Hervorgang des gesamten Seins aus der universalen Ursache. Er distanziert sich aber sofort von Avicenna, der an einen automatischen, notwendigen Hervorgang gedacht hätte. Thomas will noch das freie Handeln Gottes hinzunehmen. Da aber nach einem Axiom der Scholastiker das Handeln immer aus einem bestimmten Sein heraus erfolgt, dieses auseinanderlegend, und da nach Thomas deshalb die Dinge ihr eigentliches, urbildliches Wesen „präexistierend" in Gott haben, in der raum-zeitlichen Wirklichkeit aber nur „uneigentlich" existieren, zeigt sich, daß zu der Seinsphilosophie des Aquinaten auch noch der typisch platonische Teilhabebegriff gehört. Man braucht sich dabei nicht stören zu lassen von der Polemik gegen die Ideen als „getrennte Formen"; das beruht auf einem historischen Irrtum. Die *Teilhabe* (participatio) ist trotzdem da und gibt der ganzen Seinslehre bei Thomas ein platonisierendes Gepräge. Man lese nur Summa theol. I, 44, 1. Dichter kann der Platonismus gar nicht auftreten. Man sieht es, außer an den termini technici, besonders an der hierarchischen Seinsbegründung von oben nach unten, vom Vollkommenen zum weniger Vollkommenen. Erst nach der Idee der Teilhabe, weil von ihr abgeleitet, folgt als weiteres Element der Seinslehre bei Thomas (was gewöhnlich zuerst genannt wird) der *Analogiebegriff.* Das ganze Sein werde analogisch prädiziert. Bestes Beispiel dafür ist die Aussage unserer Begriffe von Gott. Wir sagen sie weder ganz gleichsinnig (univok) noch ganz verschieden (äquivok), sondern analog aus. Als Modell dafür dient immer der Begriff Gesundheit und gesund. Gesund heißen wir eine Medizin, eine Nahrung und eine Hautfarbe. In diesen drei Fällen ist gesund je verschieden gebraucht, weil das, was die Gesundheit erhält (Nahrung), wiederherstellt (Medizin) und anzeigt (Hautfarbe), etwas jeweils Verschiedenes ist. Trotzdem gibt es etwas Gemeinsames und Verbindendes. Und das ist die Aussage des Begriffes gesund in Hinsicht auf die Gesundheit. Davon her wird der Begriff gesund letztlich benannt. Etwas nach etwas benennen ist aber die platonische Ideenformel (alles wird nach der Idee benannt, an der es teilhat). Darum ist der Ursprung der Analogie und ihr eigentlicher Sinn der Teilhabegedanke. Das kommt klar heraus bei der Analogie, die Thomas Ähnlichkeitsanalogie oder Proportionsanalogie genannt hat. Man vergleiche z. B. Summa theol. I, 4, 3 ad 3. In der Tradition gab es aber, schon seit Aristoteles, noch eine andere Form der Analogie, die sogenannte Proportionalitätsanalogie. Sie ist viergliedrig: Zwei verhält sich zu vier wie vier zu acht; oder das Auge verhält sich zum Körper wie der Verstand zur Seele. Solche Aussagen sind aber entweder Identitätssätze oder sie reduzieren sich auf die Ähnlichkeitsanalogie. Die Proportionalitätsanalogie ist ein ideengeschichtlicher Verkehrsunfall gewesen, bei dem die Thomisten allerdings behaupten, daß ganz richtig gefahren worden sei. Sie findet sich auch bei Thomas und stört die Einheitlichkeit seiner Lehre. Als letztes Element der Seinslehre bei Thomas tritt die *Wertstufung* des Seins auf. Das paßt genau zu der bereits beschriebenen platonisierenden Grundhaltung einer Deszendenz des Seins von Gott. Thomas übernimmt die Lehre denn auch von den Neuplatonikern, besonders aus dem Liber de causis. Das Sein ist „vornehmer" und weniger vornehm. „Man sieht es sofort, wenn man die Natur der Dinge ins Auge faßt. Bei genauer Betrachtung wird man finden, daß die Verschiedenheit der Dinge sich stufenmäßig vollzieht: Über den leblosen Körpern finden wir die Pflanzen, darüber die vernunftlosen Lebewesen, über diesen wieder die vernunftbegabten Wesen. Und überall gibt es wieder eine Verschiedenheit, je nachdem diese mehr oder weniger vollkommen sind." Und was ist nun das Maß der mehr oder weniger großen Vollkommenheit? Die Idee ist es bzw. die mehr oder weniger große Nähe zur Idee der Ideen, dem Einen, wie bei Plotin. Fundamental für die Seinslehre bei Thomas sind schließlich noch die sogenannten *Transzendentalien*, Bestimmtheiten, die sich durchgehend an jedem Seienden finden. Es sind das „Eine", „Wahre", „Gute", das „Ding" und das „Etwas". Sie werden wie in der Schule üblich abgehandelt. Fundamentaler aber, weil für die philosophische Grundhaltung des Aquinaten bezeichnender, sind die Begriffe, die hier zuerst aufgeführt wurden, nämlich die des geschaffenen Seins, der Teilhabe, der Analogie und der Wertstufung.

Im Verhältnis dazu haben die im Anschluß an Aristoteles entwickelten vier *Seinsprinzipien*: Stoff, Form, Wirkursache, Zweckursache, eine sekundäre Bedeutung. In diesen Details ist Thomas, wenigstens in der Terminologie, so guter Aristoteliker gewesen, daß man ruhig oben nachlesen kann, was Aristoteles hier gesagt hat. Man wird dort auch das für Thomas Wesentliche erfahren. Wieder haben wir den *Hylemorphismus* vor uns. Die Dinge sind aus Materie und Form zusammengesetzt. Die Materie individuiert die Form. Das so entstandene Einzelding (erste Substanz) ist das „reale" Ding und gibt zugleich den Seinsbegriff in seinem Ursinn wieder. Trotzdem ist auch bei Thomas die allgemeine Form oder Wesenheit (zweite Substanz) kein bloßer Name oder bloßer Gedanke oder Begriff, sondern ist eine ewige Idee aus dem Geiste Gottes. Auch bei Thomas gibt es die Ideen, auch bei ihm bilden sie das Gerüst der Dinge und der Welt, nur seien sie keine „getrennten Formen", wie die Platoniker geglaubt hätten. Wir haben schon erwähnt, daß er hier einen historischen Irrtum vorträgt. Aber das ist für die Sache nicht von Belang. Auch die Wirkursache kehrt im Sinn des Aristoteles wieder, und wie dort entwickelt sie sich auch hier zu einer ganzen Philosophie, der *Potenz-Akt*-Philosophie, die, auch wieder wie dort, eine Parallele bildet zur Stoff-Form-Philosophie. Die Akt-Potenz-Lehre erhält jetzt aber von Avicenna her eine neue Verstärkung durch das Begriffspaar *Wesenheit und Dasein*. Die Wesenheit ist etwas Mögliches (Potentielles), bloß logische Form. Sie müsse erst ins Dasein gesetzt werden durch etwas schon Daseiendes, müsse erst aktuiert werden. Bei allem geschaffenen Sein sei dem so; nur in Gott ist das Dasein die Wesenheit selbst; Gott ist ganz actus purus; er ist der Seiende, d. h. der Daseiende: Ego sum qui sum. Bei den geschaffenen Dingen aber bestehe ein realer Unterschied zwischen Wesenheit und Dasein. Eben deswegen seien die geschaffenen Dinge grundsätzlich von Gott verschieden. Im Bereich der geschaffenen Dinge, heißt es in De ente et essentia, könne ja jede Wesenheit gedacht werden, ohne daß zugleich das Dasein mitgedacht werden müßte. „Ich kann gut denken, was der Mensch oder der Phönix ist, ohne zu wissen, ob Phönix oder Mensch ein reales Dasein haben." Auch in der reinen Geistsubstanz kann dieser Unterschied noch aufgefunden werden. Die Thomisten legen größten Nachdruck auf die Realdistinktion von Wesenheit und Dasein.

c) Gott

Eines der berühmtesten Lehrstücke der theologischen Summe sind die *„fünf Wege zu Gott"* (Summa theol. I, 2, 3), die sogenannten Gottesbeweise. Der Ausdruck Weg zu Gott ist besser, weil wir bei Beweis heute gewöhnlich an den mathematischen Beweis denken und Thomas so etwas mit seinen fünf Wegen nicht im Auge gehabt hat. Die fünf Wege sind vielmehr Gedankengänge, die in einer Ergründung des Seins uns davon überzeugen können, daß es ein Erstes, Ursachenloses, Notwendiges und Vollkommenes gibt, „das alle Gott nennen". Der erste Weg ist der aus der Bewegung. Thomas führt ihn wie Aristoteles, und man kann den Gedankengang dort wieder nachlesen. Der zweite Weg geht von der Wirkursache aus und sieht, daß jede Ursache wieder verursacht ist, daß man dabei aber nicht ins Unendliche zurückgehen könne und darum ein Erstes annehmen müsse, das Ursache von allen Ursachen sei, nämlich Gott. Der Gedankengang ist eine Abwandlung des Bewegungsbeweises.

Das gleiche gilt vom dritten Weg, der mit dem Kontingenzbegriff arbeitet. Alles Seiende könnte auch nicht sein, heißt es jetzt; nichts ist notwendig; alles ist mit Potentialität durchsetzt. Daraus folge, daß dieses mögliche Sein einmal auch nicht war. Gäbe es darum nur kontingentes Sein, dann gäbe es jetzt überhaupt nichts. Also gibt es auch ein Seiendes, das notwendig ist, entweder durch sich oder von außen her. Und nun mündet der Gedankengang wieder in den Bewegungsbeweis ein: Wir müssen in jedem Fall ein Seiendes annehmen, das immer notwendig und aus sich ist, nämlich Gott. Der vierte Weg ist der aus den Vollkommenheitsstufen. Er ist typisch platonisch: Das Unvollkommene setzt notwendig das Vollkommene voraus, denn alles Endliche ist nur eine Einschränkung des Unendlichen, hat daran teil, wird davon erst ermöglicht. Der fünfte Weg ist der teleologische Beweis: Es gibt Ordnung und Zielstrebigkeit in der Welt, also muß eine höchste Intelligenz da sein, durch die diese Zweckmäßigkeit verständlich wird. Abgelehnt hat Thomas das ontologische Argument Anselms.

Die Antwort auf die Frage nach dem *Wesen Gottes* ergibt sich für Thomas aus den Gedankengängen, die zur Annahme seiner Existenz führen. Gott ist darum das Sein selbst, die reine Wirklichkeit (actus purus), das Aus-Sich-Sein (ens a se), das vollkommenste Wesen (ens perfectissimum).

d) Seele
Die Seele mußte Thomas als Philosophen und christlichen Theologen besonders interessieren. Die Hauptsache seiner Psychologie steht in seiner theologischen Summe (I, 75–90 und 1. II, 22–48). Sie ist nicht, wie man vielleicht erwarten könnte, in erster Linie rationale Psychologie, sondern empirische Psychologie und bringt eine Fülle von konkreten Beobachtungen und Beiträgen zur Psychologie der Sinnesempfindungen, der Wahrnehmung, der Willensakte; sie ist vor allem in ihrer Affektenlehre so breit ausgebaut, daß nicht nur der Psychologe, sondern auch der Pädagoge, der Ethiker und nicht zuletzt der Ästhetiker davon lernen kann.

Die *Metaphysik der Seele* bewegt sich in den bekannten Linien. Was Thomas veranlaßt hat, eine Seele als ein eigenes Seiendes anzunehmen, ist die Beobachtung typischer Erscheinungen nicht nur des Bewußtseins, sondern auch des Lebens überhaupt, die sich in ihrer Typik von den Erscheinungen der toten Natur unterscheiden und darum auch einen ihnen entsprechenden Seinshintergrund haben müssen, gemäß dem Axiom, daß alles Tun und Geschehen sich nach einem bestimmten, zugehörigen Sein zu richten habe. Der Seelenbegriff hat also zunächst noch die Weite des antiken Begriffs; auch Pflanzen und Tiere haben darum eine „Seele". Die Menschenseele bildet einen Sonderfall; sie ist „vernunfthaft", d. h. Geistseele. Das tritt in Erscheinung in den besonderen Formen der Vernunfttätigkeit, im Denken des reinen Geistes und in der Werterfassung im reinen Willen, also in der theoretischen und praktischen Vernunfttätigkeit. Da wir hier abermals eine spezifische Tätigkeit vor uns haben, nimmt Thomas dafür auch wieder ein spezifisches Sein an, die Seele als geistige Substanz.

Die Geistseele ist immateriell und unsterblich. Sie ist aber zugleich Form des Leibes. Die Funktionen der niederen Seele (Aktuierung des Leibes, des Lebens und der Sinnlichkeit) sind in ihr aufgehoben. Es gibt nicht mehrere Formen im Menschen, wie die Franziskanerschule gewöhnlich lehrt. Es gibt auch nicht ein mehr oder weniger lockeres Nebeneinander von Leib und Seele, sondern beide bilden eine neue einheitliche Substanz. So will es der von Aristoteles beeinflußte Hylemorphismus.

e) Sittlichkeit

Es dürfte in der Ethik bei Thomas ähnlich sein wie in seiner Psychologie: Seine größere Leistung liegt in der konkreten Wert- und Tugendlehre. Sie wird im zweiten Teil seiner theologischen Summe entwickelt und entwirft ein Idealbild des Menschen, aus dem ebensoviel gelehrte Moralphilosophie wie detailliertes Wertgefühl spricht. Wir können aus dieser mittelalterlichen Wertlehre erstaunlich viel lernen für die Phänomenologie des Wertes und der Werte. Die platonischen Kardinaltugenden, die aristotelischen ethischen und dianoëtischen Tugenden, die Pflichtlehre der Stoiker, die Ideale der Bibel und der Kirchenväter, alles ist hineingearbeitet und in einer Weise dargeboten, die nicht abstrakte Theorie, sondern sofort realisierbare Wegweisung ist.

Die letzte Begründung des Sittlichen ist mit der menschlichen Natur selbst gegeben. Wie es oberste theoretische Prinzipien gibt, die Gesetze der Logik, so auch oberste sittliche Prinzipien. Sie stellen eine Teilhabe des menschlichen Geistes am göttlichen Geist dar, sind Normen, die jeden vernünftigen Geist überhaupt binden, wie Kant sagen würde. In ihnen besteht die „richtige Vernunft" (ratio recta), und sie bilden den Kern des Gewissens. Sie sind allen Menschen bekannt und können nicht aus ihren Herzen ausgelöscht werden. Man muß sie befolgen einfach deswegen, weil sie in sich richtig sind; und sie sind deswegen richtig, weil sie das „natürliche Gesetz" aussprechen, das selbst wiederum nichts anderes ist als Teilhabe am

„ewigen Gesetz", der ewigen Richtigkeit des Geistes, des Seins und der Welt. Sie bringen dem Menschen auch das Glück, letztlich die ewige Seligkeit. Aber das ist nur eine Folgeerscheinung. Das wahre Motiv der sittlichen Handlung liegt im Gesetz als solchem. Wenn Thomas, wieder im Geiste des Aristoteles, das sittlich Gute auf die Natur des Menschen und damit auf das Sein zurückführt, dann ist das eine ontologisch weiterführende Deutung. Das gleiche gilt für die Reduktion des sittlich Guten auf den Willen Gottes. Diese metaphysischen Ergründungen sind logisch später. Das logisch Frühere und für uns Menschen moralisch Entscheidende ist der Spruch unserer eigenen praktischen Vernunft und des Habitus ihrer Prinzipien.

f) Recht und Staat

Der Mensch ist voller Begierde und leicht zur Willkür geneigt. Er muß darum in Zucht genommen werden, sagt Thomas, schon in der Jugend, aber auch im Staat. Die Furcht vor Strafe soll ihn aber eigentlich nur zu sich selbst bringen, zu seiner eigenen besseren Vernunft, damit er freiwillig tut, was sein soll. Thomas sieht also wohl die Macht im Recht, identifiziert aber nicht das Recht mit der Macht. Das *Recht* ist mehr, es ist ideale Ordnung der Gemeinschaft. Das ist sein Sinn. In einer idealen Ordnung, im natürlichen Sittengesetz, letztlich im ewigen Gesetz, liegt auch der Ursprung des Rechtes. Naturrecht und Naturgesetz sind für Thomas zwei konstitutive Prinzipien seiner Rechtsphilosophie. Gesetze, die diesem göttlichen Recht, wie er dafür auch sagt, widersprechen, sind kein Recht und brauchen nicht befolgt zu werden. Thomas hat sich bemüht, aufgrund der „natürlichen Anlagen" des Menschen zu umreißen, was zum Naturrecht gehört. Er hat aber keine endgültige Kodifizierung gegeben, sondern gelehrt, absolut sicher seien nur seine allgemeinsten und höchsten Prinzipien. Der allgemeinste Grundsatz ist bei ihm aber nur der eine Satz: „Das Gute ist zu tun und das Böse zu lassen." Je weniger allgemein die Grundsätze des Naturrechtes sind, um so mehr gehen sie in historische Situationen von Raum und Zeit ein, und um so komplizierter würde die Frage ihrer Gültigkeit werden. Letztlich entscheide immer unser Gewissen, was als Naturrecht zu gelten habe und was nicht.

Staat ist wie bei Aristoteles, so auch bei Thomas einfach Recht und Sittlichkeit. Die Bürger sollen durch den Staat zu einem glücklichen und wertvollen Leben erzogen werden. Der Staat entspringt den Lebensnotwendigkeiten, hat aber sein Ziel in einem „guten" Leben. Man kann ihn nicht gestalten, wie man will. Wie der Mensch „von Natur aus" ein Gemeinschaftswesen ist, so habe auch der Staat von Natur aus seinen bestimmten Sinn. Darin liegt auch sein Recht. Der Staat ist nicht selbst Ursprung des Rechtes, sondern nur Deuter und realisierender Träger des Rechtes und seiner an sich ewigen Ordnung. Diese Ordnung wandelt sich ab nach Raum und Zeit, sie geht in die Geschichte ein, aber sie verliert damit nicht den wesentlichen Charakter des ewigen Gesetzes. Thomas sieht die Geschichte und ihre Bedeutung für den Menschen und für den Staat. Aber beides ist nicht nur Geschichte. Der Mensch ist mehr als das. Sein tiefster Grund liegt außer und über der Zeit.

6. Artisten und Averroisten – Der andere Aristoteles

Die Reaktion auf den thomistischen Aristotelismus war zum Teil heftiger Widerspruch. Die konservativen Geister sträubten sich gegen das Neue. Es wurden sogar einige Sätze des heiligen Thomas zusammen mit einer Anzahl von Sätzen des lateinischen Averroismus kirchlich verurteilt. Allein, da war man wieder einmal auf fremd klingende Worte hereingefallen. In der Sache war ja Thomas viel konservativer geblieben, als die neuen Worte es vermuten ließen. Über ihn brauchte man sich nicht aufzuregen. Das war anders mit den Meistern der Artistenfakultät, wo man sich ex professo mit Aristoteles beschäftigte. Dort wurde man die Geister, die man gerufen hatte, nicht mehr los. Aristotelische Texte wurden jetzt gelesen, wie sie standen. Es kam zwar auch da kein reiner Aristoteles heraus, sondern ein averroistisch gedeuteter; denn Averroes war inzwischen zum Kommentator des Aristoteles schlechthin geworden. Aber es war jedenfalls nicht mehr ein theologisch servierter Aristoteles, was in der Artistenfakultät gelehrt wurde. Und so gab es jetzt – z. B. bei *Siger von Brabant* (1235–1284), einem der Führer dieses lateinischen Averroismus – wieder eine ewige Welt, eine Materie, die dem Wirken Gottes entzogen ist; es gab eine Beschränkung seiner Vorsehung; die Lebewesen auf Erden sind gleichfalls ewig; auch das antike Weltenjahr ist wieder da; Wesenheit und Dasein werden nicht mehr real unterschieden; es gibt eine Einheit des Intellekts für alle Menschen, und nur dieser eine Intellekt ist unsterblich, nicht aber die individuelle Menschenseele usw. Nicht weniger als 219 Sätze aus der Lehre Sigers wurden 1277 in Paris verurteilt. Das war nun freilich ein anderer Aristotelismus als der, den Thomas im Auge hatte. Die Verurteilung hinderte nicht, daß der Averroismus ein paar Jahrhunderte lang ein zähes Leben führte. Was auch ein Beitrag ist zur Frage der geistigen Freiheit im Mittelalter.

7. Die jüngere Franziskanerschule – Neuer Aufbruch

Der Begründer und zugleich der bedeutendste Mann der jüngeren Franziskanerschule ist *Johannes Duns Scotus* (1266–1308). Er ist einer der ersten Geister der Scholastik und führt überall weiter. Seine Begriffe sind treffender, seine Unterscheidungen genauer, seine Beweise zwingender, und er sieht mehr Probleme als die anderen. Wer mit Thomas arbeiten will, würde gut tun, laufend Scotus zu vergleichen. Er ist nämlich ein kritischer Kopf und verdient seinen Beinamen Doctor subtilis mit Recht. Aber er kritisiert nicht aus Ressentiment, sondern um einer besseren und gesicherteren Wahrheitsfindung willen. Auch er kennt Aristoteles, ist aber ihm gegenüber vorsichtiger als der Durchschnitsscholastiker und setzt sich mit der wissenschaftlichen Überlieferung, auch mit Thomas von Aquin, nüchtern und sachlich auseinander, wobei ihm daran liegt, zwischen Augustinismus und Aristotelismus zu vermitteln.

Mit Scotus erheben sich am Horizont der Scholastik spürbar neue Gedanken. Das sieht man sofort in einer Neufassung des Verhältnisses von *Wissen und Glauben*. Die Philosophie ist in Hinsicht auf Gott nicht mehr so erkenntnisfreudig wie etwa bei Thomas. Das Wissen wird nicht aufgehoben, wohl aber eingeschränkt, der Glaube dagegen erweitert. Der natürlichen Vernunft bleibe ein eigentlicher Wesensbegriff von Gott verborgen. Wir können ihn bestimmen als das höchste Sein, als das Erste und Unendliche; aber das seien „konfuse Begriffe". Was Gott wirklich sei, könne man durch den Glauben und die Theologie ausfindig machen. Konsequent wird darum auch der Begriff des „natürlichen Gesetzes" enger gefaßt. Während Thomas noch alle Gebote des Dekalogs als für die natürliche Vernunft einsichtig erklärt hatte, will Scotus das nur mehr für die drei ersten Gebote gelten lassen. Was die übrigen Gebote anlangt, so wäre eine andere Weltordnung durchaus denkbar. Alles hinge da vom Willen Gottes ab. Augustinus hatte gesagt: Das ewige Gesetz ist Vernunft und Wille Gottes. Thomas betonte mehr die Vernunft, Scotus mehr den Willen. Es gibt bei ihm überhaupt im Unterschied zum sogenannten Intellektualismus bei Thomas von Aquin einen *Primat des Willens*. Bei der Bewertung der menschlichen Persönlichkeit komme es viel mehr auf den Willen als auf den Intellekt an. Auch in der Beziehung des Menschen auf Gott sei die Liebe wichtiger als der Glaube und das Denken über Gott. Ebenso wird innerhalb der göttlichen Natur der Wille auffallend stark herausgehoben. Er tritt noch nicht in Gegensatz zu den Ideen und zum Wesen Gottes. Aber die Ideen werden von ihm „gezeugt", wenn auch von Ewigkeit. Parallelen dazu lassen sich auch in älterer Zeit unschwer finden, aber das Ganze klingt jetzt bei Scotus anders. Und man fragt sich gelegentlich, ob statt des reinen Willens nicht doch ein Willkürwille im Anzug ist. Kündet sich hier nicht vielleicht schon leise der neuzeitliche Willensbegriff an, der – mag von Gott, vom Menschen oder vom Staat die Rede sein – sich unter dem Willen immer nur die bloße Macht vorstellen kann? Neuzeitlich ist bei Scotus auch eine besonders starke Betonung des *Individuellen*, sei es im Erkennen, sei es im Sein und im Bereich des Ethischen. Seine Begründung der Individualität, die Lehre von dem „Dieses-Sein" (haecceitas), wurde viel besprochen. Ebenso seine Lehre von der Univozität des Seins und seine scharfsinnige, vorsichtig kritische Behandlung der Gottesbeweise.

8. Meister Eckhart – Mystik und Scholastik

Auch in der Hochscholastik wird die Geistigkeit des Verstandes begleitet von der Geistigkeit des Herzens. Das zeigt sich in der Mystik. Sie ist nicht etwas anderes als die allgemeine Scholastik, sie ist vielmehr etwas Zugehöriges und Verwandtes. Wenn in den Summen die Herztöne der Mystiker fehlen (sie fehlen übrigens nicht immer), dann deswegen, weil es sich hier eben um trockene Schulbücher handelt. In der gelebten Wirklichkeit ging beides, Verstand und Herz, ineinander über. Man hat mit Recht gesagt, daß Scholastik und Mystik in der Substanz übereinkommen. Eckhart (1260–1327) ist der beste Beleg dafür. Um des Verständnisses der Scholastik willen muß man um Eckhart wissen und um des Verständnisses Eckharts willen um die Scholastik; denn Eckhart ist auch Scholastiker. Wie sehr er das ist, zeigt sich, wenn man den kritischen Apparat der ersten wissenschaftlichen Gesamtausgabe der Werke Eckharts, die von der Deutschen Forschungsgemeinschaft veranstaltet wird, auch nur flüchtig durchsieht. Man sieht dann, daß die üblichen Quellen der Scholastiker auch die Quellen Eckharts waren: Aristoteles, Avicenna, Averroes, Algazel, Maimonides, die Väter, vor allem Augustinus, der Liber de causis und die neuplatonischen Quellen, vor allem Pseudo-Dionysius, dann die Scholastiker und Mystiker vor ihm, insbesondere Albert und Thomas. Davon geht Eckhart nicht ab. Was eine eifernde Eckhartauslegung als Pantheismus und nordisches Selbstbewußtsein glaubte deuten zu sollen oder was dem literarischen Ästhetizismus das gibt, was er immer braucht, Stoff zum Bewundern und Goutieren, hatte wohl einige Unterlagen in gewissen kühnen und stimulierenden Formulierungen, ging aber nicht hinaus über die Worte. In der Sache war es das Gedankengut der scholastischen Trinitätslehre und Gnadenlehre und ihrer über die Väter bis zu Philo Judaeus zurückreichenden Logosspekulation.

a) Der Ontologe

Eckhart, der Mystiker, ist Ontologe gewesen, und dieser Umstand muß, wenn man Eckhart richtig verstehen will, sogar an erster Stelle gesehen werden, weil der Weg zu seinem großen Anliegen, zur Einheit mit dem Einen, über das Sein geht, über das wahre Sein. Die Ontologie Eckharts ist die des Neuplatonismus. Wir müssen dem Hier und Jetzt, dem Dies und Das, dem Vielen und seiner schillernden Buntheit, die doch nur das Wesentliche verstellt, „abscheiden", hinter den Schein schauen und das Wahre, Eigentliche und Ewige suchen. Wie Avicenna mit Recht gesagt habe, ist das, was jedes Ding verlangt, das Sein. Darum unterliegt auch jedes Ding, auch die physische Welt, letztlich der Betrachtung des Philosophen. Das Sein der Dinge hat nämlich sein Maß in der Ewigkeit, nicht in der Zeit. Denn der Geist, dessen Gegenstand das Sein ist, sieht vom Hier und Jetzt und damit von der Zeit ab. Das aber ist der Weg der Weisheit. Es ist der Weg zum Früheren, Oberen, Ersten. Nichts, was dort ist, kommt von unten. Vielmehr steigt das Obere herab und gibt dem Sichtbaren, Konkreten, Individuellen in Raum und Zeit seinen eigentlichen und wahren Sinn. Die physische Gestalt des Menschen, und wäre sie so, daß der Mensch mit seinem Haupt den nördlichen und mit seinen Füßen den südlichen Pol berührte, wäre ohne Belang für das Wesen des Menschen. Die Substanz des Menschen steht fest auch ohne das, sie steht fest durch ihre ewige Wesenheit. Auf die allein kommt es bei der Rede vom Menschen und von den Dingen an. Daß durch ihre Wesenheit alle Dinge sind, was sie sind – „alles Weiße ist weiß durch die Weiße" –, sagen die anderen Scholastiker auch. Aber keiner sagt es mit den staunenden und fast erschreckten Augen, mit denen Eckhart das wahre Sein in den seienden und vielen Dingen sieht, als ein transzendentes und anderes erkennt und doch zugleich als das den Dingen immanente wahre Wesen erblickt, das alle sehen müßten, wenn sie geistige und nicht nur körperliche Augen hätten; sehen müßten, weil nur durch dieses Schauen des Wahren der Mensch ein geistiger Mensch ist. Darüber ist Eckhart zutiefst erregt; darum vibrieren seine Predigten und suchen nach immer neuen Worten und Erregungen, nicht um der feinsinnigen mystischen Gefühle willen, sondern immer nur, um zu erwecken und zum wahren Sein zu führen. Eckhart ist ein Ontologe wie Plotin. Wie kein anderer von den Neuplatonikern des Mittelalters hat er den Sinn der platonischen Philosophie verstanden und sich bemüht, den Menschen aus der Höhle herauszuführen und zum echten Philosophieren zu bringen. Es ist ihm auch begegnet, was Platon vorausgesehen hat, daß es dem begegnen wird, der es unternimmt, die Menschen zu lehren, das sinnfällig Seiende zu transzendieren.

b) Der Theologe

Zur Rede vom Sein gehört bei Eckhart auch die Rede von Gott. Und weil das Sein doppeldeutig ist, das Viele und nur Seiende heißen kann, andererseits aber auch das Wahre, Erste und Eine, wird auch seine Beziehung zu Gott eine doppelte. Einmal sagt Eckhart, Gott ist nicht das Sein, dann wieder heißt es, das Sein ist Gott. Seine These, Gott ist nicht das Sein, wird ergänzt durch den Satz seiner Pariser Quaestionen, Gott ist Gedanke und Denken. Zu seiner Zeit war man darüber schockiert, in unserer Zeit witterte man dahinter einen mittelalterlichen Idealismus. Beides ist gleich merkwürdig. Auch Aristoteles und Thomas hatten Gott als Denken des Denkens bestimmt. Beide hatten allerdings Gott das Sein nicht abgesprochen. Das tut aber auch Eckhart nicht. Er spricht ihm nur das Sein des Seienden ab; das wahre, reine und eigentliche Sein spricht er ihm aber gerade zu: „Wenn ich gesagt habe, Gott ist kein Sein und sei über dem Sein, so habe ich ihm damit nicht das Sein abgesprochen. vielmehr habe ich es ihm überhöht." Um dieses Überhöhtsein näher zu bezeichnen, nennt er es Gedanke und Denken. Damit setzt sich nicht ein Idealismus an die Stelle der alten Seinslehre, sondern das Sein der alten Metaphysik wird in seinem Grunde erfaßt, und der liegt eben in den Ideen. Und weil die Ideen seit Augustinus im Geiste Gottes sind, ist Gott zugleich Denken und Gedanke und Sein: Sein im Grunde. So stehen sich die beiden Sätze gar nicht gegensätzlich gegenüber, sondern gehören sogar zusammen. Merkwürdig, daß man diesen Sachverhalt verkennen konnte. Eine unausgetragene Unklarheit entsteht erst, wo Eckhart die Ideen im Geiste Gottes, durch die alles Viele Sein in Gott und zugleich auch noch ein Eines ist – „Gras und Holz und Stein und jegliches Ding" –, als den Sohn faßt, der das Wort ist, in dem der Vater sich selbst ausspricht, „sich und alle Dinge". Der Sohn kann nach der Theologie Eckharts nicht geschaffen sein, die Ideen werden aber gerade von Eckhart als geschaffene bezeichnet, erst recht natürlich „alle Dinge". Der Meister laborierte hier an einem Problem, das schon die Schule von Chartres beschäftigte, der Frage nämlich, wie man sich „ewige"

Ideen im Geiste Gottes vorstellen soll, wenn sie gleichzeitig ein erst zu erfolgendes Ausdenken sein sollen von etwas, was vorher nicht war. Das muß man offenbar mindestens hinsichtlich der Ideen im Geiste Gottes annehmen, die als jene „ausgewählt" wurden, die für die zu schaffende Welt maßgeblich sein sollten. Das ganze Spätmittelalter wurde mit diesem Problem nicht fertig.

c) Der Lebemeister

Die abstrakten Gedankengänge über Sein und Gott bei Eckhart dürfen uns nicht dazu verführen, anzunehmen, daß Eckhart ein Büchergelehrter gewesen sei. Er wollte nicht Lesemeister, sondern Lebemeister sein, und er hat auch in zahllosen Predigten zu den Menschen des Alltags gesprochen und ist geistlicher Führer vieler ideal gestimmter Seelen gewesen. Wie konkret er dabei denken konnte, zeigt sein bekanntes Wort: „Es ist besser, einem Hungrigen Speise zu reichen, als sich derweilen in innerer Betrachtung zu ergehen. Und wäre ein Mensch in Verzückung wie Sankt Paulus und wüßte einen Kranken, der eines Süppleins bedürfte, ich hielte es für viel besser, du ließest aus Liebe die Verzückung fahren und dientest dem Bedürftigen in um so größerer Liebe." Aber diese konkrete Verhaltensweise wurde doch nur möglich aufgrund seiner Lehre vom Sein und von Gott. Was er da konkret verlangte, war ein praktisches Ergebnis der „Gottesgeburt im Menschen". Gott wird in uns geboren, wenn wir – nach alter scholastischer Lehre, die auch Eckharts Lehre gewesen ist – in der Gnade Gottes zu einem neuen und besseren, zum wahren, zum göttlichen Sein geboren werden, zum Tempel des Heiligen Geistes. Aber der tiefsinnige Meister entdeckte dahinter noch eine andere Gottesgeburt, und sie eigentlich ist es, was dieser berühmte Begriff meint: Wenn wir durch die Gnade in Gott wiedergeboren sind, dann gebiert Gott in uns seinen Sohn als Seinesgleichen. „Alles, was Gott Vater zu leisten vermag, gebiert er in den Sohn, daß der Sohn es in die Seele gebäre ... So wird die Seele eine Wohnung der ewigen Gottheit." Kühn, aber konsequent fährt Eckhart dann fort: „Daß Gott eben Gott ist, des bin ich eine Ursache. Wäre ich nicht, dann wäre Gott nicht." Die Möglichkeit eines pantheistischen Mißverständnisses liegt auf der Hand. Allein Eckhart spekuliert wieder über die innergöttliche Natur. Dort befindet sich auch unser eigenes Urbild, unser besseres Ich. Es ist eine Idee im Geiste Gottes. Ohne dieses ideale Ich kann Gott allerdings nicht sein. Aber diese Spekulation ist keine müßige Theorie. Gerade weil es das gibt, weil unser Ich in Gott aufgehoben ist, sind wir selbst mehr als Fleisch und Blut, mehr als Raum und Zeit, und haben die

Aufgabe, unser wahres Sein zu finden. Statt Gottesgeburt könnte man ebenso sagen Seinsgeburt im Menschen. Wer das vermag, hat Eckhart verstanden. Das Sein, das geboren wird, ist das wahre Sein. Es wird durch unser besseres Ich geboren. Das wahre Sein ist ein persönliches Sein, und das bessere Ich wiederum versteht sich auf dem Grunde des wahren Seins. Eben darum ist Eckhart in erster Linie Ontologe, auch als Theologe und Ethiker.

III. Die Spätscholastik

Die Spätscholastik des 14. und 15. Jahrhunderts gilt häufig als Verfallszeit. Wir erkennen aber heute, daß diese Beurteilung weithin unrichtig ist. Der Ruf des Mittelalters leidet eben immer noch unter den Kampfparolen der Reformation, den neuen Vorurteilen der Aufklärungszeit und der oft billigen Verherrlichung durch die Romantiker. Wie es wirklich war, muß die ideengeschichtliche Forschung zeigen. Die aber bringt gerade aus der Spätscholastik immer achtenswertere Leistungen zum Vorschein, in der Philosophie, der Mystik und nicht zuletzt in den Naturwissenschaften. Wir wollen aus dem Ganzen zwei Männer herausheben, die in besonderer Weise auf die kommenden Jahrhunderte gewirkt haben: Ockham und Nikolaus von Cues.

1. Ockham und der Ockhamismus –
Von der Metaphysik zum Nominalismus

Der Geist einer neuen Zeit, der sich bei Scotus noch ganz leise ankündigte, macht sich bei *Wilhelm von Ockham* (1300–1349) nun in aller Deutlichkeit bemerkbar. In der Lehre vom Erkennen, vom Verstand und von der Vernunft ist es, kurz gesagt, eine ganz andere Bindung des Menschen an die Sinnlichkeit, als das vordem der Fall war. Die Berufung der Thomisten auf die sinnliche Realität bedeutete keinen ernsten Realismus. Das wurde alles sofort wieder abgefangen durch die Spontaneität und Autonomie des tätigen Verstandes. Die Sinnlichkeit war nur Materialursache. Der Verstand mit seiner Schöpferkraft war bedeutend weiter und schöpfte aus anderen, tieferen Bereichen. Jetzt aber ist die Sinnlichkeit tatsächlich Wirkursache. Wir brauchen weiter nichts, meint Ockham, als die Anschauung der Außenwelt und die innere Reflexion über die so gewonnenen Vorstellungen – und das menschliche Erkennen ist fertig. Man glaubt schon fast die Lehre Humes von der sensation und reflection zu hören. So weit ist es indes bei Ockham noch nicht. Er treibt nämlich immer noch Metaphysik. Die Wahrheit ergreift ein Ansich und ist nicht nur Vorstellungsverknüpfung, und die Substanz- und Qualitätskategorie beziehen sich auf einen transzendenten Sachverhalt. Darum kann man ihn nicht einfach einen Nominalisten heißen, obwohl der Nominalismus bei Ockham sicher schon vor der Türe steht. Er lehnt jedes Universale vor und in den Dingen ab. Und das Universale im Denken des Menschen ist auch nur ein Zeichen, ein Meinen, eine Konvention, eine Fiktion. Nichts mehr also von der „inneren Natur" der Dinge, die letztlich durch die Spontaneität des menschlichen Geistes verbürgt war, der irgendwie mit dem Ansich der Dinge parallel ging. Alles Wissen kommt jetzt aus der Sinneswahrnehmung, und wenn auch die Substanz- und Qualitätskategorie mehr sind als bloße Vorstellungen, so sind sie eben doch nur ein Versuchen und Tasten, und die übrigen Kategorien sind sowieso nur subjektiv. Damit hat Ockham dem modernen Subjektivismus vorgearbeitet. Seine Lehre wirkte über Gabriel Biel, Gregor von Rimini und Franz Suárez auf Leibniz, bei dem Raum und Zeit jetzt auch noch zu einer subjektiven Ordnung werden, und bei Kant sind dann sämtliche Kategorien nur noch subjektive Ordnungsprinzipien.

In der *Schule Ockhams* kam aber der Nominalismus vollends zum Durchbruch. Man setzte sich jetzt bewußt in Gegensatz zu den „Alten" (antiqui), die man die „Realisten" hieß, weil sie die Universalien vor und in den Dingen für real hielten (Ideenrealismus). Sich selbst nannte man „Neuzeitliche" (moderni), und weil das Allgemeine für sie nur ein Name war, nur ein bloß gedanklich existierender Begriff, hießen sie sich Nominalisten (nominales). *Nikolaus von Autrecourt, Pierre d'Ailly, Marsilius von Inghen* (der erste Rektor von Heidelberg), *Gabriel Biel* (Professor in Tübingen) u. a. gehören hierher. Jetzt geht man entschlossen voran. Auch die Substanz- und Qualitätskategorie wird als bloß subjektiver Begriff erklärt, der Kausalbegriff abgelehnt, der Widerspruchssatz zu einer Konvention gemacht. Damit ist der Nominalismus nun allerdings perfekt geworden. Der Grundfehler der ganzen Polemik lag daran, daß man von Anfang an eine total verkehrte Auffassung von einem Universale hatte. Sie schauen alle das Universale an, als wäre es ein Einzelding. Darauf beruht die ganze Beurteilung; und ein allgemeines Einzelding wäre tatsächlich ein Unsinn. Aber das Universale wollte ja gerade über diese Art von Seiendem hinausgreifen. Man sah, daß es auch noch andere Modi des Seins – des „es gibt etwas" – gibt als jenen Modus des Seins, den wir meinen, wenn wir sagen, es gibt Äpfel, Kartoffeln usw. Von der Modalitätsanalyse der Platoniker verstand man nichts mehr, schon Aristoteles nicht (oder wollte er nicht?), jedenfalls aber nicht mehr der Nominalismus der Früh- und Spätscholastik. Und diejenigen, die heute über Nominalismus reden, reden auch nicht klüger über diese Problematik.

So negativ die Metaphysik der Nominalisten beurteilt werden muß, um so Positiveres ist über ihre Physik und ihre Leistungen in den *Naturwissenschaften* zu sagen. Man bricht jetzt mit der aristotelischen Lehre von der Bewegung und versucht sich in anderen Ideen, mit dem Impetusbegriff, den Form-Latituden, mit mathematischen Meßmethoden usw. Die neuen Gedanken sind noch nicht die neuzeitliche Naturwissenschaft, aber sie bedeuten doch immerhin eine erste Wegbereitung dafür. Unter diesen Naturwissenschaftlern sind zu nennen *Johannes Buridanus, Albert von Sachsen* (der erste Rektor der Universität Wien), *Nikolaus von Oresme* u. a.

2. Nikolaus von Cues – Vom Mittelalter zur Neuzeit

Auch bei Nikolaus von Cues (1401–1464) bemerkt man deutlich den neuen Geist. Naturwissenschaft und Mathematik, besonders Astronomie, stehen bei ihm in hohem Ansehen. In seiner Bibliothek zu Bernkastel-Cues kann man noch die Instrumente sehen, mit denen er gearbeitet hat. Diese physikalischen und astronomischen Instrumente fallen ebenso in die Augen wie seine Bücherschätze, in denen alle Großen der abendländischen Geistesgeschichte vertreten sind. Cusanus gibt auch den Nominalisten nicht wenig zu. Seine ganze Einschätzung der Leistung des Verstandes beruht auf den Theorien der Nominalisten vom Sein als einer Welt des Vielen und Gegensätzlichen, wo nur der Gedanke als Begriff oder Wort Relationen und Einheiten zu stiften vermag. Aber das ist für ihn etwas Vordergründiges. Was ihn entscheidend interessiert, ist etwas anderes, nämlich das, was er die Vernunft des Menschen heißt. Cusanus ist Geistphilosoph gewesen. Er sieht das Neue und seine Berechtigung, versteht aber zutiefst auch das Alte, tiefer als das Mittelalter je sich selbst verstanden hat, und weiß nun beides zu verbinden, das Alte vom Neuen her ergänzend, das Neue vom Alten her korrigierend und beherrschend. Und gerade mit der von ihm vollzogenen Aufhebung des Konkret-sinnlichen in Vernunft und Geist kommt es bei Cusanus zu der Wendung, die man heute mit Recht als den eigentlichen Anfang der deutschen Philosophie bezeichnet, die ja gegenüber dem dritten Nominalismus, dem englischen Empirismus, auch wieder eine ursprüngliche Einheit des Vielen im Geist verfolgt, um von hier aus die Welt der Einzeldinge als eine Explikation des Einen zu verstehen und zu beherrschen. Darum gehört die liebevoll und sachkundig betreute Bibliothek des Kardinals zu Cues heute zu den ehrwürdigsten Stätten deutscher Geistesgeschichte.

Das Tor zur Philosophie des Cusanus ist seine Lehre vom *Geist*. Das Wesentliche darüber erzählt er in der kleinen Unterhaltung, die er einen „kleinen Laien" (idiota) und einen „großen Redner" in einer römischen Barbierstube angesichts des Markttreibens auf dem Forum Romanum führen läßt. Man beobachtet, wie dort gezählt, gemessen und gewogen wird. Wie geht das vor sich?, fragen sie sich. Offenbar durch Unterscheiden, wird geantwortet. Und das Unterscheiden? Offenbar dadurch, daß man das Eine (unum) zählt, d.h. es ein Mal, zwei Mal. drei Mal usw. nimmt. Damit zeige sich, daß sich die Zahlen aus dem Einen ergeben. Und wie soll man nun das Eine selbst fassen? Jedenfalls nicht mehr durch Zahlen, denn die Zahl ist später, und man kann das Einfache nicht durch das Zusammengesetzte erklären. Nur das Umgekehrte sei möglich: die Erklärung des Zusammengesetzten aus einem Einfachen. Und jetzt sehen wir, worauf er hinaus will: auf das Sein als solches. Dort lägen die Dinge genauso; denn das Sein, dieses Prinzip aller Dinge, ist auch das, woraus, wodurch und worin alles Abgeleitete sich ergibt, während es selbst nicht durch Späteres zu umgreifen ist. Nur der umgekehrte Weg sei möglich, der Weg von oben nach unten.

Da haben wir nun zunächst den Begriff des *Einen* vor uns. Es ist das Eine des Parmenides, des Plotin, Augustins, der Schule von Chartres, Eckharts, Hegels und Schellings. Es ist die Idee einer Allheit alles Seienden (omnitudo realitatis), die wie Kant so auch dem Cusaner an der Vernunft aufgeht. Der Verstand trennt die Dinge, er ist der Ort der Gegensätze. Die *Vernunft* aber ist das Übergreifende und Umgreifende, an dem alles teilhat, wo wie in einem Anfang alle Gegensätze noch zusammenfallen (coincidentia oppositorum). Im Unendlichen heben sich die Differenzen auf. Eine unendliche Kreislinie unterscheide sich nicht mehr von einer Geraden, weil die Krümmung so klein wird, daß sie gleich Null betrachtet werden kann. So sei es auch mit der Vernunft bestellt. Sie geht einen unendlichen Weg des Erkennens. Sie denkt zu jedem Gegebenen das dazu, was noch dazu gehört. Das aber ist das Ganze des Seienden überhaupt. Denn wie schon die platonische Dialektik, ja schon Anaxagoras gesehen hat, hängt alles miteinander zusammen: „alles ist in allem". Man dürfe ja nicht glauben, daß unser Erkennen die Dinge sofort adäquat erfasse. Nichts gibt es im Erkennen, was nicht noch genauer erkannt werden könnte. Eigentlich sei alles Erkennen sogar nur ein Vermuten. Und darum ist der Weg des Erkennens ein unendlicher, und die Gegenstände des Erkennens sind uns gegeben, aber zugleich auch wieder aufgegeben. Das trifft nun allerdings ganz besonders auf *Gott* zu. Einen Begriff Gottes haben wir – und haben wir nicht. Wir sind immer unterwegs zu ihm, obwohl wir ihn auch bereits besitzen. Denn die Sachverhalte, die wir von ihm aussagen, sind aus unserer raum-zeitlichen Welt genommen. Sie sind begrenzt und reichen nicht an das Unendliche heran. Wir müßten eigentlich alles Endliche von ihm aussagen. Er ist das omninominabile, d. h. das, was mit allen Namen benannt werden müßte. Und doch bleibt er, wie die negative Theologie immer schon gesagt habe, „unberührbar", wie auch das Eine durch das Zusammengesetzte nie greifbar werden könne. Um dieses Nichtwissen zu wissen, ist die eigentliche Bildung: das *„wissende Nichtwissen"* (docta ignorantia). Und so könne man sagen, daß Gott die ganze Welt in sich begreife, daß er die complicatio der Welt, die Welt aber die explicatio Gottes sei. Jetzt sehen wir auch, daß zwischen dem Unum der Vernunft und dem Göttlichen noch ein Unterschied besteht. Die Vernunft ist nie selbst das Göttliche, sie ist nur sein Abbild. Über dieses Abbild kommen wir zum Urbild, wenn auch nur auf einem unendlichen Weg. Jetzt kann der Cusaner sich sogar das berüchtigte Wort des Protagoras zu eigen machen: der Mensch ist das Maß aller Dinge. Das ist schon ganz der Geist der Renaissance – und ist es auch wieder nicht, so wie auch der Nominalismus des Cusaners kein Nominalismus bleiben wird. Denn der Mensch ist nur deswegen das Maß aller Dinge, weil er Abbild des göttlichen Urbildes ist. Gott allein bleibt das wirkliche und entscheidende Maß. Und den Nominalismus kann der Cusaner reden lassen, weil er ihn mit seiner Lehre von der Vernunft wieder aufheben wird. Alles Entscheidende, das der Cusaner zu sagen hat, sagt er in seiner Lehre von der Vernunft. Die Vernunft ist für den Menschen das theoretisch und praktisch ausschlaggebende Richtmaß, unmittelbar und zunächst. Aber zuletzt ist sie ausgerichtet an Gott. Cusanus hat das Mittelalter zu seinem eigentlichen und besseren Selbst geführt, indem er seine ganze Metaphysik im Geiste des platonischen und neuplatonischen Idealismus, der zugleich der Idealismus der Väter war, entwickelt. Er hat aber auch der Neuzeit ihre wahre Heimat gezeigt. Er kennt den Idealismus der Vernunft, bindet ihn aber an etwas, das noch höher ist als das Eine des „Ich denke", an das Eine, das ein ewig und ansich zu denkendes Eines ist und bleibt.

Die Philosophie der Neuzeit

Der Geist der Neuzeit ist gegenüber dem Geist der alten Philosophie, besonders des Mittelalters, viel bewegter und freier, aber auch zerrissener und unübersichtlicher, zerrissen manchmal bis zur Hoffnungslosigkeit. Trotzdem dürfte diese Charakterisierung nicht das letzte Wort bleiben. Wer tiefer schaut und nicht nur starke Programme und laut formulierte Ergebnisse vernimmt, entdeckt bald, daß gewisse Themen sich in der Substanz und Sache halten, sich aber in den Formeln und Formulierungen wandeln. Und es sind gerade die wichtigsten Themen der Metaphysik, die bleiben: Das Eine und Viele, das Sein und die Erscheinung, Gott und Welt, Natur und Geist, Freiheit und Unsterblichkeit. Darum ist die Philosophie der Neuzeit nur relativ neu. Wer wissenschaftlich philosophieren will, darf sich nicht einfach deswegen an das Neueste halten, weil es das Neueste ist. Das Neueste wird sehr bald wieder überholt sein. Das ist eine der besten Einsichten der Philosophiegeschichte. Was uns bleibt, ist allein das das Ganze überschauende, kritische und wissenschaftliche Denken, das jederzeit bereit ist, sich eines Besseren belehren zu lassen, wenn das Bessere sich als ein Besseres auszuweisen vermag. Diese Bereitschaft kann überall bestehen, zu allen Zeiten und in allen Schulen.

Erstes Kapitel: Die Renaissance

Die Renaissance ist eine Zeit des Aufbruches. Alles ist in Bewegung. Man langt nach allen Seiten aus, versucht es bald mit dem Alten, bald wieder mit dem Neuen, bäumt sich in selbstgeschaffener Größe auf und verfällt wieder dem Zweifel, will mit dem klaren Verstand arbeiten und setzt doch wieder seine Hoffnung auf die Geheimnisse der Natur und die Macht des Schicksals, ruft den Menschen als den zweiten Gott aus und kann auch den wahren Gott nicht vergessen.

Gleich am Eingang der Renaissance steht, was der Zeit ihren Namen gegeben hat, die Wiedergeburt der Antike. Die Berührung des Westens und des Ostens auf dem Unionskonzil von Ferrara und Florenz (1438) sowie die Einwanderung der vielen, aus dem 1453 eroberten Byzanz nach Italien flüchtenden Gelehrten gaben eine äußere Anregung. Innerlich hatte allerdings die mittelalterliche Wissenschaft selbst schon nach den echten Quellen verlangt. Schon 1440 stand in dem Florenz der Mediceer eine neue *platonische Akademie*, und sie glänzte bald mit hervorragenden Namen: Plethon, Bessarion, Ficinus, Pico della Mirandola. Jetzt gibt es wieder Platoniker, aber auch Aristoteliker, Stoiker und Epikureer. Der Humanismus gräbt alles aus, was alt ist. Und nicht nur die Bücher, auch den Geist der Antike, den heidnischen Geist, ruft er zu neuem Leben. Der Himmel wird auf die Erde herabgeholt. Der Mensch ist ein „Gott auf Erden". Wo einst Dante noch eine metaphysische, „jenseitige" Ordnung gezeichnet hatte, das Sein und das Seinsollende, zeichnet man jetzt den Menschen so, wie er ist, in seinem Weinen und seinem Lachen, seinem Ernst und seiner Lächerlichkeit; alles ist der künstlerischen und philosophischen Behandlung wert, einfach deswegen, weil es „menschlich" ist. Im Verhältnis zum Mittelalter ist das wirklich ein neuer Geist. Man halte den Cusaner dagegen, für den der Mensch auch das Maß aller Dinge ist, der ihm aber sofort wieder den transzendenten Gott als letztes Urmaß zuweist.

Von anderer Art, aber auch typisch Renaissance, ist die Liebe zu *Mysterien* und Weistümern, zu Alchimie und Magie, zur Kabbalistik, zur Theosophie und zum Okkultismus. *Paracelsus* (1493–1541) war ein Mystiker und Magier der Natur; seine Philosophie war eine Art Geheimlehre und eigentlich nur für Adepten bestimmt, die mit den Geistern der Elemente verkehren und sie rufen können wie ein Doktor Johannes Faust. *Reuchlin, Agrippa von Nettesheim, Trithemius* sind förmliche Okkultisten; *Franck, Schwenckfeld, Weigel* und *Jakob Böhme* (1575–1624) etikettiert man als Schwarmgeister und Pansophisten; und trotzdem haben sie alle in sich und für die Folgezeit etwas bedeutet. Paracelsus war ein großer Arzt, verwies auf die Wichtigkeit der Erfahrung und die konkrete Kenntnis der Natur, blieb aber nicht im Teile stecken, sondern sah ebensosehr, ja vielleicht noch mehr, die Bedeutung des Ganzen, der All-Einheit, im Leib und im Leben des Menschen, in Natur und Welt. In manchem ist er eine Vorstufe zu Leibniz. Die sogenannten Schwarmgeister wiederum sind eigensinnig, aber ihre Religionsphilosophie gab den Reformatoren sehr viel zu denken auf. Jakob Böhme philosophiert in einer Schusterwerkstatt, aber sein Nachdenken über das, was man für sein persönliches Ich hält und was vielleicht nur das All-eine ist, sein Nachdenken ferner über die Qualitäten und die „Mütter", über Gut und Böse und über den sogenannten Ungrund von allem (und verschiedenes andere noch dazu) wird wieder lebendig bei Baader, Schelling und Scheler.

Als eine besondere Tat der Renaissance wurde immer die Geburt der *modernen Naturwissenschaft* gefeiert. Man erblickte ihre Vorbereitung in einigen italienischen Naturphilosophen und verwies dabei besonders auf *Giordano Bruno* (1548–1600), der freilich mehr ein Barde der All-Einheitslehre war denn ein exakter Forscher. Die wirklich neuen Leistungen liegen bei *Kopernikus* († 1543), *Kepler* († 1630), *Galilei* († 1642) und *Gassendi* († 1655), auf die dann etwas später *Boyle* und *Newton* folgen. Man bezeichnet ihre Methode als die induktiv-empirische und quantitativ-mechanistische Naturbetrachtung. Gassendi hatte den Atomismus erneuert, Newton wird die Mechanik kanonisieren. Man verlegt sich jetzt auf die Beobachtung der Erscheinungen, verzeichnet sie, analysiert ihre einzelnen Faktoren heraus, bestimmt die entscheidenden und bringt sie auf eine, den ganzen Vorgang in seinem Kern erklärende mathematische Formel, die man schließlich als generell gelten läßt, d. h. als naturwissenschaftliches Gesetz versteht. Die Faktoren sind alle quantitativer Art, ihre Bezeichnungen mathematisch ausdrückbar, ihr Ablauf automatisch-mechanistisch. Die Erfolge dieser Methode sind großartig gewesen. Darauf beruht die moderne Technik, bei der tatsächlich eingetreten ist, was *Francis Bacon* (1561–1626), der Philosoph der empiristischen Methode, ihr vorausgesagt hatte: „Wissen ist Macht" – allerdings, wie wir heute einsehen, nicht nur im Guten, sondern auch im Bösen. Die Naturwissenschaft wird immer Philosophie brauchen, ihre Metaphysik und ihre Ethik, wenn sie die Mächte, die sie gerufen hat, auch beherrschen soll.

Von der Machtidee war man allerdings zunächst fasziniert, nicht nur in der Physik, sondern auch in dem neuen Bild von *Mensch und Staat*, das sich in der Renaissance mehr und mehr entwickelte. Ein Beweis dafür ist *Machiavelli* (1469–1527). Seine Philosophie des Menschen, des Rechtes und des Staates ist quantitativ-mechanistische Naturbetrachtung. Sein Buch „Der Fürst" ist eine Anweisung zum jeweils rechten Zug im Spiel der politischen Kräfte. Die Menschen sind immer nur Machtquanten, und der Fürst ist auch ein Machtquantum. Will er sich halten, dann muß er eben mehr Macht haben als seine Gegner. Darauf komme alles an. Geht das mit guten und rechten Dingen zu, um so besser. Es ist für den Fürsten nur von Vorteil, wenn er den Schein des Rechtes und der Religion für sich hat. Geht es nicht, dann soll er vor keiner Maßnahme zurückschrecken. Wenn die Menschen schlecht sind, bleibe nichts übrig, als auch schlecht und notfalls noch schlechter zu sein.

Ein Lichtblick in diesem Dunkel ist *Thomas Morus* (1480–1535), ein feinsinniger Humanist, ein Idealist und ein Heiliger. In seiner Utopia zeichnet er das Bild eines Inselvolkes, ein Bild aus Ironie und Karikatur, um in der Verzeichnung die wahre und ideale Gestalt um so besser sichtbar werden zu lassen. Machiavelli würde erwidern, man solle nicht fragen, wie der Mensch sein soll, sondern wie er wirklich ist, sonst zieht man immer den kürzeren. Morus hat tatsächlich den kürzeren gezogen. Aber ist jene Realistik, die nichts mehr wissen will von dem, was sein soll, nicht der wahre Grund des Unfriedens des modernen Menschen?

Ein anderer Lichtblick ist *Hugo Grotius* (1583–1645), einer der Klassiker der Völkerrechts- und Naturrechtslehre. Sein großes Werk über das Recht des Krieges und des Friedens ist ein Kompendium des Rechtes und der Rechtsphilosophie. Das Wertvollste an ihm wird aber sein Versuch sein, gegenüber dem positiven Recht und dem Gebaren der Macht eine Theorie des Naturrechtes aufzurichten, das die Würde und Freiheit des Menschen sichert durch die Berufung auf ein Recht, das höher ist als alle menschliche Satzung. Wie vorsichtig und zurückhaltend Grotius darin ist, besonders was das Widerstandsrecht angeht, und wie gebrechlich auch sein Naturbegriff sein mag, der Versuch allein schon war eine Tat.

In der Renaissance lebt aber auch die *Scholastik* fort. Es wäre ganz verkehrt, über den vielen lauten Dingen der Renaissance jene Philosophie zu vergessen, die tatsächlich im Reiche Karls V. die größere Zahl der Universitäten beherrschte, ganz abgesehen von den Ordensschulen und den Hohen Schulen für den Nachwuchs des Klerus. Nach den Lähmungen durch den Nominalismus hatte die Scholastik sich bald erholt und erneuert, besonders von Spanien und Portugal aus, von den Universitäten Salamanca, Alcalà und Coimbra. Man kann jetzt mit Recht von einer neuen Scholastik reden. Im Mittelpunkt der neuen Bewegung stehen die beiden Dominikaner *Thomas de Vio Cajetanus* († 1534) und *Franciscus Silvestris de Ferrara* († 1528) sowie vor allem der Jesuit *Franz Suárez* († 1617). Die Thomisten mögen diesen nicht, weil er den Unterschied von Wesenheit und Dasein geleugnet hat. Andere behaupten, seine Erkenntnisbegründung mit Hilfe der Abstraktion aus einer sensualistisch verstandenen Sinneserfahrung habe den Nominalismus verbreiten helfen. Wie dem nun auch sein mag, er war jedenfalls einer der gelehrtesten Männer der scholastischen Philosophie, und seine beiden großen Werke, die metaphysischen Disputationen bzw. sein Werk über die Gesetze, gehören zum Besten, was in der Philosophie überhaupt geschrieben wurde.

In kleiner Münze ausgewertet wurde, was die Großen geschaffen hatten, in der *Schulphilosophie* vom 16. bis zum 18. Jahrhundert, und zwar in ziemlich gleicher Weise an katholischen und an protestantischen Universitäten, nicht zuletzt in den kleineren philosophisch-theologischen Hochschulen der süddeutschen Jesuitenkollegien, wie z.B. in Ingolstadt, Eichstätt, Regensburg, Bamberg, Würzburg.

Zweites Kapitel:
Die großen Systeme des 17. und 18. Jahrhunderts

So bezeichnend für die Renaissance die Vielheit der neuen Ansätze ist, so bezeichnend ist für das 17. und 18. Jahrhundert die Lust zum System. Ein philosophisches Gebäude nach dem anderen entsteht. Man ist in der Philosophie so baufreudig wie im Barockzeitalter überhaupt. Auf das Ganze gesehen, können wir dabei zwei Stilarten unterscheiden, den Rationalismus und den Empirismus. Jener ist vorwiegend auf dem Festland, dieser auf den englischen Inseln zu Hause.

I. Der Rationalismus

Rationalismus heißt wörtlich Vernunftphilosophie. Sachlich ist damit gemeint: Man arbeitet in erster Linie mit Vernunft oder Verstand (beides ist zunächst dasselbe), Denken und Begriffen. Das heißt nicht, daß man nur mit Begriffen arbeitete, daß man alles daraus deduzierte und die Erfahrung nicht befragt hätte. Auch die Rationalisten brauchen die Sinne. Aber sie nehmen an, und das ist der Unterschied gegenüber den Empiristen, daß die Kraft des Verstandes und der Vernunft mehr ist als eine Integration der Sinnestätigkeit, daß Verstand und Vernunft noch eine eigene Kraft darstellen und deshalb die Ergebnisse der Sinneswahrnehmungen auch nach eigenen, sagen wir gleich nach apriorischen, Gesetzen lesen, deuten und beurteilen können. Unter den vielen Rationalisten dieser Zeit ragen vier gewaltig über alle anderen hinaus: Descartes, Pascal, Spinoza und Leibniz.

1. Descartes – Vater der neuzeitlichen Philosophie

Mit Descartes (1596–1650) hebt die neuzeitliche Philosophie endgültig an. In vielem gehört Descartes noch zur Scholastik, und wer die Scholastik nicht kennt, kann ihn gar nicht richtig lesen. Aber etwas an ihm ist absolut anders, ist wirklich neu, nämlich der radikale Zweifel, mit dem er die Philosophie beginnen läßt.

a) Zweifel

Die Zeit vor Descartes hatte auch kritisch zu denken verstanden. Aber die Kritik hatte immer wieder Begriffe und Sätze ausgespart, die nicht mehr angezweifelt worden waren. Descartes beginnt mit dem radikalen oder absoluten Zweifel. Was sollten wir denn als sicher gelten lassen können, fragt er, die Überzeugungen des Alltags? Man sehe doch, wie die Mode wechselt oder die Ansichten, je nachdem man in Frankreich oder Deutschland oder in China geboren ist! Oder wären es die Lehren der Philosophie, die man als sicher betrachten darf? Nun, „ich hatte bereits in der Schule gelernt, daß man sich nichts so Seltsames oder Unglaubliches denken kann, was nicht von einem Philosophen bereits behauptet worden wäre". Oder sollte nicht vielleicht unsere Sinneserkenntnis zuverlässig sein? Viele meinen es. Was ich sehe, sehe ich, pflegen sie zu sagen. Descartes erwidert: Was uns einmal getäuscht hat, kann uns wieder täuschen. Da ist es mit dem Vertrauen dann schon vorbei. Ebenso geht es sogar mit dem reinen Denken, z.B. dem Schließen; denn auch das logische Denken kann sich irren. Und selbst wenn man meinen sollte, daß man sich zwar in einzelnen Fällen täuschen könnte, aber doch nicht darin, daß es überhaupt Ausdehnung, Größe und Zahl, Ort und Zeit gebe, daß $2 + 3 = 5$ sei und das Quadrat vier Seiten habe: Könnte es nicht so sein, fragt Descartes, daß ein Gott, der alles vermag, es so eingerichtet hätte, daß dieses alles uns zwar so zu sein scheint, aber in Wirklichkeit doch nicht so ist; daß es also keine Erde, keinen Himmel, kein ausgedehntes Ding, keine Gestalt, keine Größe, keinen Ort gibt; daß alles Täuschung wäre? Es ist ja nicht einmal die *Realität der Außenwelt* sicher; denn die Frische und Lebhaftigkeit des Vorstellens, worin man gewöhnlich ein Zeichen echter Realitätswahrnehmung erblickt, begegnet uns gelegentlich auch im Traum. Da meinen wir dann auch, zweifellos Reales wahrzunehmen. Kann nicht überhaupt das ganze Leben ein Traum sein? Gut, sagt sich schließlich Descartes, „so will ich denn annehmen, daß nicht der allgütige Gott, sondern irgendein böser Geist, der mächtig und verschlagen ist, mich täuscht. Luft, Himmel, Erde, Gestalten,

Farben, Töne und alle Außendinge sollen nichts sein als das täuschende Spiel von Träumen, durch die dieser Dämon mir Fallen stellt. Auch mich selbst will ich so ansehen, als hätte ich keine Hände, keine Augen, kein Fleisch, kein Blut, überhaupt keine Sinne, sondern glaubte nur fälschlich, dies alles zu besitzen." Ist jetzt die ganze Philosophie zusammengebrochen? Ja und nein. Mögliche Täuschungen sind zusammengebrochen. Darüber aber erhebt sich eine neue Gewißheit, mitten im Zweifel erhebt sie sich. Descartes entdeckt: Über den Zweifel selbst kann ich nicht zweifeln. Mag alles Täuschung sein, das Denken ist doch da und damit auch ich, der ich denke. „Ich denke, also bin ich" (cogito ergo sum), so lautet die berühmte neugewonnene Einsicht. Sie sei eine Intuition, kein Schluß, und als solche eine absolute, eine sichere Wahrheit. Darauf will Descartes nun weiterbauen.

Und darauf baut die neuzeitliche Philosophie ebenfalls weiter. Von daher bekommt sie auch ihr eigentümliches Gesicht. Die neue Wahrheit ist nämlich eine Bewußtseinswahrheit. Man verbleibt mit ihr innerhalb des Geistes (Immanenz) und trifft nicht mehr eine Aussage über die Außenwelt. Descartes wird auf einem anderen Wege wieder zur Außenwelt kommen. Aber viele gehen dabei nicht mehr mit und bleiben stehen bei der Bewußtseinswahrheit. Daraus ergibt sich die sogenannte Immanenzphilosophie und ihr Subjektivismus. Die ganze neuzeitliche Philosophie ist davon irgendwie infiziert.

b) Methode

Für Descartes war die neu gefundene Wahrheit: „Denkend bin ich", eine „klare und deutliche Idee". Das soll heißen, diese Vorstellung war dem schauenden Blick gegenwärtig und offenkundig, in ihrer Identität und ihrer Verschiedenheit von etwas anderem. Daraus macht er nun ein Axiom: Alles ist wahr, was ich klar und deutlich schaue; und zugleich eine Methode: Die ganze Philosophie soll mit klaren und deutlichen Vorstellungen arbeiten und nur damit arbeiten. Dann wird sie eine sichere Wissenschaft. Es soll in ihr zugehen wie in der Geometrie, wo man auch letzte einfache Größen hat, die man kombinieren, berechnen und in mathematischen Gleichungen anschreiben kann. Es kommt alles darauf an, daß der Geist solche letzte, einfache, klare und deutliche Vorstellungen besitzt. Nach Descartes besitzt er sie tatsächlich. Es sind die *„eingeborenen Ideen"*. Die drei wichtigsten davon sind die Ideen der unendlichen Substanz, also des vollkommensten Seins, das aus sich selbst existiert und Gott heißt, und die der beiden anderen Substanzen, der Idee nämlich der Ausdehnung oder des Körpers und der Idee des Nicht-ausgedehnten, der denkenden Substanz oder des Bewußtseins. Es gibt aber noch viel mehr eingeborene Ideen: Zahl, Zeit, Ort, Bewegung, Gestalt, überhaupt alles, was mathematisch faßbar und auf letzte „Einfache" zurückgeführt werden kann. Und nun wird Descartes wieder erkenntnisfreudig: Alle jene Sinneswahrnehmungen, die durch Ausdehnung, Gestalt, Zahl mathematisch Faßbares enthalten und zugleich klar und deutlich sind, sind zuverlässig, sind primäre Sinnesqualitäten. Wo das nicht der Fall ist, wie z.B. bei der Wahrnehmung von Farben, Tönen, von Süß und Bitter, Warm und Kalt, haben wir es nur mit sekundären Meldungen zu tun. Sie sind nicht falsch, es entspricht auch ihnen „irgend etwas Wahres", aber sie geben uns nicht Dinge wieder, wie sie an sich sind, sie sind nur subjektiv, während die primären Qualitäten objektiv sind. Wieso objektiv? Sind wir wieder unterwegs zur Außenwelt?

c) Gott und die Außenwelt
Ja, wir sind unterwegs, müssen aber zunächst einen kleinen Umweg machen, und zwar über die Gottesidee. Descartes hat Gott zunächst als eingeborene Idee entdeckt. Wäre er nur das, dann wäre Gott weiter nichts als ein Gedanke in uns, ein qualifizierter Gedanke, aber immerhin nur ein subjektiver Gedankeninhalt. Aber Descartes findet über diese Subjektivität hinaus. Er fragt sich: Woher kommen denn die eingeborenen Ideen? Ideen könnten von außen kommen oder von uns selbst gemacht sein, überlegt er. Ein Außen haben wir aber noch gar nicht. Sind sie also von uns selbst gemacht? Das geht sicher nicht bei der Idee, auf die es Descartes vor allem ankommt, bei der Gottesidee. Sie enthält als die Idee des vollkommensten Wesens so unendlich viel Realität, daß sie nicht ein Werk von uns selbst sein kann, die wir doch endliche Wesen sind; denn die Ursache von etwas, so lautet ein Grundsatz bei Descartes, den er aus der alten Philosophie übernimmt, muß mindestens ebensoviel Realität enthalten wie ihre Wirkung. Auf unseren Fall angewendet: Die Ursache der Gottesidee muß mindestens so viel wirkliche („formale") Realität enthalten, als wir Realität in der Gottesidee denken („objektive" = vorgestellte Realität). Damit hat Descartes den solipsistischen Subjektivismus durchbrochen, in den er mit seinem Zweifel geraten war. Jetzt gibt es nicht mehr bloß das denkende Subjekt des cogito ergo sum, sondern es gibt noch etwas anderes, das nicht mehr bloß Gedanke, sondern wirkliche Realität ist: Gott selbst. Und da wir nun Gott haben und ihn zugleich als das vollkommenste Wesen erkennen, können wir auch nicht mehr annehmen,

daß er uns täusche. Haben wir also klare und deutliche Vorstellungen, die uns von etwas Ausgedehntem Kunde geben, dann dürfen wir sicher sein, daß sie wahr sind. Und wenn mehrere erste Qualitäten zusammenwirken, bilden sie die Dinge sogar so ab, wie sie an sich sind. Damit ist die Außenwelt bei Descartes wieder da. Der Zweifel ist überwunden. Er war auch gar nicht als ein endgültiger beabsichtigt gewesen. Er war nur ein methodischer und sollte zu einer absoluten Sicherheit führen.

Descartes hat noch eine andere Begründung der Existenz Gottes gegeben, sein bekanntes *ontologisches Argument*. Was wir soeben hörten, war eine Verbindung der platonischen eingeborenen Idee mit dem scholastischen Kausalbeweis. Das ontologische Argument ist wieder reiner Idealrealismus. Die Existenz Gottes folge, so sagt Descartes, aus der Idee Gottes als des vollkommensten Wesens. Kant kritisiert das mit dem Einwand, daß Begriffe nur etwas Logisches seien und nichts über Existenz enthielten. Der Schritt vom Logischen ins Ontologische sei unmöglich. Descartes würde erwidern: Der Gottesbegriff ist eben kein gewöhnlicher Begriff, sondern ich verstehe darunter gerade nicht etwas Logisches, sondern meine jene ganze ontische Realität, die allem Wirklichen zugrunde liegt, weil alles Existierende an diesem All der Realität teilhat. Es ist der antike Idealrealismus, der daraus spricht und den Kant nicht mehr verstanden hat.

In Gott begegnen wir dem für Descartes und die Folgezeit so wichtigen *Substanzbegriff*. Die Definition der Substanz lautet bei Descartes: „Ein Ding, das so existiert, daß es nichts mehr außerhalb seiner bedarf, um existieren zu können." Da auch nach der Philosophie eines Descartes alle Dinge von etwas anderem abhängen, nur Gott nicht, gäbe es nach dieser Substanzdefinition nur eine einzige, die göttliche Substanz. Die Definition, die Descartes von der unendlichen Substanz gibt, unterscheidet sich denn auch nur durch ihre größere Ausführlichkeit, nicht aber in der Sache von der Definition der Substanz überhaupt. Diese Fassung der Substanz hätte zur Folge, daß es keine Selbständigkeit mehr gäbe, auch keine eigene selbständige Kausalität, keine Freiheit und keine Selbständigkeit der menschlichen Person. Bei den Occasionalisten und bei Spinoza wurde diese Folgerung denn auch gezogen. Descartes selbst wollte das nicht. Er schränkte darum seinen Substanzbegriff wieder ein, indem er sagte, daß allein die göttliche Substanz gänzlich aus sich selbst existiere, die übrigen Substanzen aber, der Körper und das Bewußtsein, von Gott als dem vollkommensten Wesen abhängig seien. Insofern sie sonst von nichts mehr abhängen, sondern aus sich selbst bestehen, seien sie doch auch Substanzen, wenn auch unvollkommene, nur endliche Substanzen.

d) *Leib und Seele*

Indem Descartes Körper und Seele zu Substanzen in seinem Sinne macht, tat er einen Schritt von ungeheurer Tragweite. Wenn die Substanz etwas ganz Selbständiges ist und nichts außer ihrer selbst braucht, dann existieren Körper und Seele je für sich allein und gibt es keine *Wechselwirkung* zwischen Leib und Seele. Wie sollen dann die körperlichen Sinnesorgane etwas beitragen können zum Denken der Seele? Unter dem Eindruck der Tatsachen nahm Descartes gezwungenermaßen, aber im Widerspruch zu seiner Grundkonzeption, doch eine Wechselwirkung an. Aber die Substanzphilosophie blieb trotzdem, und so kam es, daß es seit Descartes, wenn er recht hätte, Seele nur noch als Bewußtsein geben könnte, nicht mehr aber als Form des Leibes, und daß die Tiere keine Seele hätten, sondern bloß Körper wären, die dann natürlich keine Sinnesempfindungen haben könnten. Sie sehen nicht, sagt Descartes, sondern machen nur Sehbewegungen, hören nicht, sondern machen nur·Hörbewegungen usw. Tiere sind Automaten. Ihr Leben ist, wie alles *Leben*, nicht eine eigene Seinsschicht mit eigenen Kategorien, sondern ist lediglich mechanische Körperbewegung. Sosehr er gegen jeden Materialismus das Seelische als etwas Eigenes und nicht Wegzuleugnendes verteidigt, so sehr denkt Descartes über das Leben rein physizistisch. Für die Philosophie der *Körperwelt* aber bedeutet sein Substanzbegriff den vollkommenen Mechanismus. Vollkommen deswegen, weil dieser Mechanismus ein geometrischer ist; denn Körper ist für ihn nur Ausdehnung, Körperbewegung nur eine funktional zu verstehende, im Grunde mathematische Bewegung, wenn man auch ihre Formeln nicht immer finden und anschreiben kann. Jetzt wird die ganze Natur quantifiziert und mechanisiert. Die alte Formenlehre verschwindet. Die Materialisten – für die Descartes gar nichts übrig hat, weil für ihn, wie es gleich schon in der zweiten Meditatio heißt, der Geist früher ist als der Körper – haben trotzdem bei ihm einige Anleihen aufnehmen können. Descartes ergänzte von einer ganz anderen Seite her den Atomismus des Gassendi, und über Mersenne führt eine direkte Linie zu Thomas Hobbes.

2. Pascal – Philosophie des Glaubens

Wenn man sich mit Descartes kritisch auseinandersetzen will, tut man am besten, sich mit dem Denken *Pascals* (1623–62) zu beschäftigen, dem Wortführer von Port-Royal, Verteidiger des Jansenismus und Kämpfer gegen eine kasuistische Moral und gegen die Politik der Jesuiten. In seiner Frühzeit war er Anhänger von Descartes und erhoffte sich, selbst ein mathematisches Genie, alles von der mathematischen Methode. Dann aber entdeckte er, scharfsinnig wie er war, sofort die Grenze Descartes': den Mangel an Sinn für das Konkrete und Einzelne im Gegensatz zum Allgemeinen, und den Mangel an Aufgeschlossenheit für den Glauben im Gegensatz zum Rationalismus der Vernunft. Pascal war ein Mann der phänomenologischen Detailbeobachtung („Geist des Feinsinnes") und zugleich eines der ersten religiösen Genies aller Zeiten, ein Genie, das auch sofort sah, daß der Gott der Religion mehr ist als der Gott der Philosophen. „Gott Abrahams, Gott Isaaks, Gott Jakobs, nicht aber der Gott der Philosophen und Gelehrten", schreibt er in seinem Mémorial von 1654. Dem liegt zugrunde, daß Pascal nicht wie die Rationalisten nur auf den Verstand setzte, sondern auch auf das Fühlen und Glauben. Er weiß um die Macht des Verstandes, weiß aber auch um die Macht des Herzens: „Wir erkennen die Wahrheit nicht bloß mit der Vernunft, sondern auch mit dem Herzen." Sogar die obersten Prinzipien wie Realität, Raum, Zeit, Bewegung, Zahl werden gefühlt, und zwar mit Gewißheit. Es gibt für Pascal eine „Logik des Herzens", ein Begriff, den in unserem Jahrhundert Max Scheler wieder aufgenommen hat: „Das Herz hat seine Gründe, die der Verstand nicht kennt." „Das Herz fühlt Gott, nicht der Verstand; darin besteht der Glaube."

3. Spinoza – Identitätsphilosophie

Descartes wird vollendet, wenn auch einseitig, in Spinoza (1632–1677). Dessen Hauptwerk heißt Ethik, ist aber eine Philosophie des Seins und der Natur, des Erkennens und des Geistes. Der Titel Ethik kommt jedoch nicht von ungefähr. Die Seinsphilosophie hat bei Spinoza als letztes Ziel eben doch ein ethisches: das Glück des Menschen, das sich dann einstellt, wenn man wahrer Mensch, d. h. weise geworden ist. Und das ist man geworden, wenn man die Einheit mit dem Sein und mit Gott in der geistigen Liebe gefunden hat: „Nachdem die Erfahrung mich gelehrt hatte, daß alles, was den gewöhnlichen Inhalt des Lebens ausmacht, eitel und nichtig ist…, entschloß ich mich, endlich zu untersuchen, ob es irgend etwas gebe, das ein wahres und mitteilhaftiges Gut sei." Das höchste Gut aber ist für Spinoza, zur wahren Menschennatur zu finden. „Was das aber für eine Natur sei, werden wir seines Ortes zeigen, nämlich daß es die Erkenntnis der Einheit des Geistes mit der ganzen Natur ist." Spinozas Philosophie ist Identitätsphilosophie. Was ist das für eine Einheit, wie kommt es dazu, und was hat das für Konsequenzen? Das müssen wir uns nunmehr fragen.

a) Gott – Natur – Substanz

In einer Frühschrift Spinozas, dem sogenannten Kurzen Traktat, den man die Urethik nennen kann, steht eine Überlegung, die mitten in sein Denken hineinführt. Es ist folgende: Das Nichts hat keine Attribute. Also finden sich Attribute nur am Etwas. Am endlichen Etwas finden sich endliche Attribute. Also ist Gott alles Etwas, d. h., er ist alle Etwas oder alle Dinge, und alle Dinge sind Gott. Und da alle Etwas das Sein oder die Natur sind, kann man auch sagen: „Gott oder die Natur oder die Substanz". So kam es zu dieser berühmten Formel. Daß Spinoza für das Sein Substanz sagt, kommt von Descartes, und zwar von seiner ersten Fassung des Substanzbegriffs. Dort gab es nur *ein* Sein, das der Substanz. Alle Einzeldinge waren nicht ein eigenes Seiendes, sondern Etwas in und an dem einen Sein der einen Substanz. Descartes hatte wieder zurückgesteckt. Bei Spinoza aber bleibt es dabei, daß es kein eigenes, selbständig Seiendes mehr gibt. Die Substanz ist alles, gleichgültig, was immer es geben mag, Körper und Geist, Leib und Seele, Teile und Ganzes, Individuelles und Allgemeines. Es interessiert immer nur dieses Eine, die Substanz. Und sie ist deswegen alles, weil alles, was uns als Seiendes erscheint, sich aus ihr ergibt; genauer gesagt: sie selbst ist, und nichts anderes mehr. Spinoza hat dafür ein ungemein markantes Beispiel gebraucht: Wie aus der Natur des Dreiecks von Ewigkeit zu Ewigkeit folge, daß seine drei Winkel gleich zwei rechten sind, so gehen die Dinge aus Gott hervor, in derselben Notwendigkeit und in derselben Weise. Man sieht, das ist *Identität;* denn was aus der Natur des Dreiecks „folgt", ist nichts anderes als das Dreieck selbst. Die sogenannte Folgerung ist gar keine Folgerung, sondern eine Identitätsaussage.

Nun hat man in der antiken und in der christlichen Philosophie auch immer schon gesagt, daß Gott alles in allem ist, daß alle Dinge in Gott sind und Gott in ihnen. Aber da ist ein Unterschied. Man sagte zu dem Satz, daß Gott alles in allem sei, sofort wieder den anderen dazu, daß er nichts von allem sei. Damit wurde seine Transzendenz gewahrt. Bei Spinoza steht nichts Ähnliches, es sei denn der Gedanke des Grundseins, demgegenüber das Folgesein aber, wie das Beispiel des Dreiecks zeigt, sich schwer als etwas „*anderes*" erweisen läßt. Darum hat man immer an Spinoza getadelt, daß er den Unterschied zwischen Gott und Welt aufgehoben und die Welt zu Gott oder Gott zur Welt gemacht, also einen Pantheismus vertreten habe. Spinoza liest sich weithin wie eine neuplatonische Abhandlung, aber es fehlt wieder etwas, was dort immer da ist: die bewußte und betonte Analyse der verschiedenen Modi des Seins. Das „Ist", das die neuplatonische Philosophie von der toten Materie aussagt, vom Leben, von der Sinnlichkeit, vom Verstand, von der endlichen Vernunft und der unendlichen Vernunft, wandelt sich jeweils ab. Das ist bei den Neuplatonikern geradezu ein Topos, eine stehende Art, zu denken und zu reden. Bei Spinoza wird immer ununterschieden einfach nur „ist" gesagt. Leibniz hat mit Recht ihm gegenüber betont: Spinoza ist nicht genau, seine Begriffe sind zweideutig und mehr als zweideutig, und nur deswegen kommt es zu der von ihm durchgeführten, angeblich geschlossenen, einheitlichen Philosophie. Diese Geschlossenheit beruhe in Wirklichkeit auf Trugschlüssen.

b) *Individualität – Freiheit – Zweck?*
Aus Spinozas Thesen ergaben sich trotzdem mehrere philosophiegeschichtlich höchst wichtige Begriffe und Lehren. Da ist vor allem der Begriff der absoluten *Notwendigkeit* der Naturgesetze. Besonders das 19. Jahrhundert hat daran geglaubt. Diese Notwendigkeit ist nie bewiesen worden und kann auch nie bewiesen werden. Sie ist ein Theorem, das weiter nichts darstellt als eine Annahme unseres Philosophen. Er wollte eben die Natur so anschauen. Sein Naturbegriff ist darum nur ein Versuch. Mehr steht nicht dahinter. In diesem Punkt sind die Engländer wirklichkeitstreuer gewesen. Sie sagten, daß die Naturgesetze als strenge Gesetze nicht erwiesen werden können, daß sie vielmehr eher Wahrscheinlichkeiten seien. Spinoza hat damit trotzdem entscheidend beigetragen zum Glauben an die *Kausaldetermination*, wonach nicht nur jedes Geschehen verursacht ist, was man immer schon angenommen hatte, sondern wonach jede Ursache gar keine wirklich selbständige Ursache ist, sondern selbst schon wieder durch etwas Vorausgehendes in ihrem Daß und Was eindeutig festgelegt (determiniert) ist. Das bedeutete die Aufhebung der *Willensfreiheit*. Kant hatte seine liebe Not, gegenüber dieser Lehre den Begriff der Freiheit wieder einzuführen. Auch er führte

ihn zunächst nur negativ ein, indem er die allumfassende Kausaldetermination leugnet und behauptet, es gebe auch noch eine Kausalität aus Freiheit, d. h. ein selbständiges Anfangen einer Ursachenreihe. Eine solche unabhängige Selbständigkeit konnte es bei
Spinoza nicht geben, weil die Substanz selbst alles tat. Hier hört
jede *Individualität* tatsächlich auf. „Und eine Gottheit sprach, wenn
ich zu reden wähnte, und wähnt' ich, eine Gottheit spreche, sprach
ich selbst", sagt Goethe einmal im Geiste dieser All-Einheitslehre.
Darum gibt es für die Philosophie Spinozas auch keine *Zwecke*
mehr, keine subjektiv menschlichen und keine objektiven Natur-
zwecke. Zwecke setzen Freiheit voraus. Für Spinoza aber gibt es
keine Freiheit, weil alles Notwendigkeit ist, und alles ist notwendig,
weil er von Anfang an, aufgrund einer Vorentscheidung, eine Philosophie der Notwendigkeit aufrichten wollte. Auch in diesem Punkt
hat Kant widersprochen. Er sah, daß der Zweckgedanke unent-
behrlich ist, wenn man das Geschehen in der Welt verstehen will.
Nicht einmal ein Gräschen, sagt er, kann man sich als bloß kausal
mechanisch determiniert entstanden vorstellen. Spinoza aber hatte
keinen Sinn für die Variabilitäten des Seins, für seine Schichten,
Analogien, Modalitäten. Seine Philosophie ist gewalttätig, uniform,
eng und starr. Nur auf „geometrische Weise" soll das ganze Sein
gesehen und verstanden werden, wie der Untertitel seines Haupt-
werkes lautet.

4. Leibniz – Zeitlose Philosophie

„Ich habe gefunden, daß die meisten Sekten in einem Großteil dessen, was sie positiv behaupten, recht haben, weniger in dem, was
sie leugnen." Das Wort ist ungemein bezeichnend für Leibniz
(1646–1716). Er war ein durch und durch positiver Geist. Negation
und Polemik lagen ihm nicht. Er liebte das Positive und suchte das
Wahre, wo immer er es finden konnte. Ein enzyklopädisches Genie
größten Stiles, das in allen möglichen Wissenschaften zu Hause war,
in Mathematik, Physik, Geschichte, Theologie, suchte er auch in
der Philosophie das Ganze, ohne darüber das Individuelle zu vergessen. Die Formel dafür heißt Monade.

a) Die Monade und das Sein
Wie kommt es zur Bildung des Monadebegriffs? Überlegen wir uns
folgendes: Die an der Mathematik orientierte Physik der Neuzeit
rechnete immer nur mit quantitativen Faktoren. Sie kannte in ihrer
Seinsbetrachtung eigentlich nur eine Kategorie, die der Quantität.

Aber, so muß man sich sofort fragen, waren denn nicht schon die Zahlen selbst Qualitäten? Das Gezählte, die Eins, zweimal, dreimal usw. genommen, waren Quantitäten. Aber war nicht das Zählende, die Zwei, die Drei, überhaupt jede Zahl, eine Qualität, ein je so Beschaffenes (quale) im Unterschied zu einem anderen? Waren sie nicht eine Gestalt, einfach als Konfiguration? Mußte nicht notwendig die quantitative Seinsbetrachtung durch eine qualitative ergänzt werden? Das hat Leibniz sehr schnell bemerkt. Ursprünglich war er ganz mit der neuzeitlichen quantitativ-mechanistischen Naturbetrachtung gegangen; aber dann, „als ich den letzten Gründen des Mechanismus und der Gesetze der Bewegung selbst nachforschte, war ich ganz überrascht, zu sehen, daß es unmöglich war, sie in der Mathematik zu finden, und daß ich zu diesem Zweck zur Metaphysik zurückkehren mußte. Das führte mich zu den Entelechien, d. h. vom Materiellen zum Formalen zurück und brachte mich schließlich, nachdem ich meine Begriffe verschiedentlich verbessert und weitergeführt hatte, zu der Erkenntnis, daß die Monaden oder einfachen Substanzen die einzigen wahrhaften Substanzen sind, während die materiellen Dinge nichts als Erscheinung sind, die allerdings wohlbegründet und miteinander verknüpft sind."

Auf das Miteinander-verknüpft-Sein kommt es Leibniz nun an. Denn alles muß so existieren, die Atome, die einzelnen Körper, das Leben und seine Erscheinungen, besonders aber Leib und Seele. Durch den Mechanismus und Atomismus war alles auseinandergerissen worden. Leibniz aber fordert den Zusammenhang des Ganzen der Welt. Darum schuf er seinen berühmten Begriff der *prästabilierten Harmonie*. Er gilt zunächst für den Zusammenhang von Leib und Seele, bezieht sich aber letztlich auf den Zusammenhang des Ganzen der Welt und aller seiner Teile überhaupt. Durch Descartes' Substanzdefinition – die Substanz ist ganz selbständig und lebt allein aus sich und für sich – waren Leib und Seele auseinandergerissen worden. Und doch soll, wenn ein Sinnesorgan des Körpers einen Reiz empfängt, die Seele davon Kenntnis haben. Wie kommen die beiden Königskinder wieder zusammen? Schon im Occasionalismus war man auf die Idee gekommen, daß eine übergeordnete geistige Macht, die alles überschaut, die Dinge aufeinander zugeordnet habe wie ein Uhrmacher zwei Uhren. Wenn er sie gleich stellt, zeigt jede dieselbe Zeit, ohne daß sie selbst unmittelbar aufeinander wirken würden. Diesen Gedanken überträgt Leibniz auf die letzten Teilchen der Welt, die Atome und die einzelnen Körper überhaupt. Der göttliche Geist habe sie von vornherein aufeinander abgestimmt. Das meint sein Begriff „prästabilierte Harmonie": Unendlich viele

Uhren, die Atome, Körper, Leben, Seelen, Geister, stimmen a priori zusammen, weil ein göttlicher Demiurg sie so geordnet hat.

Allein, das war ein mehr populäres Bild und erzählt gar nicht das Tiefste, das Leibniz wirklich gedacht hat. Das kommt erst heraus mit seinem Begriff der *Monade,* und zwar damit, daß die Monade Seele ist, Vorstellung, Denken und zugleich – als Seele – auch Kraft, wirkensfähige Wirklichkeit. „Die Monaden sind also die wahren Atome der Natur und mit einem Wort, die Elemente der Dinge." Als Seele stellt die Monade das ganze Universum vor; und da jede Monade das tut, steht alles miteinander in Verbindung; alles ist wieder in allem, wie bei Anaxagoras, bei Platon, bei Plotin, bei Cusanus; ist selbständig und trotzden ein Ganzes. So kann es auch beim Mechanismus bleiben, weil die Monaden ja Kräfte sind, die wahren „Atome". Nur ist alle Kraft der Vorstellung untergeordnet, von ihr überformt. Und darin liegt jetzt die Harmonie des Ganzen. Sie braucht nicht mehr künstlich prästabiliert zu sein: die gegenseitige Repräsentation aller Monaden ist eo ipso schon Harmonie.

Daß Leibniz die Monade gerade als *Seele* faßte, ergab sich aus einer Überlegung über das Wesen der Kraft. Die neue Naturwissenschaft hatte immer nur mit Kräften gerechnet. Das ist richtig und wichtig, besonders für die Technik. Man kann sich aber auch fragen, was denn so etwas wie Kraft innerlich überhaupt sei. Und da bleibt dann nur übrig, sie vom eigenen Krafterlebnis her, das in seelischen Akten, besonders im Willensakt, aufgeht, zu deuten. Das ist jetzt mehr als ein Berechnen der Kraft, es ist ein „Verstehen" der Kraft in ihrem eigentlichen Wesen. Geht man diesen Weg nicht, so meint Leibniz, dann kommt man überhaupt nicht zu einer Substanz. *Substanz* ist das Selbständige, Selbsttätige, Wirkende. Faßt man sie nur, wie die neue Naturwissenschaft im Anschluß an Descartes es getan hatte, als das Ausgedehnte, dann ist sie immer weiter teilbar, ohne Ende. Jeder Körper ist nun als Wirkungseinheit immer eine Summe von Kräften. Soll die Summe real sein, müssen es auch die Summanden sein. Sind diese Summanden aber wieder etwas Ausgedehntes, als körperliche Atome, dann kommen wir an kein Ende und finden keinen ersten Ansatzpunkt, von dem wirklich Kraft ausgehen kann. Nur Seelisches, als etwas Unteilbares und tatsächlich Wirkendes, wie wir aus uns selbst wissen, kann somit Substanz sein. Darum lautet der Substanzbegriff bei Leibniz: „Ein des Wirkens fähiges Seiendes" (un être capable d'action). Dafür sagt Leibniz „Monade". Man muß sich, wenn man Leibniz verstehen will, den Zugang zu seinem Seelenbegriff erkämpfen. Der moderne Mensch kann fast nicht mehr anders, als den Körper als tote, mechanisch wirkende

Ausdehnung zu denken. Das materielle Ausgedehnte ist ihm die Wirklichkeit schlechthin. Das ist geistige Enge. Es gibt diesen Modus von Realität. Es gibt aber noch vieles andere Seiende auch, das Seelische und das geistige Sein zum Beispiel. Und dieses Seiende ist sogar mehr Sein und stärkeres Sein als die Materie; denn es beherrscht die Materie. Für dieses Mehr und Andere an Sein uns die Augen zu öffnen, ist eine der ersten Aufgaben der Philosophie. Leibniz hat sie erfüllt.

Dabei ist nicht zu vergessen, daß es auch wieder viele *Stufen des Seelischen,* also Modi der Monade gibt. Es gibt Monaden, deren Vorstellungskraft fast gleich Null ist, z. B. in der toten Materie; noch unbewußt und dunkel dahindämmert wie in den Pflanzen; bewußt wird wie bei den Tieren, aber dabei bloß Sinnesempfindung ist; und schließlich Monaden, die „denken", d. h. mehr oder weniger deutliche und klare Begriffe fassen können, wie das bei der menschlichen Seele der Fall ist. Zuoberst steht die Monade, die reines Denken und reine Aktivität ist, die göttliche Monade. Durch die von oben nach unten, von der göttlichen Monade bis zur Materie sich mindernde Aktivität des Vorstellens von reiner Geistigkeit bis zur Grenze des Nullpunktes in der Materie entsteht Natur. Es ist zwar alles Seele, und man kann von einem gewissen Panpsychismus sprechen; aber es gibt auch Körper, weil der von oben nach unten erstarrte Geist Raum schafft für das mechanische Geschehen.

Aufgrund dieses monadologischen Ansatzes gelingen Leibniz eine Reihe von philosophischen *Problemlösungen,* wo sonst nur Aporien sind. Durch die Stufung des Seelischen von oben nach unten gibt es nicht nur Seelen, sondern auch Körper; ist das ganze durch Descartes aufgeworfene Problem der Wechselwirkung bereinigt; gibt es die mechanisch-quantitative Naturbetrachtung ebenso sinnvoll wie die psychistisch-organologische. Es gibt ferner Freiheit und Notwendigkeit, Individualität und Ganzheit, weil – anders als bei Spinoza, dessen Philosophie Leibniz wegen des Fehlens der individuellen Freiheit erbärmlich nennt – die Substanz so frei und selbständig ist, daß Leibniz sagen kann: „Die Monade hat keine Fenster." Und doch gibt es die Gesetze des Seins, weil alles voneinander weiß, jedes einzelne jedes andere zu seinem eigenen Sein macht, wie es auch umgekehrt das Sein des anderen ist.

Insbesondere aber gelingt es Leibniz, trotz der Neuzeit, das *Gottesproblem* im Sinn der metaphysischen Tradition des Abendlandes zu bereinigen. Gott ist wieder reiner Geist, ist actus purus, wie schon bei Aristoteles. Diese göttliche Geistmonade ist eigentlich das Sein selbst, da alle anderen Monaden nur teilweise, nur teilhabend sind, weil sie zwar auch zur Reinheit des Seins streben, aber sie noch nicht erreichen. So strebt auch bei Leibniz alles Seiende zu Gott, und Gott ist insofern der „zureichende Grund" (ratio sufficiens) der Welt wie die Idee für die Ideate bei Platon, den Leibniz immer mit Verehrung nennt und in dessen Geist auch er denken will. Darum gibt es bei Leibniz auch wieder die alten Wege zu Gott. Die kurze Zusammenfassung seines „Beweises für einen einzigen Gott, für seine Vollkommenheit und das Entstehen der Dinge" in der Theodizee (I,7) könnte ebenso auch bei Thomas von Aquin stehen. Auch das ontologische Argument ist, wie bei allen platonisierenden Denkern, wieder da. Und Leibniz kann auch, eine besondere Eigenart seiner Philosophie, zu der Welt wieder das optimistische Ja sagen, das sich ebenso in der antiken wie in der mittelalterlichen Philosophie findet. Seine Theodizee, eine Rechtfertigung Gottes angesichts des Übels in der Welt, gipfelt in der These, daß diese unsere Welt die beste sei. Dieser sogenannte *Optimismus* will nicht das Übel wegdisputieren, er sagt sogar umgekehrt, es gehöre zu der besten Welt mit dazu. Aber eben weil diese Welt aus einem reinen Sein hervorgeht, ist sie im Grunde selbst auch von dieser Artung, das Übel ist nur eine Privation, ein Abfall; und für den, der Augen hat zu sehen, ist das Gute das Stärkere und das Eigentliche, die wahre Welt. Der Mensch muß nur Geist sein, muß nur über das Dunkel der Sinnlichkeit sich erheben zur Klarheit der Vernunft – und er wird das wahre Gesicht der Welt zu sehen vermögen, das ewig Gute und Göttliche.

b) Die Monade und der Geist

Insofern die Monade Vorstellung ist, konnte uns schon einiges über die Lehre Leibnizens vom Geist aufgehen. Wir haben nunmehr noch eigens das Wichtigste davon herauszustellen, und zwar über die Wahrheit, das Recht und das Heilige.

Wenn die Monade keine Fenster hat, dann ist damit schon gesagt, wie sich Leibniz das menschliche Erkennen vorstellt: als einen mindestens im Wesentlichen apriorischen Vorgang. Darum gibt es denn auch bei Leibniz ebenso wie bei Platon und Descartes *eingeborene Ideen*. Der Geist ist keine unbeschriebene Tafel, sondern er ist wie ein Marmor, der für das Kunstwerk, das daraus entstehen soll, schon „ursprüngliche Anfangsgründe", „Anlagen", „Fertigkeiten" in sich birgt. Darum habe Platon mit Recht von den reinen Begriffen gesprochen, habe gesagt, daß alles Wesen es mit dem Ewigen zu tun habe und daß die ewigen Wesenheiten eine höhere Realität besitzen als die einzelnen Dinge. „Der Sinn gibt uns mehr Irrtum als Wahrheit; der Geist wird erst in der reinen Erkenntnis ewiger Wahrheiten von der Materie abgezogen und dadurch vollendet." Solche angeborene Ideen sind Begriffe wie das Eine, das Selbige, die Ursache, die Perzeption und eine Menge anderer Dinge, die die Sinne nicht verleihen können. Trotzdem ist die Sinneswahrnehmung nicht überflüssig. Wir brauchen die Sinne, aber sie liefern uns nur Material für die Vernunfterwägung. Damit taucht die bekannte Unterscheidung Leibnizens von *Vernunft-* und *Tatsachenwahrheiten* auf. Sie illustriert zugleich, was mit eingeborenen Ideen gemeint ist. Hätten wir nur die Sinneswahrnehmungen, dann könnten wir nur erkennen, was jetzt und hier tatsächlich so ist, würden aber nicht wissen, was immer und überall so sein muß. Das liefert allein die Vernunft. Sie hat eine eigentümliche Fähigkeit: die Einsicht in notwendige Wesenszusammenhänge. Und das eben sind die Vernunftwahrheiten. Euklid hat nicht ausgezählt und ausgemessen, was tatsächlich so ist, sondern gezeigt, was so sein muß. Er hat Vernunftwahrheiten geliefert, wie alle mathematische Erkenntnis es tut. Wie das vor sich geht, ist letztlich nicht ergründbar. Es ist eben das typisch Menschliche. Der Mensch ist mehr als das Tier. Die Tiere sehen nur das Tatsächliche, und darum „stehen die Folgerungen, welche die Tiere ziehen, auf derselben Stufe wie die von reinen Empirikern", wie er in der Vorrede zu den Neuen Untersuchungen über den menschlichen Verstand sagt. Nicht das also ist der Streit zwischen Empirismus und Rationalismus, ob man die Sinne braucht oder nur die Begriffe, sondern wie man die Sinne braucht, ob sie nur Material sind oder allein alles entscheiden können. Das letztere hat Leibniz immer entschieden abgelehnt. Er wollte Vernunftwahrheiten, ewige Wahrheiten, wie die Tradition der abendländischen Geistphilosophie sie immer gewollt hat.

Mit den ewigen Wahrheiten haben wir den ewigen Menschen vor uns, der mehr ist als das Tier, der Gott ähnlich ist, eben deswegen, weil er auch Geist ist. Es gibt für Leibniz ein *Reich der Geister*. „Die Geister können in eine Art Gemeinschaft mit Gott treten, der sich zu ihnen nicht nur wie ein Erfinder zu seiner Maschine verhält, wie dies von den Beziehungen Gottes zu den anderen Geschöpfen gilt, sondern auch wie ein Fürst zu seinen Untertanen, ja wie ein Vater zu seinen Kindern." Immer mehr Geist zu werden heißt darum: immer mehr Gottes Ebenbild werden. Und darin besteht die Vollkommenheit der menschlichen Natur: „Vollkommenheit nenne ich alle Erhöhung des Wesens." Je vollkommener wir sind, desto mehr sind wir Substanz, ursprüngliche Kraft, Freiheit, Individualität und auch wieder Harmonie mit dem Ganzen. „Bei aller Kraft, je größer sie ist, je mehr zeigt sich dabei Viel aus einem und in einem, indem Eines viele außer sich regiert und in sich vorbildet. Nun, die Einigkeit in der Vielheit ist nichts anderes als die Übereinstimmung, und weil eines zu diesem näher stimmt als zu jenem, so fließt daraus die Ordnung, von welcher alle Schönheit herkommt, und die Schönheit erwecket Liebe." „Daraus sieht man nun, wie Glückseligkeit, Lust, Liebe, Vollkommenheit, Wesen, Kraft, Freiheit, Übereinstimmung, Ordnung und Schönheit einander verbunden sind, welches von wenigen recht gesehen wird."

Dieses Reich der Wahrheit und Vollkommenheit allein ist für Leibniz auch das Reich des Rechtes. Das *Recht* braucht die Macht auch, aber Recht ist nicht nur Macht. Auf dem Grunde des Rechts muß die Wahrheit und Klarheit des Seins stehen, so wie die Weisheit und die Güte Gottes und seiner ewigen Weltordnung. In scharfer Opposition zu Hobbes setzt Leibniz auseinander – es ist zugleich eine Polemik gegen einige Spätscholastiker –: Wollte man die Gerechtigkeit Gottes nur von seiner Macht abhängen lassen, so hielte man Gott für einen Tyrannen, der nach dem Grundsatz handelt: So will ich, so befehle ich, und damit Punktum! Es hätte dann gar keinen Sinn, Gott wegen seiner Gerechtigkeit zu loben. Sie wäre ja nichts Eigenes mehr. Und eigentlich gäbe es dann gar keine Unterschiede zwischen Gott und dem Teufel; denn wäre dieser der Herr der Welt, so müßte man ihn auch verehren, auch wenn er die Welt teuflisch regierte, einfach deswegen, weil er die Macht hat. Wäre Recht nur Macht, dann könnte auch niemals ein oberster Gerichtshof ein ungerechtes Urteil fällen. Damit verlöre alles Recht seinen Sinn. Aber auch alle *Religion* würde sinnlos, wenn das Heilige nur die Macht wäre. Bei Hobbes ist denn auch tatsächlich die Religion weiter nichts als Unterordnung unter den Staat. Leibniz persifliert diese Sache mit demselben bösen Witz, mit dem Kaiser Claudius die Auswüchse der Demokratie persifliert hatte. Wenn schon, so hatte dieser gemeint, alles frei sein soll, warum dann nicht auch die unanständigen Dinge, wie z. B. Rülpser und ähnliches? Und Leibniz: Wenn schon alles nur Ausfluß der Macht sein soll, das Recht sowohl wie auch die Gottesidee, warum sollte der Staat gelegentlich nicht auch Rülpser und ähnliches zu geltenden Göttern machen können?

Wenn in der Politik hier oder dort die Macht zur totalen Ordnung wird, dann zeigt sich immer wieder, daß Leibnizens Überlegungen nicht graue Theorie gewesen sind.

II. Der Empirismus

Mit dem Empirismus wird die neuzeitliche Philosophie erst richtig neuzeitlich; denn jetzt vollzieht sich der radikale Bruch mit der platonisch-aristotelischen Metaphysik, die bis zu Leibniz das Bild der abendländischen Geistesgeschichte immer noch beherrscht hat. Jetzt aber soll es keine Metaphysik mehr geben, keine Transzendenz und vor allem keine ewigen Wahrheiten. Darin liegt der entscheidende Unterschied zum Rationalismus. Nun ist die Sinneserfahrung selbst das Ganze der Wahrheit. Für den Rationalismus war sie nur das Material, das die Vernunft verwertete und bearbeitete. Jetzt aber bestimmt die Sinneserfahrung selbst und allein, was Wahrheit ist, Wert, Ideal, Recht und Religion. Da sie niemals abgeschlossen ist, weil der Prozeß der Welt und des Wissens weitergeht, wird es keine ewigen, absolut gültigen Wahrheiten mehr geben. Alles wird relativiert auf das Räumliche, Zeitliche, Menschliche, manchmal auch allzu Menschliche. Über die Intelligibilität siegt die Sensualität, über die Idealität die Utilität, über die Universalität die Individualität, über die Ewigkeit die Zeit, über das Sollen das Wollen, über das Recht die Macht, über das Ganze der Teil, über das Notwendige das nur Faktische; oder soll wenigstens siegen; denn sie wollen es nur so. Was wirklich wahr ist, ist eine andere Sache.

1. Hobbes – Der moderne Naturalismus

In der antiken Philosophie hatte es schon einmal einen Materialismus und Naturalismus gegeben, und zwar bei Demokrit bzw. in der Sophistik. Aber die platonisch-aristotelische Philosophie hatte dem Ganzen den Rang abgelaufen. Es gab nochmals einen Materialismus bei Epikur, und er wurde wieder überrundet, durch das Christentum und die mittelalterliche Philosophie. Zu Beginn der Neuzeit wurde der epikureische Atomismus erneuert durch Gassendi; die Naturwissenschaft leistete ihm ungewollt ihren Beistand. Mit Thomas Hobbes (1588–1679) kommt es zum erstenmal zu einem prononcierten Materialismus und Naturalismus. Antike Vorstellungen wirken noch nach, aber das Ganze ist ein neuer Entwurf und wird einer neuen Entwicklung Pate stehen: dem Materialismus der Aufklärung und in ihrem Gefolge dem naturwissenschaftlichen und dialektischen Materialismus des 19. Jahrhunderts.

a) Körper und Denken

Kann man eine Philosophie mit der Lehre vom Körper eröffnen und in diesem Abschnitt die Logik unterbringen? Hobbes hat es getan. Er sieht darin keinen Widerspruch. Schon gegenüber Descartes hatte er gesagt, dessen Schlußfolgerung „Ich denke, also bin ich eine denkende, d.h. unausgedehnte Substanz" sei nicht zwingend. Warum sollte nicht auch eine ausgedehnte Substanz, ein Körper, denken können? Noch Stalin wird behaupten, es sei ein großer Irrtum, anzunehmen, daß das Bewußtsein nicht eine Funktion von etwas Körperlichem, dem Gehirn, ist. Der Ursprung solcher Anschauungen in der neuzeitlichen Philosophie liegt bei Hobbes. Die ganze Wirklichkeitslehre ist bei ihm Körperlehre. „Philosophie ist die rationale Erkenntnis der Wirkungen oder Erscheinungen aus ihren bekannten Ursachen... Wirkungen aber und Erscheinungen sind Fähigkeiten oder Vermögen der Körper." Sogar die Epikureer hatten die Philosophie noch eingeteilt in Logik, Physik und Ethik. Für Hobbes gibt es im Grunde nur noch Physik. Seine Kategorien sind darum *nur* noch Kategorien der Quantität. Die Naturerkenntnis soll messen und zählen. Es ist beachtenswert, daß Leibniz an sich nichts dagegen einzuwenden hat. Die mathematischen Prinzipien, sagt er mit Bezug auf Demokrit, Epikur und Hobbes, seien den Materialisten nicht entgegengesetzt. Die körperlichen Vorgänge geschehen tatsächlich so, als ob die schlechte Lehre des Hobbes und Epikur wahr wäre. Sie geschehen eben mechanisch. Aber sie geschehen nach Leibniz auch mechanisch, doch nicht nur mechanisch. Und das ist es, was Leibniz dagegen einwendet. In der Erkenntnislehre ergibt sich daraus für Hobbes der *Sensualismus:* Das ganze Denken des Geistes geschieht durch Addieren und Subtrahieren von Vorstellungen. Zusammensetzen von Teilen aber sei etwas Körperlich-Mechanisches; natürlich, wenn die Logik schon in die Körperlehre gehören soll. Jetzt sieht man auch genau, was der moderne *Nominalismus* will. Wenn der Körper, das konkrete Einzelding, die einzige Wirklichkeit ist, bleibt für einen allgemeinen Begriff, für ein Universale, nichts anderes übrig als eben nur ein Gedanke. Und selbst für diesen Gedanken bleibt, weil ein Gedanke ja auch kein eigenes Sein haben kann, da das Logische auch nur etwas Körperliches ist, nur noch der Name übrig. Begriffe sind wie Papiergeld. Solange die Währung hält, gilt das Papier auch etwas; an sich aber ist es nur Papier. Bricht die Währungskonvention zusammen, bricht auch die Geltung der Worte und Begriffe zusammen. So wenig gilt hier die Wahrheit als solche. Nur eine Konvention steckt dahinter. Man lese statt Konvention gesellschaftliche Zustände oder Partei und ihr

Diktat, und man sieht wieder, wie wirklichkeitsnah die philosophischen Theorien werden können. Mit einem Schlag kann dann nicht nur der Personenkult, sondern ein ganzes System von Begriffen und sogenannten Wahrheiten zu Ende sein.

b) Mensch – Bürger – Staat

In einer Philosophie wie der des Hobbes, kann der Mensch nicht mehr ein vernunftbegabtes Lebewesen oder doch nur dem Wort nach ein solches sein. In Wirklichkeit ist er Körper, ein Quantum Druck und Stoß, ein Kräfteparallelogramm der Sinnesreize und ihrer mechanischen Relationen. Das sieht man am deutlichsten in der Lehre des Hobbes vom Staat. Er hat hier die zwei berühmten Theorien vom Naturzustand und vom Staatsvertrag ausgebildet. Ihr Sinn liegt darin, in einem anschaulichen Bild zu zeigen, was Bürger, Staat, Gesetz und Recht im Grunde sind: ursprünglich einfache Macht, dann überformte Macht, überformt wieder um der Macht, aber einer besseren, d. h. erfolgreicheren Macht willen. Bevor es menschliche Gemeinschaft gab, habe es den *Naturzustand* gegeben. Hier lebte der Mensch nur als einzelner, ohne jede Bindung an die Gemeinschaft, auch ohne Familie, ohne Sitte, Sittlichkeit, Recht, Gesetze, Religion. Jeder konnte tun, wonach seine natürliche Begierde verlangte. Die Natur hatte allen alles gegeben. Alle waren von Natur aus insofern gleich. Jedem war es erlaubt, alles in Besitz zu nehmen, zu gebrauchen, zu genießen, wenn er nur konnte. Das war das „Naturrecht". In ihm ist der einzelne der Maßstab des Rechtes, genauer gesagt: Es gab überhaupt kein Recht, sondern nur Natur-Macht, wie einst in der Sophistik. Da aber jeden gelüsten konnte, wie er wollte, war dieser Naturzustand ein Krieg aller gegen alle. So schritt man zur Beseitigung der Mißhelligkeiten und schloß den *Staatsvertrag*. Der einzelne gab hier unwiderruflich seine sogenannten Naturrechte hin. Jetzt herrschte Friede, und es entstand eine Reihe von Grundrechten, die allen zugute kamen: Friede, Treue, Verträglichkeit, Dankbarkeit usw. So entstanden auch Sitte, Sittlichkeit, Recht und Religion. Religion ist darum Sache des Staates. Wenn sich hier jeder weiterhin auf sein Gewissen berufen dürfte, gäbe es wieder keinen Frieden, meinte Thomas Hobbes. Wir haben bereits gehört, was Leibniz dazu sagte. Auch John Locke hat den Staatsvertrag kritisiert, weil, wenn der Mensch wirklich so wild ist, wie der Naturzustand es beschreibt, ihm jede Möglichkeit gefehlt hätte, einen Vertrag zu schließen. Vertragstreue sei selbst schon ein Stück Sittlichkeit. Die Sittlichkeit soll aber nach Hobbes erst durch den Vertrag zustande kommen. Das sei, so sagt Locke, ein innerer

Widerspruch. Nicht minder wichtig ist etwas anderes: Die Menschen, die einen solchen Vertrag schließen, bleiben auch nach dem Vertrag, was sie vorher waren. Was sie mitbringen, ist ja immer nur und bleibt immer nur die Begierde und das Rechnen mit dem Vorteil. Über diese Kategorien kommen sie nicht hinaus. Nur die Richtung ändert sich. Was herausspringt aus dem Staatsvertrag, *heißt* darum nur Recht und Sittlichkeit, ist aber nichts weiter als organisierte Begehrlichkeit. Hobbes ist Nominalist. Die Wilden bleiben wild, sie hängen sich nur bessere Kleider um. Was diese „Bürger" wirklich sind, immer noch sind, zeigt sich im Verkehr der Staaten untereinander. Hier gehe der Krieg aller gegen alle weiter, und dieser Krieg werde ewig währen. Hier gelte nach wie vor der Satz: Die Menschen stehen zueinander wie Wölfe. Der Naturalismus der Staatsphilosophie von Hobbes war dafür nicht nur eine Erklärung, sondern auch eine Rechtfertigung.

2. Locke – „Englische Philosophie"

Mit John Locke (1623–1704) hebt eine Entwicklung an, die für die neuzeitliche Philosophie höchst charakteristisch ist: die besondere Hinwendung zur Erkenntnislehre. Sie wird nun zum Eingangstor der Philosophie überhaupt werden, und von ihren Entscheidungen wird alles Weitere abhängen. Diese Entwicklung geht zuletzt auf Descartes' Zweifel zurück, aber mit Locke kommt sie jetzt voll zum Zuge. Denn Locke schreibt nun (1690) die erste große systematische Abhandlung über das, was Erkennen ist und leisten kann („Untersuchung über den menschlichen Verstand"). Leibniz antwortet (1704) mit seinen Neuen Untersuchungen über den menschlichen Verstand. Andere werden folgen: Berkeley, Hume, Kants Kritik der reinen Vernunft, Fichtes Wissenschaftslehre, Hegels Phänomenologie. Dies ist das Neue, das Locke gebracht hat. Im übrigen ist er ein klassischer Typus für das, was man englische Philosophie heißt: die Ausrichtung an der Erfahrung, Wirklichkeitssinn, Abneigung gegen verstiegene Spekulation, Ausgewogenheit des Urteils, glückliche Verbindung konservativen und fortschrittlichen Denkens, Liberalität und Toleranz.

a) Vom Ursprung und Sinn des Erkennens

Lockes erste Tat in seinen Untersuchungen über den menschlichen Verstand ist die Behauptung: Es gibt *keine eingeborenen Grundsätze,* weder theoretische noch praktische. Der menschliche Verstand ist ein weißes Blatt Papier. Gäbe es eingeborene Ideen, dann müßten auch die Kinder schon etwas davon merken. Sie merken aber nichts. Locke sagt dasselbe gegenüber dem festländischen Rationalismus, was einst Aristoteles gegenüber Platon gesagt hatte. Aber auch die Erwachsenen haben keinen solchen geistigen Besitz. Nicht einmal die obersten logischen Grundsätze oder der Gottesbegriff seien überall und immer in derselben Weise vorhanden. Wenn gleiche Anschauungen da sind, dann deswegen, weil man sie erworben habe. Und man muß grundsätzlich alles erst erwerben. Leibniz wird erwidern (was übrigens Descartes auch schon gesagt hatte): Wären die eingeborenen Ideen das, was Locke darunter versteht, so gäbe es tatsächlich keine. Er stellt sich eingeborene Ideen als einen aktuell vorhandenen Besitz vor, so ähnlich wie ein auswendig gelerntes Gedicht. Aber das sind sie nicht. Sie sind ursprüngliche Fertigkeiten des Verstandes selbst, die apriorischen Anfänge von ewigen Vernunftwahrheiten, die uns über der Erfahrung stehen lassen. Sie bedürfen sowohl der Sinneserfahrung wie auch der Entwicklung, wie alles, was der Mensch besitzt.

Nach dem negativen Teil folgt der positive, die Frage, wie menschliches Erkennen denn zustande komme. Antwort: Durch äußere Sinnesempfindungen über die Organe des Körpers (sensation) und durch innere Sinnesempfindung in der Selbstwahrnehmung (reflection), in der wir innerlich gewahren, daß wir sehen, hören, fühlen, Leidenschaften haben usw. Beides zusammen nennt er Vorstellungen (idea). Was Locke nun in seinem umfangreichen Werk über die Vorstellungen alles zu bringen weiß über einfache und zusammengesetzte Vorstellungen, primäre und sekundäre Sinnesqualitäten, die Grade der Wahrheitserfassung (Intuition, Demonstration, Sensation), das Zusammenstimmen und Nichtzusammenstimmen unserer Vorstellungen im urteilenden Erkennen, ist wie eine große Anatomie des Geistes, die uns einen tiefen Einblick in die Faktoren und Funktionen gibt, die in unserem Erkennen zusammenspielen. Vieles, was in der alten Philosophie Seinslehre war, wird jetzt in das Bewußtsein hinübergespielt, entsprechend dem modernen Zug von der Transzendenz zur Immanenz. So zum Beispiel die Einteilung der Vorstellungen in Substanz, Modi (die alten Akzidentien) und Relationen, womit die alten Seinskategorien auf drei Bewußtseinsformen reduziert werden. Der Schritt geschieht so schnell und unbeschwert wie heute der umgekehrte Schritt vom Bewußtsein in das Ontologische. Zwei Lehrpunkte müssen besonders hervorgehoben werden, die Lehre von der Abstraktion und von der Koexistenz der Begriffe. Mit Locke entsteht nämlich der moderne Abstraktionsbegriff. *Abstraktion* besagt: Man hebe aus mehreren gleichgearteten Vorstellungen das Gemeinsame heraus und lasse das Verschiedene weg. Das ist aber leichter gesagt als getan. Man weiß nämlich, wenn man zu abstrahieren anfangen will, noch nicht, was das Gemeinsame ist. Man kommt da leicht in Gefahr, irgend etwas als das Gemeinsame zu dekretieren, vielleicht das, was uns gerade naheliegt oder uns irgendwie interessiert und nun als das Wesentliche erscheint. Und darin liegt der wunde Punkt der modernen Abstraktionslehre. Jedenfalls ist sie ein Vorgang, der sich ausschließlich auf das Bewußtsein bezieht, ist nur Durchschnittsvorstellung und weiter nichts. Und vor allem: Das Abstraktionsergebnis reicht nie weiter als die Erfahrungsunterlage, kommt also zu keinen wirklich allgemeingültigen Begriffen oder Sätzen, sondern nur zu verallgemeinerten, die in Wahrheit partikulär, aber nicht universell sind, wenn sie auch gern dafür gehalten werden möchten. Darin liegt der Unterschied zur Abstraktion der alten Philosophie, die nicht nur Bewußtseinsvorgang ist, sondern ontologischen Charakter hat und die immer die Erfahrungsunterlage überschreitet, weil sie von einem schöpferischen Geist ausgeht, der selbst immer schon seinsbezogen ist. Eng damit verwandt ist das Problem der *Koexistenz* unserer Vorstellungen. Wenn wir ein Ding denken, z. B. Gold, und dabei Vorstellungen wie Körper von bestimmter Schwere, Feuerbeständigkeit, gelber Farbe, Hämmerbarkeit, Auflösbarkeit in aqua regia zusammendenken: woher wissen wie da, daß diese Vorstellungen zusammengehören? Und so bei allen Gegenstandsbegriffen. Die alte Philosophie berief sich hier auf unseren schöpferischen Verstand, der eine gewisse Teilhabe am urbildlichen Verstand war und der von hier aus ein Wissen hatte von Wesenheiten, Gestalten und Substanzen. Aber dem alten Substanzbegriff traut Locke nicht mehr recht, weil er dem ontologisch-metaphysischen Denken, dem Zug der Zeit entsprechend, überhaupt nicht mehr recht traut. Er behält zwar den Substanzbegriff bei, verlegt ihn aber in das Bewußtsein. Und eben da entsteht das Problem: Warum verbinden wir gewisse Vorstellungen immer in gleicher Weise? Wieso gehören sie zusammen? Locke kann darauf keine Antwort geben, wie sehr er sich auch um das Problem bemüht hat. Hume wird sagen: Ob sie zusammengehören oder nicht, läßt sich ontologisch überhaupt nicht wissen. Die Vorstellungen koexistieren nun einmal. Man hat sich daran gewöhnt. Die ganze Frage ist eine Tatsachenfrage, nicht eine Frage des Rechtes, des Seins und der Wahrheit.

b) Praktische Philosophie

Das menschliche Wollen studiert Locke in seiner Ethik und seiner Rechts-, Staats- und Religionsphilosophie.

Die *Ethik* wird, wie gewöhnlich in der englischen Philosophie, eudämonistisch konzipiert, d.h., Glück, Wohlfahrt, Lust und Unlust des einzelnen bzw. der Gemeinschaft sind die Prinzipien von Gut und Böse. „Wir heißen gut, was geeignet ist, uns Lust zu bringen oder sie zu steigern bzw. Unlust zu vermindern." Richtiger würde man darum das Ganze Hedonismus (Lustlehre) heißen. Aber Locke erweist gerade in der praktischen Philosophie seine ausgleichende Denkungsart. Er verschreibt sich nämlich nicht einem radikalen Hedonismus, läßt im Gegenteil auch noch das alte „natürliche Sittengesetz" gelten und kennt sogar noch ein „ewiges Gesetz", um dann doch wieder die Ethik zur Soziologie zu degradieren, indem er sich umsieht, was die Gesellschaft je nach Raum und Zeit billigt und nicht billigt und was dann Tugend bzw. Laster heißt. So sei es eben, meint er. Und damit kommt der Empiriker wieder zum Durchbruch, trotz des göttlichen Gesetzes.

In seiner *Staatsphilosophie* gibt es auch den Begriff des Naturzustandes und des Staatsvertrages. Locke denkt aber weit weniger radikal als Hobbes. Im Naturzustand waren auch bei ihm alle Menschen gleich, aber sie sind nicht mehr jene Wilden wie bei Hobbes. Es gibt auch hier schon ein „Naturgesetz", das dem scholastischen Begriff vom natürlichen Sittengesetz entspricht. Ohne das könnte auch kein Staatsvertrag zustande kommen, stellt Locke ausdrücklich fest. Über den Begriff der Vertragstreue hinaus hat das Naturgesetz bei ihm allerdings weiter keine Bedeutung mehr. Der Staat ist nämlich für Locke nicht von Natur wie in der alten Philosophie, sondern sein Ursprung liegt bei den Individuen und ihrem freien Wollen, einem Wollen, das im wesentlichen ausgerichtet ist an der Idee des gemeinsamen Wohles und der Staatsmacht. Um aber, so verlangt es dieser Individualismus und Liberalismus, der Staatsmacht wieder ihre Spitze zu nehmen, fordert Locke die berühmte Gewaltenteilung in die legislative und exekutive Gewalt, die bei Montesquieu zu einer Dreiteilung wird – Legislative, Exekutive, Judikative – und die unabhängig von dieser konkreten Formulierung ein Bekenntnis ist zu unveräußerlichen Natur- und Menschenrechten, wie sie in den verschiedenen Formen der Declaration of Rights zum Ausdruck kommen.

Wieder ausgesprochen konservativ denkt Locke in seiner *Religionsphilosophie*. Das Verhältnis von Glaube und Vernunft wird beurteilt wie in der Scholastik. Glaube ist Annahme eines Satzes aufgrund der Autorität dessen, der ihn aufstellt. Offenbarung und Wunder sind möglich, wenn sie bloß „übervernünftig" sind. Sie dürfen nur nicht widervernünftig sein. Der Glaube kann, wenn er auch weithin die Vernunft überschreitet, doch rational wohlfundiert sein. Bei der Irrtumsfähigkeit der menschlichen Vernunft ist eine Offenbarung sowieso begrüßenswert. Das alles sagte die Scholastik auch. Was Locke aber mit Schärfe ablehnt, ist ein fanatischer Glaube, der mehr Aberglaube wäre als Glaube.

3. Hume – Psychologismus und Skeptizismus

Was bei Locke an Neuem anhob, aber durch die Umsicht seines Geistes immer wieder gezügelt wurde, wird bei David Hume (1711–1776) radikal zu Ende gedacht. Aus dem Zweifel an der Metaphysik wird ein allgemeiner Skeptizismus, an die Stelle der Ontologie tritt der Psychologismus, der Geist wird nur noch sensualistisch und mechanistisch verstanden, die Ethik nur noch utilitaristisch.

a) Der menschliche Verstand

Humes Abhandlung über den menschlichen Verstand fährt genau dort weiter, wo Locke aufgehört hatte, bei der Koexistenz unserer Vorstellungen. Daß alles, was der menschliche Geist in sich birgt, ausschließlich von außen hereingekommen sei, dabei braucht Hume sich nicht mehr lange aufzuhalten. Er teilt nur etwas anders ein. Die frische, von außen kommende Sinnesempfindung heißt jetzt Sinneseindruck (impression), der reproduzierte Inhalt aber Vorstellung (idea). Der Sammelbegriff für beides ist „Bewußtsein" oder „Wahrnehmung" (perception). Das also steht fest. Aber die Frage ist: Wie kommen die Vorstellungen zusammen zu Dingbegriffen und Gesetzesbegriffen? Humes Antwort lautet: durch Assoziation. Sie ist eine dreifache: Wir verbinden Bewußtseinsinhalte entweder nach dem Gesetz der Ähnlichkeit oder der Verursachung oder der Berührung in Raum und Zeit. An sich sei das Ganze sehr einfach, meint Hume. Wenn wir ein Gemälde sehen, denken wir automatisch an den dargestellten Gegenstand (Ähnlichkeitsassoziation); die Vorstellung eines bestimmten Raumes in einem Gebäude zieht die Vorstellung der angrenzenden Räume nach sich (Berührungsassoziation), und wenn wir an die Wunde denken, denken wir auch an den Schmerz (Verursachungsassoziation). Da Hume schließlich die Kausalvorstellung auf die Berührungsassoziation in Raum und Zeit zurückführt und die Ähnlichkeitsassoziation auf den idealen Vorstellungsvergleich in den mathematisch-geometrischen Wissenschaften einschränken will, bleibt für die ganze Welt der Tatsachenwissenschaften nur das einzige Assoziationsgesetz der raum-zeitlichen

Berührung übrig. Damit soll alles erklärt werden, insbesondere die Dingvorstellung und die Bildung von Gesetzesbegriffen, darunter natürlich der Substanzbegriff und der Kausalbegriff. Der Vorgang ist dabei immer ein rein mechanischer: Wenn Vorstellungen mehrere Male nebeneinander liegen oder aufeinander folgen, verknüpfen sie sich von selbst; man gewöhnt sich daran, wie Hume sagt, automatisch, mechanisch. Und wenn wir eine davon später in der Erinnerung wieder aufgreifen, fällt uns ebenso automatisch und mechanisch die andere wieder ein: Blitz – Donner, Wunde – Schmerz, Feuer – Verbrennungsgefühl, und so überall. Gewöhnung ist alles. Sie und ihr Mechanismus stecke hinter den Assoziationsgesetzen. Das soll nun Verstand und Geist sein, das auch die sogenannte Erfahrung, der Kernbegriff des Empirismus! Erfahrung bedeutet hier den Verweis auf die Wirklichkeit, aber noch viel mehr bedeutet dieser Begriff im Unterschied zum Rationalismus ein bestimmtes Wie der Wirklichkeit, nämlich die nur sensualistische Wahrnehmung aufgrund eines Vorstellungsmechanismus, der sich von körperlich-mechanischen Vorgängen nicht wesentlich unterscheidet. „Geistige Chemie" hat man das Ganze später mit Recht genannt.

Und das soll auch die ganze Wahrheit und die ganze Wissenschaft sein! Eine gewisse Sonderstellung nehmen noch die *Vernunftwahrheiten* ein, die in der Mathematik ihren Platz haben. Hier handelt es sich um reinen Vorstellungsvergleich nach dem Ähnlichkeitsgesetz, ein Vergleichen, das schließlich auf dem Identitätssatz beruht. Dort seien noch notwendige und allgemein gültige Wahrheiten, „auch wenn es niemals einen Kreis oder ein Dreieck in der Natur gegeben hätte". Es gibt tatsächlich keinen Kreis und kein Dreieck für Hume, es gibt nur Vorstellungen davon. Und darum sind diese Wahrheiten ohne ontologisches, genau gesprochen, sogar ohne logisches Gewicht; denn es werden nicht Gedankeninhalte verglichen, sondern nur Vorstellungen.

Auch das ist Psychologismus gewesen. Vor allem aber werden die Realwissenschaften mit ihren *Tatsachenwahrheiten* schwer getroffen. Weniger deswegen, weil Humes Realwissenschaften das real Seiende eigentlich gar nicht mehr richtig erfassen, obwohl er ständig von der Realität spricht und die „frischen" Vorstellungen sich gerade darauf beziehen sollen. Da das Seiende sowieso nur in der Vorstellung erscheint, kann man eines für das andere setzen, und der Verlust ist zu verschmerzen. Aber daß alle Begriffe relativiert werden, weil sie nur mehr so weit gelten, als ihre Erfahrungsunterlage gilt; daß alle Wahrheit psychologisiert wird, weil sie auf Grund der Gewöhnung nur im Erwartungsgefühl besteht; und daß alle Natur-

wissenschaft nur Glaube sein soll, wiederum weil nichts dahinter-
steht als Erwartungsgefühle, das war eine Lehre, die zwar auf
soundso viele Erkenntnisse zutreffen mag, grundsätzlich aber den
Wissenschaftsbegriff zerstören mußte. Darum gibt es eben keine
„Wissenschaft" mehr, d. h. keine allgemeingültigen Sätze, sondern
nur noch Wahrscheinlichkeit – und der Skeptizismus ist die Folge.
Hier wird Kant einsetzen. Er stimmt der Problemstellung Humes
zu: Wie müssen wir unsere Begriffe miteinander verbinden? Ja er
gesteht, daß ihn Hume dadurch aus seinem dogmatischen Schlummer erweckt habe. Aber er stimmt Hume nicht mehr zu, wenn die
Wissenschaft nur Wahrscheinlichkeitswert haben soll.

Humes Zweifel richtet sich aber nicht nur auf den Wissenschaftsbegriff, sondern speziell auf die *Metaphysik*. Das war sogar das erste
Ziel gewesen. Hier wieder greift Hume den Substanz- und Kausali-
tätsbegriff an. Die Substanz ist Vorstellungsverknüpfung und sonst
nichts; nichts Ontologisches, sondern nur etwas Psychologisches ist
sie. Auch die Seele ist deshalb nur ein „Bündel von Wahrnehmungen". Damit wird Hume zum Vater der Aktualitätspsychologie, für
die es keine Seele mehr gibt, sondern nur aktuelle Bewußtseinsinhalte. Das gleiche geschieht mit der *Kausalität*. Hume hat die Kausalität nicht geleugnet, er hat sie nur anders erklärt, indem er sagte,
sie sei weiter nichts als zwangsläufige Vorstellungsverknüpfung,
nämlich das regelmäßige Nacheinander zweier Vorstellungen. Mehr
stehe nicht dahinter. Die Anhänger der Metaphysik, die in der Kausalität etwas Ontologisches sahen, erklärten allerdings, daß dies eine
Leugnung der Kausalität bedeute und daß dann Metaphysik nicht
mehr möglich sei; denn jetzt könnte man nicht mehr, wie es z.B.
im kosmologischen Gottesbeweis geschieht, aus den Wirkungen
eine reale höchste Ursache der Welt erschließen, weil man nur noch
Vorstellungen vor sich habe. Aber die metaphysischen Bücher
wollte Hume sowieso alle verbrannt wissen.

b) Prinzipien der Moral

Der Pöbel der Erfahrung, um mit Kant zu sprechen, führt bei Hume
auch in der Moral das Wort. Das Prinzip des sittlich Guten ist nämlich für ihn Lust und Nutzen, und zwar des einzelnen sowohl wie
der Gemeinschaft. Was uns Lust und Nutzen anzeige, sei ein mo-
ralischer Geschmack, ein Gefühl, eine Neigung, nicht aber die Vernunft. Das alles erregt Kants Widerspruch; denn so komme man
niemals zu einem allgemeingültigen Gesetz. Das aber sei das sittliche
Gebot; denn der kategorische Imperativ dulde kein Wenn und Aber.
Bei Hume aber gebe es lauter Wenn und Aber; wenn uns etwas Nut-

zen bringt oder uns gefällt, dann heiße es bei ihm gut. Kant erwidert: Wir werden gar nicht gefragt; denn das sittliche Gesetz gilt absolut, unabhängig von jeder sogenannten Erfahrung. Das habe Hume übersehen.

Brauchbarer dürfte sein, was Hume, ähnlich wie andere englische Ethiker, zur konkreten Tugendlehre beigetragen hat. Hume zeichnet interessante und gehaltvolle Wertbilder menschlichen Verhaltens und menschlicher Charaktere. Seine utilitaristische Einteilung dieser „schätzenswerten Eigenschaften" in die vier Klassen des für uns bzw. für andere Nützlichen und des für uns bzw. für andere Angenehmen schränkt zwar den Wertblick wieder ein, nichtsdestoweniger bilden seine Zeichnungen die Grundrisse zu einer phänomenologischen Wertlehre und sollten weitergebildet werden.

III. Aufklärung

Licht, Wahrheit, Wissenschaft, Tugend, Recht, Fortschritt, Glück, Freiheit, Sittlichkeit usw. sind die Losungsworte der Aufklärungszeit. Unter diesen Titeln wird in kleiner Münze breit und bereitwillig ausgegeben, was die großen Systemdenker erarbeitet haben. Es ist eine optimistische Zeit, manchmal ist sie zu optimistisch. Der Bildungsidealismus ist allgemein, wenn auch etwas flach; man redet viel und sehr leicht; gelegentlich wird man auch bissig gegen die „Dunkelmänner", die nicht mitgehen; aber daß die Zeit geistigen und kulturellen Fortschritt bringt, steht außer Zweifel. Man kann die Aufklärung nicht einfach „Aufkläricht" schelten. Trotzdem gibt es auch große Bedenken gegen den Geist dieser Zeit. Die sogenannten Fortschritte der modernen Wissenschaften, die in erster Linie Naturwissenschaft, also Wissenschaft vom Materiellen, war und die der Aufklärer anbetete, drohen heute bei den ungeahnten Möglichkeiten der Technik in eine tödliche Gefahr umzuschlagen, und damit zeigt sich, daß von Anfang an irgend etwas nicht in Ordnung gewesen ist. Es war eine Desorientiertheit am Sein überhaupt, die Vergessenheit des wahren Seins, dessen also, wovon die Metaphysik immer sprach und wodurch sie den Menschen von der Knechtschaft am Materiellen frei machte, weil dies eben nicht das zuerst Erkannte und die eigentliche Realität ist. Neben dieser äußeren Bedrohung erwächst aber aus der Aufklärung noch eine andere, eine innere, die nicht weniger gefährlich ist, nämlich die ständige Bereitschaft der Freiheitsidee, in ihr Gegenteil umzukippen. Freiheit war eines der großen Worte der Aufklärung. Man dachte dabei nicht zuletzt an die Befreiung von weltanschaulichen und religiösen Vorurteilen. Aber kaum war diese Freiheit groß und stark geworden, so schickte sie sich an, Freiheit durch Unfreiheit zu erstreben. Der Liberalismus hat viel Gutes gebracht und könnte überhaupt erlösend wirken, aber er scheint nicht ganz an sich selbst zu glauben, weil er immer wieder das tut, wovon er die Welt, wie er sagt, befreien möchte. Wenn er sich der Schulen, der Universitäten, der politischen Führung bemächtigen kann, behindert er sofort denjenigen, der nicht so ist und denkt, wie er selbst ist und denkt. Denn der Liberalismus ist der Ansicht, daß dieser andere den notwendigen „Standard" nicht erreicht hat. Dieser andere ist ihm nicht fortschrittlich genug, so sagt man, nicht frei, nicht voraussetzungslos, nicht wissenschaftlich genug und was dergleichen Dinge mehr sind. Eben das will man ihm „beibringen", und darum läßt man ihm keine Freiheit mehr. Ganze Gruppen stellen sich, auch in der liberalen Demokratie, ja hier besonders, in den Dienst der Freiheitsidee und wirken nun als Pressuregroups für die – Freiheit. Eine merkwürdige Paradoxie! Die Aufklärer müßten sich zunächst einmal immer noch über sich selbst aufklären, über ihre eigenen Vorurteile und Voraussetzungen, die zum Teil gefährlicher sind als die alten. Dazu gehört ihr Freiheitsbegriff, ihr Fortschrittsglaube und besonders ihr Glaube an die voraussetzungslose Wissenschaft, ein Glaube, der eine faustdicke Voraussetzung darstellt und gelegentlich auch Schlimmeres sein kann als eine naive, nicht durchschaute Voraussetzung. Es wird notwendig sein, in der Aufklärung beides zu sehen, den guten Geist und den Ungeist. Im übrigen wandelt sich diese Zeit ziemlich stark ab, je nachdem wir es mit der englischen, französischen oder deutschen Aufklärung zu tun haben.

Für die *englische Aufklärung* sind zwei Begriffe besonders charakteristisch geworden, der des Deismus und der des Liberalismus.

Der *Deismus* will Gottesglaube sein, meint aber einen besonderen Gott, den des mechanistischen Weltbildes. Gott habe die Weltmaschine erschaffen. Das gab man noch zu. Aber dann lief diese Maschine von selbst, ohne Unterbrechung, ohne Leitung, von Ewigkeit zu Ewigkeit. Das glaubte man ihrem Begriff, wie ihn die moderne Wissenschaft ausgebildet hatte, schuldig zu sein. Etwas anderes wäre ihres Urhebers unwürdig gewesen. Und so ist Gott nicht mehr frei für das Außerordentliche, Übernatürliche, das Wunder, die Offenbarung. Die neuzeitliche Wissenschaft fühlt sich so sicher, daß sie glaubt, von sich aus sagen zu können, wie Gott sein muß und was für ihn möglich und unmöglich ist. Damit wird der Religion das Außerordentliche genommen, sie wird zur „natürlichen" Religion, zur „Vernunftreligion". Man wollte damit nicht religionsfeindlich sein; im Gegenteil, man glaubte, der Religion einen Dienst erwiesen zu haben. Das Christentum sollte jetzt so alt sein wie die Menschheit, sollte keine Geheimnisse mehr enthalten, sollte nur Vernunft und Wissenschaft sein, wie Toland und Tindal gesagt haben. Kant wird seine „Religion innerhalb der Grenzen der bloßen Vernunft" aus solchen Intentionen heraus schreiben.

Der *Liberalismus*, der andere große Begriff der englischen Aufklärung, hat sich die unveräußerlichen Freiheitsrechte des Menschen auf die Fahnen geschrieben, wie sie Locke als Naturrecht des Menschen verteidigt hatte. Immer mehr griffen diese Ideen um sich, eroberten sich das Festland – durch Montesquieu, Voltaire, Rousseau –, greifen dann auf Amerika über und finden sich schließlich in so ziemlich allen Verfassungen der Neuzeit in den sogenannten Grundrechten des Menschen. Hier hat sich die englische Aufklärung durchaus positiv ausgewirkt.

Die *französische* Aufklärung ist anders geartet. Sie ist negativ, kalt, überkritisch, gallig, eitel und hochmütig. Man kämpft gegen das autoritäre politische Regime der Zeit, gegen den Zwang der Dogmen der Kirche und gegen den Aberglauben der Metaphysik. Typisch ist *Voltaire* (1694–1778), das größte schriftstellerische Genie der Franzosen und ihr großer Vorkämpfer für Vernunft, Toleranz und Menschenrechte, für Freiheit, Gleichheit und Brüderlichkeit. Voltaire war weder ein schöpferischer noch ein exakter Denker, aber er verstand es, die Menschen zu fesseln. Dem Mann hat nur noch der Rundfunk gefehlt. Voltaire war theoretisch kein Atheist, sondern Deist. Die ganze Natur ruft uns zu, daß Gott existiert, sagt er einmal; aber wenn er fortfährt, „wenn Gott nicht existierte, müßte man ihn erfinden", dann zeigt dieser Satz, was sein Deismus wert war. Für den Deismus gibt es eigentlich eben doch nur die Weltmaschine; sie selbst ist Gott; und das wieder heißt: die Wissenschaft, die Vernunft ist Gott. Die Religion aber ist etwas für die breite Masse, etwas fürs Herz oder (wenn es höher geht) für die Moral. Für den Aufklärer aber bedeutet das: Sie ist eben doch nicht voll zu nehmen; die Realität ist etwas anderes: die Welt der Wissenschaft und sonst nichts.

Andere französische Aufklärer sind noch deutlicher geworden, sie waren erklärte Atheisten und Materialisten. Diderot, Lamettrie, Holbach, Helvetius, Condillac, Cabanis gehören hierher. „Der Mensch ist eine Maschine", sagt der eine; „die Nerven, das ist der ganze Mensch", sagt der andere. Seele ist nur eine Tätigkeit, aber nicht ein Wesen. Die seelischen Akte in ihrer Gesamtheit meinten wir, wenn wir Seele sagen, und diese Akte seien, wie es schon bei Hobbes geheißen hatte, Akte des Körpers. Statt Psychologie sagt man darum besser Physiologie. Dieser französische Aufklärungsmaterialismus war Pate für den naturwissenschaftlichen und den dialektischen Materialismus des 19. und 20. Jahrhunderts.

Einer der Größten der französischen Aufklärung, aber eigentlich ihr Überwinder, ist *Jean-Jacques Rousseau* (1712–1778), der Rivale Voltaires und Streiter gegen die Enzyklopädisten. Auch er will den Fortschritt, die Freiheit und die Gleichheit, aber er will das mit anderen Mitteln. Voltaire ist Rationalist und Intellektualist, Rousseau aber ist ein Mann des Gefühls und des Herzens. Die gemütsleeren Theorien des Materialismus und Rationalismus genügen ihm nicht. Er hat überhaupt die ganze Kultur, den Staat, die Gesellschaft, die Religion und ihre Institutionen satt. Das sind ihm alles Verbildungen des natürlichen Menschen. Damit klingt ein neues Ideal an, das Naturideal. Der Ruf ,,Zurück zur Natur!" faßt dieses Ideal schlagwortartig zusammen. Negativ meint dieses Wort die Ablehnung von Geschichte, Gesellschaft, Kultur. Positiv meint es den Menschen an sich, den ursprünglichen, wie er aus der Hand des Schöpfers hervorgegangen ist und wie es ihn nur gibt im Augenblick der Geburt; denn nachher tritt er ja schon in Gesellschaft und Geschichte ein. Dieser Mensch an sich sei, ganz anders als sich Hobbes das ausgedacht hatte, von Haus aus gut, sei frei, gleich und Bruder; Bruder, weil eben jeder Mensch an sich nur Mensch ist. Und damit ist eigentlich schon der Gesellschaftsvertrag (contrat social) gegeben. Er ist im Grunde der Idealwille zum rechten Menschsein, was eo ipso auch der Idealwille zum Staat ist, weil es der Wille zum freien, gleichen Bruder ist. Diesen Willen hat jeder ,,von Natur", und er ist darum ein universaler Wille (volonté générale). Er ist grundsätzlich zu unterscheiden von der Summe der abgegebenen Stimmen, und wäre auch die Abstimmung die zufällige Einheit aller (volonté des tous). Auf diesen Idealwillen kommt Rousseau immer wieder zurück. Er begründet den idealen Staat der Freiheit, Gleichheit und Brüderlichkeit. Er begründet auch die ideale Erziehung; denn auch hier steht die Natur über der Kultur. Und ebenso begründet er eine ,,natürliche" Religion. Rousseau wendet sich hier gegen den Atheismus Diderots, aber auch gegen die alte Metaphysik und ihre idealistischen Gottesbeweise. Die Religion ist auch Natur, damit auch Sache der Empfindung, des Gefühls, des Herzens. Diese Gedanken, niedergelegt im Glaubensbekenntnis des savoyardischen Vikars, haben Kant ebenso beeinflußt wie der Religionsbegriff des englischen Deismus.

In der *deutschen Aufklärung* kann man mehrere Perioden unterscheiden. In der Frühzeit (ca. 1690–1720) – ihr Repräsentant ist der für die Rechtsphilosophie wichtige *Christian Thomasius* – spürt man deutlich den Einfluß des englischen Empirismus, Psychologismus und Utilitarismus auf das deutsche Denken. Thomasius versteht seine Rechtsphilosophie als eine Ordnung des Trieb- und Affektlebens im Menschen als eines Sinneswesens, das seinen Vorteil sucht und darum mit entsprechenden, nämlich äußeren, physischen Mitteln der Macht zur Räson gebracht werden kann. Das Recht stützt sich also nicht mehr auf eine transzendente metaphysische Ordnung. Thomasius lehnt die Metaphysik ab. Dabei findet er eine unerwartete Unterstützung von seiten des *Pietismus,* der seinerseits die Metaphysik in religiösen Dingen nicht leiden mag, weil Religion nicht Sache des Wissens, sondern des Herzens und des Erlebens sei. In der zweiten Phase (etwa 1720–1750), rund um *Christian Wolff,* wendet sich das Blatt. Man treibt wieder Metaphysik, eine Metaphysik aber im Geiste des Rationalismus, und zwar eines stark verschulten Rationalismus, wo Begriffe und Schulformeln übermächtig werden, Wissenschaft zu leichtgläubig und Vernunft zu billig wird. Ein Buch nach dem andern erscheint unter dem Titel „Vernünftige Gedanken über…". Es ist die Metaphysik, die Kant über seinen Lehrer Knutzen kennengelernt hat, der er zunächst auch folgte, bis er sich dann aber in seiner kritischen Periode davon endgültig und mit häufigen Polemiken distanzierte. Die Vollendung der deutschen Aufklärung bringt die dritte Phase (ca. 1750–1780) mit *Reimarus, Mendelssohn, Lessing* u. a. Jetzt überwiegt auch hier eine betont antikirchliche Haltung. Die französische Aufklärung wirkt herüber, von König Friedrich II. gerufen und an seinem Hof gefördert. Helvetius, Voltaire, Rousseau werden zu verehrten Autoritäten und helfen, die preußische Akademie zu französisieren. Der literarische Mittelpunkt dieser Zeit ist *G. E. Lessing* (1729–1781) gewesen. Er ist der Kritiker schlechthin und will damit der Aufklärer schlechthin sein. Alles ist relativ, alles müsse darum als solches erkannt werden, auch die Bibel und alle Religionen. Sie sind nur Stadien auf dem Lebensweg der Menschheit, dem Wege der Vernunft. Diese allein ist unendlich. Das ist jetzt der neue Glaube, der selbst wieder hinter der Kritik steht, den man zwar nicht wahrhaben will, der aber dennoch da ist. Man sollte diesen Glauben an die unendliche Kritik dogmatisieren oder mit einem Orden dekorieren. Vielleicht merken sie dann etwas.

Drittes Kapitel: Kant und der Deutsche Idealismus

Mit Kant und dem Deutschen Idealismus steigt die Philosophie nach den Flachheiten der Aufklärung wieder in die Tiefe. Echt philosophisches Denken führt jetzt wieder das Wort. Es kommt zu großartigen Ideen, zu kühnen Systembildungen, gelegentlich aber auch zu einem verstiegenen Spekulieren. Immer jedoch steht hinter dem Ganzen ein hoher ethischer und metaphysischer Idealismus. Es wird überhaupt die metaphysische Tradition des Abendlandes wieder aufgegriffen, verwandelt jedoch und überformt, weil man dem Ansturm der Kritik und des neuzeitlichen Denkens, soweit er berechtigt ist, irgendwie Rechnung trägt und selbst an dieser Kritik wesentlich mitarbeitet, besonders von seiten Kants. Aber verglichen mit dem Sensualismus, Skeptizismus und platten Utilitarismus der Empiristen ist diese Philosophie konservativ und sucht auf ihre Weise die alten Anliegen der alten Metaphysik, Ethik und Religion neu zu verstehen und auch zu sichern.

1. Kant – Kritischer Idealismus

Man sieht in Kant (1724–1804) den größten deutschen Philosophen oder den größten Philosophen der Neuzeit überhaupt. Wie man ihn auch einschätzen mag, es steht außer Zweifel, daß von ihm eine Wirkung ausgeht wie von kaum einem anderen Denker. Sein Auftreten bedeutet eine neue Epoche. Seine Philosophie erschien seiner Zeit zunächst als die moderne Philosophie, weil das von Descartes, Hume, Rousseau ausgehende Denken jetzt auch in Deutschland zum Tragen kam. In Deutschland war ja trotz Thomasius und seiner Gefolgschaft die Aufklärung zurückgestanden. Wolff und seine Schule bildeten sogar ein retardierendes Moment. Kant aber nimmt die neuzeitlichen Gedanken in ihrer vollen Breite auf und gestaltet sie zum System. Das Eigenartige ist aber nun dies, daß Kant die Grundtendenzen der alten Metaphysik, das Interesse an Gott, Seele, Unsterblichkeit, Freiheit, sittlichen Werten und der übersinnlichen Welt (mundus intelligibilis), nicht über Bord warf, sondern neu zu begründen und zu verstehen unternahm. Obwohl Kant, wie er selbst sagt, durch Hume aus seinem dogmatischen Schlummer erweckt wurde, wodurch er seine unkritische Periode überwunden und so zu sich selbst, d. h. zu seiner kritischen Philosophie, gefunden hat; und obwohl er die Kritik Humes am Substanz- und Kausalbegriff, die der Metaphysik den Todesstoß versetzen sollte, auf alle Begriffe überhaupt ausdehnte, ist er doch auch wieder der Gegenpol von Hume; denn die Frage Kants, wie Erfahrung als Wissenschaft möglich sein soll, ist zugleich die Frage, wie Metaphysik als Wissenschaft möglich ist. Kant will nicht nur eine Erkenntnistheorie geben, sondern er will eine neue Metaphysik aufbauen, und in seiner Kritik der praktischen Vernunft, in seiner Ethik also, geht er vollends andere Wege als die Empiristen. Man kann darüber streiten, ob es Kant gelungen ist, die metaphysischen und ethischen Anliegen besser zu begründen, als dies in der alten Philosophie geschehen war, gewollt hat er es zweifellos. Und wer seine Philosophie mit Begriffen wie Subjektivismus und Idealismus kurzerhand abtun will, könnte leicht zu rasch handeln und muß sich jedenfalls zunächst einmal fragen, ob er von Objektivität oder Realität nicht eine unkritische und vielleicht sogar primitive Anschauung hat; denn der Subjektivismus Kants ist weder individualistisch noch bedeutet sein Idealismus eine Leugnung der Außenwelt oder einen Verzicht auf Objektivität. Wie wir diese Begriffe zu denken haben, wird wesentlich geklärt in der Kritik der reinen Vernunft.

a) Kritik der reinen Vernunft

Kants berühmtestes Werk, seine Kritik der reinen Vernunft, erschien in erster Auflage 1781, in zweiter Auflage (mit wichtigen Änderungen und Zusätzen) 1787. Was ist das *Problem* dieses Werkes? Um es kurz zu sagen: Es ist das Hauptbuch der kritischen Philosophie, d. h. der Philosophie, die sich bemüht, bewußt zu zeigen, was menschliches Erkennen ist und nicht ist, also zu scheiden zwischen dem, was man erkennen kann, und dem, was man nicht erkennen kann (griechisch krinein = scheiden). Kant begann seine kritische Prüfung beim wissenschaftlichen Erkennen überhaupt, indem er fragte: Wie ist reine Mathematik möglich und wie reine Naturwissenschaft? Dadurch wurde er zum Theoretiker des modernen Wissenschaftsbegriffs. Viele sehen in Kant nur den Erkenntnis- und Wissenschaftstheoretiker. Aber über diese Fragestellung hinaus galt sein eigentliches Interesse der Frage: Wie ist Metaphysik als Wissenschaft möglich? Und die Lösung dieses Problems bildet die Krönung seines Werkes. Sie ist in der Hauptsache gegeben im Aufweis der apriorischen Erkenntnisse unseres Geistes: „Metaphysische Erkenntnis muß lauter Urteile a priori enthalten, das erfordert die Eigentümlichkeit ihrer Quelle"; „Hauptfrage bleibt immer, was und wieviel kann Verstand und Vernunft frei von aller Erfahrung erkennen?" Diese apriorischen Erkenntnisse dürfen aber nicht bloß analytischen Charakter haben, d. h., das Prädikat unserer Urteile darf nicht einfach nur erläutern, was im Subjektsbegriff schon enthalten ist (wie z. B. in dem Satz: „Alle Körper sind ausgedehnt"). Sonst sagen sie nichts Neues. Wir wollen aber doch Neues über die Wirklichkeit erfahren. Unsere Urteile sollen Erfahrungsurteile sein, Erweiterungsurteile, kurz, wie Kant das ausdrückt, synthetische Urteile (wie z. B. der Satz: „Alle Körper sind schwer"). Darum lautet die Hauptfrage der Kritik der reinen Vernunft: *„Wie sind synthetische Urteile a priori möglich?"* Um Erfahrungsurteile hatte die Philosophie vor Kant sich auch bemüht. Der englische Empirismus hat ja daher seinen Namen. Er will immer zeigen, wie Erfahrung möglich ist. Und sein Problem war auch gewesen, nach welchen Gesetzen wir die Begriffe verbinden, die in unseren wissenschaftlichen Urteilen verbunden auftreten. Das Ergebnis war aber ein ziemlich negatives. Die Assoziationsgesetze, so hatte Hume gesagt, sind eine Sache der bloß tatsächlichen, genau gesagt, der zufälligen Gewöhnung. Alles könnte auch anders sein. Es brauchte nur die Seele des Menschen, von der alle Begriffsverknüpfung abhängt, anders zu reagieren. Darum sind für Hume (und übrigens auch schon vor ihm für Locke) sogar die naturwissenschaftlichen Erkenntnisse nur Glaube, nicht aber Wissen. Kant aber will – hier ist er den Rationalisten wahlverwandt – eine strenge Wissenschaft mit allgemeingültigen, notwendigen Sätzen. Dazu kommen wir nicht, wenn Hume recht hätte, d. h., wenn unsere Kenntnisse sich auf das beschränkten, was von außen auf uns einströmt und von uns nach zufälligen Gesetzen zu Begriffen und Sätzen verknüpft wird. Darum will Kant gerade umgekehrt vorgehen. Er will zeigen, daß in unserem Erkennen Bestandteile enthalten sind, die aus uns selbst kommen und schon vor aller Erfahrung a priori da sind, für jeden denkenden Geist im gleichen Sinn gelten und damit streng notwendig sind. Das ist seine berühmte *kopernikanische Wende:* „Bisher nahm man an, alle Erkenntnis müsse sich nach den Gegenständen richten ... Man versuche es einmal, ob wir nicht in den Aufgaben der Metaphysik damit besser vorankommen, daß wir annehmen, die Gegenstände müssen sich nach unserer Erkenntnis richten ... Es ist hiermit ebenso als mit den ersten Gedanken des Kopernikus bewandt, der, nachdem es mit der Erklärung der Himmelsbewegung nicht gut fort wollte, wenn er annahm, das ganze Sternenheer drehe sich um den Zuschauer, versuchte, ob es nicht besser gelingen möchte, wenn er den Zuschauer sich drehen, die Sterne dagegen in Ruhe ließe. In der Metaphysik kann man nun, was die Anschauung der Gegenstände betrifft, es auf ähnliche Weise versuchen. Wenn die Anschauung sich nach der Beschaffenheit der Gegenstände richten müßte, so sehe ich nicht ein, wie man a priori von ihr etwas wissen könne. Richtet sich aber der Gegenstand (als Objekt der Sinne) nach der Beschaffenheit unseres Anschauungsvermögens, so kann ich mir diese Möglichkeit gar wohl vorstellen." Damit will Kant sich erheben über eine „Erfahrung", die hinter dem Geschehen herläuft (= a posteriori) und nur beschreiben kann, was geschehen ist, und so nie zu allgemeingültigen notwendigen Aussagen kommt, weil man ja, wenn es nur diese aposteriorische Erfahrung gibt, immer auf das warten muß, was passiert. Man kann die Erfahrung nicht vorwegnehmen. Kant aber will sie vorwegnehmen. Die apriorischen Inhalte des menschlichen Geistes können sagen, wie jede Erfahrung schlechthin beschaffen sein müsse.

Das ist nun der ganze Kant: dieses Ineinander von Außen und Innen, von Rezeptivität und Spontaneität, von aposteriorischer Erfahrung und apriorischen Antizipationen. Die kopernikanische Wende und ihr Apriori meint ja nicht, daß es nur den Geist gäbe und daß unser Denken die ganze Welt erzeuge, sie sozusagen aus dem Ich in den leeren Raum hinausprojiziere. Es gibt für Kant reale Dinge an sich. Von ihnen geht ein Reiz aus auf das menschliche Erkenntnisvermögen; aber dieser Reiz, die Empfindung oder Erscheinung, ist formlos, ist roher Stoff und muß erst vom erkennenden Menschen her geformt werden; eben durch die apriorischen Formen des Geistes. Kant nennt diese Formen transzendental. Seine Philosophie will *Transzendentalphilosophie* sein und nicht Transzendenzphilosophie. Von letzterer Art sei die alte Metaphysik gewesen. Sie habe sich anheischig gemacht, die Dinge in ihrem Ansich, also in ihrer Transzendenz zu erkennen. Kant aber behauptet, es gebe zwar Dinge an sich, sie seien auch „denkbar" (Noumena), aber sie seien in ihrem An-sich nicht „erkennbar". Erkannt werden könnten nur Erscheinungen (Phainomena) und dabei geschehe alles nur über gewisse geistige Grundregeln, die apriorischen Formen. Und das ist nun seine Transzendentalphilosophie: die Untersuchung nicht von Gegenständen an sich, sondern die Untersuchung der menschlichen Erkenntnisart hinsichtlich der Erscheinungen der Gegenstände. Der Verstand könne die Grenzen der Sinnlichkeit niemals überschreiten. Seine „Grundsätze sind bloß Prinzipien der Exposition der Erscheinungen". (Kant hält allerdings in seiner Terminologie die Unterscheidung transzendent und transzendental nicht immer konsequent durch.) In Prinzip und Sache aber ist die Unterscheidung klar und ebenso ist klar, daß diese Philosophie subjektiv ist, aber subjektiv nicht im Sinn eines individualistischen Subjektivismus, sondern eines transzendentallogischen, also einer für jeden menschlichen Geist schlechthin verbindlichen Gesetzlichkeit. Das ist das Gegenteil des Humeschen Psychologismus und Subjektivismus. Und darin erblickt Kant zugleich seine *neue Metaphysik*. Sie ist eine Lehre von der transzendentallogischen apriorischen Gesetzlichkeit von Geist und Welt überhaupt und betrifft das, was Verstand und Vernunft, frei von aller Erfahrung, erkennen und womit der Philosoph von vornherein sagen kann, wie Welt und Sein überhaupt beschaffen sein müssen, wenn sie als Gegenstände sollen gedacht werden können. Die Transzendentalphilosophie ist somit beides: Erkenntnislehre als Lehre von den apriorischen und aposteriorischen Bestandteilen der Erfahrung *und* Metaphysik als Lehre vom denkbaren und gedachten Sein überhaupt. Kant hat die ganze Problematik in drei Hauptstücken behandelt: der transzendentalen Ästhetik, Analytik und Dialektik.

In der *transzendentalen Ästhetik* (Ästhetik hier noch im ursprünglichen Sinn von griech. aisthesis = Wahrnehmung verstanden) gibt Kant seine Lehre von der Sinneswahrnehmung. Von außen her, von dem reinen Ansich der Dinge her strömen die Sinnesreize als Empfindungen auf uns ein. Sie sind bloßer Stoff, ein Gewühl, ein Chaos, werden aber geordnet durch die über alle Zufälligkeit der Sinnesreize hin allgemeingültigen, apriorischen Anschauungsformen von Raum und Zeit. Kant beweist, daß Raum und Zeit a priori sind, damit, daß wir Raum und Zeit nicht durch Abstraktion gewinnen können; denn wenn wir Raum und Zeit aus dem Nebeneinander bzw. Nacheinander der Dinge abheben wollten, dann müßten wir sie dabei schon voraussetzen, weil das Nebeneinander und Nacheinander eben nicht anders erfahren werden kann als mit Hilfe der Raum- und Zeitvorstellung. Daß es sich dabei aber um Anschauungen und nicht um Begriffe handle, beweist er damit, daß es nur *einen* Raum und *eine* Zeit gibt, die unendlich sind und die einzelnen Räume und Zeiten wie Ausschnitte in sich enthalten, qualitativ aber immer gleich bleiben und nicht abgewandelt werden (wie Begriffe in ihren Exemplaren). Darum sind Raum und Zeit „empirisch real", d. h. objektiv gültig, weil sie uns vorgegeben sind, und sind doch subjektiv, weil sie unsere Anschauungsformen sind. Aber diese Subjektivität ist keine willkürliche, sondern eine „transzendentale Idealität", eine für jeden menschlichen Geist verbindliche Gesetzlichkeit. Sie zeigt sich besonders in der Mathematik, die (wie wir schon hörten) für Kant eine Art Sprungbrett in seine Philosophie bildet. Sie liefert nämlich zwei Musterbeispiele für synthetische Urteile a priori. Der Satz, daß die Gerade die kürzeste Verbindung zwischen zwei Punkten sei, setze die Raumanschauung voraus, also ein Mannigfaltiges der Sinnesempfindung, sei aber trotzdem streng notwendig und a priori einsichtig. Ebenso sei es mit dem Satz 7 + 5 = 12; er setze die Zeitanschauung voraus (wegen des Auszählens), also auch wieder ein Mannigfaltiges, jetzt des inneren Sinnes, und sei dabei auch wieder eine absolut notwendige Geltung.

Die *transzendentale Analytik* bringt Kants Kategorienlehre (transzendentale Logik). Kategorie besagt wörtlich Aussageform. Bei Kant handelt es sich dabei um die Grund- und Stammbegriffe des Geistes. Das menschliche Erkennen erschöpft sich nach ihm nicht in bloßen Anschauungen oder Vorstellungen, sondern schreitet fort zu Begriffen und damit zu Urteilen über das, was ist. Alles Erkennen ist für Kant Anschauung plus Denken. „Unsere Erkenntnis entspringt aus zwei Grundquellen des Gemütes, deren die erste ist, die Vorstellungen zu empfangen (die Rezeptivität der Eindrücke), die zweite, das Vermögen, durch diese Vorstellungen einen Gegenstand zu erkennen (Spontaneität der Begriffe); durch die erste wird uns ein Gegenstand gegeben, durch die zweite wird jener im Verhältnis auf diese Vorstellung (als bloße Bestimmung des Gemütes) gedacht. Anschauung und Begriff machen also die Elemente all unserer Erkenntnis aus, so daß weder Begriffe ohne ihnen auf einige Art korrespondierende Anschauung, noch Anschauung ohne Begriffe eine Erkenntnis abgeben können." Oder kürzer: „Gedanken ohne Inhalt sind leer, Anschauungen ohne Begriffe sind blind." Kant findet seine Kategorien zunächst durch eine Analysis unserer Urteilsformen. Durch diese „metaphysische Deduktion" kommt er zu den zwölf Kategorien der Einheit, Verschiedenheit, Allheit, Realität, Negation, Limitation, Inhärenz und Subsistenz (Substanz und Akzidens), Kausalität und Dependenz (Ursache und Wirkung), Gemeinschaft (Wechselwirkung), Möglichkeit und Wirklichkeit, Dasein und Nichtsein, Notwendigkeit und Zufälligkeit. Neben dieser metaphysischen kennt Kant jedoch noch eine transzendentale Deduktion der Kategorien aus dem „Ich denke" der *transzendentalen Apperzeption*, die so etwas wie die Urzelle des Geistes ist; denn dieses „Ich denke" muß alle Vorstellungen begleiten können. Die Zahl der Kategorien bleibt dabei dieselbe, aber ihre Funktion wird profilierter herausgestellt, weil jetzt die Kategorien der Natur gleichsam das Gesetz vorschreiben, durch das sie allererst möglich wird. Hier eigentlich vollzieht sich die kopernikanische Wende, d. h. der Versuch, nachzuweisen, daß die Gegenstände sich nach uns richten müssen und nicht umgekehrt. Ebenso versucht Kant hier immer wieder zu erhärten, daß die Kategorien in Gültigkeit und Umfang sich auf die Sinnlichkeit beschränken und sonst (etwa in

Anwendung auf eine intelligible, transzendente Welt) keinen Sinn hätten. Und da sich zeigt, daß auch die Anschauungsformen von Raum und Zeit ohne die Einheit der transzendentalen Apperzeption nicht möglich sind, enthält das Kapitel über die transzendentale Analytik die Basis des ganzen kantischen Systems. Die Nahtstelle zwischen Ästhetik und Logik wird behandelt in der Lehre vom *Schematismus* der Verstandesbegriffe, in dem Kant zeigen möchte, wie von den Empfindungen zu den ihnen doch ganz ungleichartigen Verstandesbegriffen ein Übergang stattfindet, so daß zu bestimmten Sinnesempfindungen schließlich die entsprechenden Verstandesbegriffe hinzukommen können. Der Weg gehe dabei über die Zeit, die sowohl sinnliche wie intellektuelle Momente enthalte, weil mit der Zeitvorstellung die Zahl zusammenhänge, die eine sinnliche Mannigfaltigkeit bereits unter einen Begriff bringe. So gehöre zu bestimmten Zeitwahrnehmungen auch eine bestimmte Kategorie, z. B. zur Wahrnehmung der Beharrlichkeit in der Zeit die Kategorie der Substanz, zur Regelmäßigkeit in der Zeitfolge die Kategorie der Kausalität, zum Dasein in aller Zeit die der Notwendigkeit.

Die philosophisch entscheidendste Partie der Kritik der reinen Vernunft ist die *transzendentale Dialektik.* In ihr vollendet sich Kants Theorie über Möglichkeit und Grenzen des menschlichen Erkennens und damit zugleich seine neue Metaphysik. Ihre Gegenstände sind immer noch die großen Themen der alten Metaphysik: Welt, Seele, Gott, Freiheit, Unsterblichkeit, aber sie werden jetzt (und das ist das Neue und Eigenartige der Metaphysik Kants) zu „Ideen" gemacht. *Idee* ist bei Kant nicht die platonische Idee und natürlich auch nicht die Vorstellung (idea) der Engländer, sondern ein „Begriff aus Notionen (reiner Begriff a priori), der die Möglichkeit der Erfahrung übersteigt". Ideen bestimmen den Gebrauch des Verstandes im Ganzen der Gesamterfahrung nach Prinzipien. Diese Prinzipien sind letzte einheitstiftende Gedanken, auf die (wie auf Brennpunkte) die Linien hinaus- und vielleicht im Unendlichen zusammenlaufen, die mit der Wahrnehmung und dem Denken angehoben haben. „Alle unsere Erkenntnis hebt an bei den Sinnen, geht von da zum Verstand und endet bei der Vernunft." Und diese Vernunft ist es und das ihr eigentümliche Tun, nämlich das Schließen, was nach Kant zur Annahme von Ideen führt. Jeder Schluß besteht nämlich darin, daß er die Bedingungen für ein Bedingtes aufsucht. Daß Sokrates sterblich ist, ist dadurch bedingt, daß alle Menschen sterblich sind. Dieser Obersatz, daß alle Menschen sterblich sind, setzt aber wieder andere Obersätze, die ihn ihrerseits bedingen, voraus. Diesen Bedingungen sind wieder andere übergeordnet – und so geht es zurück bis ins Unendliche. Vernunft heißt darum nichts anderes als Versuch, die Gesamtheit aller Bedingungen für ein Gegebenes denken, für die Welt etwa oder für die Seele. Können wir sie je erreichen? Kant bestreitet das. Wir können nach ihm nur so tun, als ob wir jene höchsten Einheitsprinzipien aller Bedingungen schon erreicht hätten, um uns dann von diesen Ideen in unserem Weiterforschen leiten zu lassen. Ideen sind darum „heuristische" oder „regulative" Prinzipien, sind eine Art „Fiktion", ein „Als ob", wodurch unser Forschen zwar ein gewisses Ziel hat, aber kein Ende, so daß Idee eigentlich unendliche Aufgabe besagt. Am deutlichsten sieht man das an der Idee Gottes, der Totalität aller Bedingungen schlechthin, die bei Kant wie bei Descartes „Allheit aller Realität" (omnitudo realitatis) heißt, aber nicht eine Realität selbst meint, sondern die in Gedanken fingierte Gesamtheit aller Bedingungen für alle Realität.

Und hier liegt nun der Stein des Anstoßes. Soll Gott nur ein Gedanke sein, so fragt man sich? Ähnlich liegt es für Welt, Seele, Freiheit, Unsterblichkeit. Die Kritik findet diese Philosophie zu subjektivistisch; denn Gott sei doch, wie es früher immer geheißen hatte, das allerrealste Wesen. Es ist wahr, daß die Idee nach Kant keinen ihr unmittelbar korrespondierenden und anschaubaren Gegenstand hat, wie die Begriffe ihn haben. Die Begriffe sind darum nach ihm konstitutive Prinzipien, die Ideen aber nur regulative. Eben darin erblicken manche nun den Mangel. Aber der Begriff der heuristischen Fiktion besagt bei Kant nicht, daß es sich bei Welt, Gott, Seele, Unsterblichkeit, Freiheit usw. um „gedichtete Gegenstände" handle. Er besagt nur, daß wir von dem, was diesen Ideen entspricht, keine unmittelbare Anschauung haben, wie wir sie von Dingen haben, die wir in Begriffen zu denken pflegen. Gott, Seele usw. kennen wir nicht so, wie wir ein Haus oder einen Baum kennen. Daß Gott das allerrealste Wesen ist, bestreitet auch Kant nicht. Aber er meint, daß wir dieses Wesen nur unvollkommen denken und in dem Versuch, es zu denken, nie an ein Ende kommen würden. Deswegen nur ist es für ihn eine „Idee". War es übrigens in der alten Metaphysik eigentlich anders? Im Wortlaut klingen die Sätze anders, das ist richtig; hier spricht man bekanntlich von einem Begriff Gottes. Aber in der Sache wußte man doch auch darum, daß Gott für uns nicht ein begriffenes und durchschautes Ding an sich ist, wie es bei sonstigen Gegenständen der Fall ist.

Kant will mit seinen Ideen Gott, Seele und Unsterblichkeit nicht leugnen, im Gegenteil, er will sie retten. Nimmt man Freiheit, Unsterblichkeit, Welt, Seele, Gott nicht als transzendentale Gegenstände, sondern als transzendente Dinge an sich, dann verwickelt man sich, so meint Kant, in Trugschlüsse (Paralogismen) und Widersprüche (Antinomien); ersteres in der Seelenlehre, letzteres in der Lehre von Welt, Mensch und Gott. Kant will also auch in der Vernunftlehre Transzendentalphilosophie treiben. Die Vernunftideen sind Methoden und nicht materiale Gegenstände. Noch weniger als den Verstand dürfe man die Vernunft in einem transzendenten Sinn verstehen. Der Mensch erliege allerdings leicht der Versuchung, die Ideen für Gegenstände an sich zu halten. Aber das sei nur Schein, daß sie als Gegenstände an sich existierten, *„dialektischer Schein"*, den man für ein „hyperphysisches Sein" halte, wie Kant zu sagen pflegt, während in Wirklichkeit die Vernunftideen nur eine Anweisung an das Denken im Umgang mit der Welt seien. Auf die Entlarvung des dialektischen Scheins legt Kant in seiner Vernunftlehre besonderen Nachdruck. „Wenn die Kritik der reinen Vernunft auch nur das allein geleistet hätte, diesen Unterschied zuerst vor Augen zu legen, so hätte sie damit schon mehr zur Aufklärung unseres Begriffs von Metaphysik und der Leitung der Nachforschung im Feld der Metaphysik beigetragen als alle fruchtlosen Bemühungen, den transzendenten Aufgaben der reinen Vernunft Genüge zu tun." Aus diesem Grund, um dem transzendentalen Gesichtspunkt zum Durchbruch zu verhelfen, entwickelt Kant seine Lehre von den vier *Antionomien*. Er stellt vier Paare von Sätzen in Thesis und Antithesis auf, die sich widersprechen: Die Welt ist in Raum und Zeit begrenzt – und unbegrenzt; jede zusammengesetzte Substanz ist unendlich teilbar und – nicht unendlich teilbar; alles in der Welt geschieht notwendig und – nicht alles geschieht notwendig, sondern manches geschieht aus Freiheit; es gibt für die Welt ein schlechthin notwendiges Wesen, von dem sie abhängig ist und – es gibt kein schlechthin notwendiges Wesen. Auf dem Boden der alten Metaphysik sei jeder dieser vier Sätze beweisbar. Da sich diese Sätze widersprechen, würde die alte Metaphysik sich selbst in Widersprüche verwickeln. Dadurch würde ihre Unmöglichkeit offenkundig. Das passiere ihr aber nur, weil sie mit Dingen an sich rechne, also Transzendenzphilosophie sei. Treibe man dagegen Transzendentalphilosophie, rechne man also mit dem, was der menschliche Geist sei und was er zu lesiten vermöge, dann seien die Antinomien auflösbar. Dann zeige sich, daß bei der ersten und zweiten Antinomie jeweils die beiden Sätze falsch seien, weil der menschliche Geist so nicht fragen dürfe, wie dort gefragt werde, nach etwas, was außerhalb der Erscheinungen liege. Bei der dritten Antinomie seien beide Sätze richtig, wenn man sie richtig anwende:

die Notwendigkeit auf die Erscheinungen, die Freiheit aber auf die Vernunft. Und ebenso sei es bei der vierten Antinomie: Es gibt ein Notwendiges, Unbedingtes, das Grund allen abhängigen Seins ist, aber dieses Unbedingte, Gott also, sei eine Vernunftidee. Wir kennen das bereits. Im Zusammenhang damit behandelt Kant die herkömmlichen *Gottesbeweise*, den ontologischen, kosmologischen und teleologischen Beweis. Er führt sie alle auf das ontologische Argument zurück, das die Existenz Gottes aus dem Begriff Gottes als des vollkommensten Wesens erschließe, was aber ein Fehlschluß sei, weil man aus der logischen Ordnung, die mit dem Begriff allein gegeben ist, nicht in die ontologische ohne weiteres überspringen dürfe. Wie wir schon sahen, hat das onotologische Argument allerdings nicht einen Begriff zugrunde gelegt und jenen von Kant gerügten Sprung gar nicht gemacht. Kant hat das mißverstanden, wie er überhaupt die Gottesbeweise, ja den Sinn der alten Metaphysik mißverstanden hat. Versteht man dieses Denken tiefer als von jenem Wortlaut her, den Kant von Aufklärungsphilosophen übernommen hatte, dann ist der Unterschied zwischen seiner neuen und jener alten Metaphysik gar nicht so groß, wie es zunächst scheinen möchte. Kants Kritik der Gottesbeweise bedeutet ja nicht eine Leugnung der Existenz Gottes. Sie ist nur die Kritik eines vermeintlicherweise unzulänglichen Weges zu Gott und will eigentlich die Bahn frei machen für eine bessere Begründung des Gottesgedankens, als sie bisher geleistet worden sei. Diese bessere Begründung begegnet uns in der Ethik Kants.

b) Kritik der praktischen Vernunft

Vielleicht liegt die größte Leistung Kants in seinen Verdiensten um die Ethik, also in seiner Kritik der praktischen Vernunft. Hier hat er gegenüber dem englischen Eudämonismus und Utilitarismus, die daran waren, den Sinn des sittlich Guten zu verfälschen und die Sittlichkeit in den Fluß der geschichtlichen und gesellschaftlichen Verhältnisse hineingleiten zu lassen, so daß sich schließlich der Soziologismus an die Stelle der Ethik setzen könnte, die Dinge wieder zurechtgerückt, indem er die Reinheit und Absolutheit des Sittlichen in einzigartiger Weise zu deuten unternahm.

Grundlegend hierfür ist die Entdeckung, daß der Mensch Vernunftwesen ist und daß mit der Vernunft zweierlei gegeben ist, was in der ganzen empirischen Erscheinungswelt nicht auftaucht, das Sollen nämlich und die Freiheit. Das *Sollen*, auch Pflicht, Sittengesetz, Gewissen, kategorischer Imperativ geheißen, ist für Kant ein Faktum, das „unleugbar" ist. Es ist dem „Wesen des Menschen einverleibt". Zugleich steht für ihn fest, daß dieses Sollen Gesetzescharakter hat, d. h. allgemeingültig ist, ohne Rücksicht auf Zeit, Umstände, Individuen; kurz, ohne Rücksicht auf „Erfahrung". Es ist a priori, weil es der Geist, die Vernunft selbst ist, die hier spricht und die nichts anderes sprechen kann als das, was zeitlos und ewig wahr ist. Ebenso steht mit der Vernunft die *Freiheit* fest, entweder als eine Folgerung aus dem Sollen, was Kant in der Kritik der praktischen Vernunft zunächst betont, oder, was später, besonders in der Kritik der Urteilskraft, mehr betont wird, als ein ebensolches Faktum der Vernunft. Mit dem Sollen und der Freiheit hebt der Mensch sich als ein intelligibles Wesen heraus aus der gesamten ihn umgebenden Natur. Damit bewegt sich Kant sachlich in den Geleisen der antiken Metaphysik des Menschen.

Dementsprechend gestaltet sich seine ethische Theorie. Da das Sollen allgemeingültiges Gesetz ist, lautet das Prinzip der Sittlichkeit: „Handle so, daß die Maxime deines Willens jederzeit zugleich als Prinzip einer allgemeinen Gesetzgebung gelten könne." Man hat das seinen ethischen *Formalismus* geheißen. Kant beginnt tatsächlich seine Ethik nicht mit dem Entwurf einer Werttafel, indem er etwa zeigte, was für den Menschen Tugend ist, Treue etwa oder Wahrhaftigkeit oder Tapferkeit usw., und schon gar nicht, indem er auf das Nützliche oder die Wohlfahrt oder den Kulturfortschritt oder ähnliches verwiese. All dies seien „materiale" Bestimmungen. Alles Materiale aber, selbst die ethischen Wertgehalte, sei empirisch, weil man nicht von vornherein wissen könne, ob sie dem Menschen gefallen oder nicht. Dadurch geriete die Sittlichkeit in den Strom des Beliebigen und verlöre, was im Faktum des Sittlichen doch von vornherein in die Erscheinung trat, den Gesetzescharakter. Der ergebe sich einzig aus der Vernunft, die eben selbst wesentlich Gesetz und Allgemeingültigkeit in einem ist. Nur von daher kann das sittlich Gute kommen. Die Allgemeingesetzlichkeit hängt nicht von einem materialen Guten an sich ab, sondern das Gute hängt umgekehrt ab von der möglichen Allgemeingesetzlichkeit. „Es ist überall nichts in der Welt, ja überhaupt auch außerhalb derselben zu denken möglich, was ohne Einschränkung für gut gehalten werden könnte, als allein ein guter Wille." Und „der gute Wille ist nicht durch das, was er bewirkt oder ausrichtet, nicht durch seine Tauglichkeit zur Erreichung irgend eines vorgesetzten Zweckes, sondern allein durch das Wollen, das ist an sich gut". Und der Wille ist dann an sich gut, wenn er „reiner Wille" ist, d. h. wenn die Vernunft selbst das Gesetz gibt. Darin besteht die ethische *Autonomie*. Die Vernunft ist für sich selbst praktisch, pflegt Kant immer wieder zu sagen. Er will damit zum Ausdruck bringen, daß es im Menschen außer der empirischen Schicht seines Lebens in Raum und Zeit noch eine höhere Schicht gibt: sein Leben als Vernunftwesen, wo er selbst weiß, was das Gute ist, und er keines Gesetzgebers von außen bedarf, ja nicht einmal einen solchen annehmen darf, um nicht dessen Knecht zu werden und sich einer fremden Gesetzgebung (Heteronomie) zu fügen. Hier in der Vernunft ist der Mensch ganz frei und steht doch auch ganz unter dem Gesetz; denn die Vernunft ist es, die den Menschen bindet und zugleich frei macht, weil sie ihn erhebt über alles andere, was nicht sie selbst ist. Sie selbst aber ist Gesetz. Darum bedeutet diese Autonomie keine selbstherrliche Willkür. Vernunft ist vielmehr so etwas wie ein Gott im kleinen, nicht weil der Mensch sich überheben möchte, sondern weil mit der Vernunft etwas Göttliches in ihm ist und wirkt. Darum darf für Kant der Mensch nie nur als Mittel betrachtet werden, sondern, so lautet eine Variation seines sittlichen Grundprinzips: „Handle so, daß du die Menschheit sowohl in deiner Person als in der Person eines jeden andern jederzeit zugleich als Zweck, niemals bloß als Mittel brauchst." In der Verfolgung seines ethischen Prinzips ist Kant von radikaler Konsequenz gewesen. Sittlich gut war ihm einzig die Handlung, die aus Pflicht und um der Pflicht willen, also aus Achtung vor dem Gesetz geschah. Geschah sie aus Neigung oder in Hinsicht auf einen zu erwartenden Lohn oder um des Lobes willen oder aus Furcht, oder traf sie zufällig das Richtige, dann war sie zwar „legal", d. h. sachlich richtig, aber sie war nicht „moralisch", weil nicht aus Pflicht und um der Pflicht willen geschehen. Man hat das seinen ethischen *Rigorismus* geheißen. Er ergibt sich von selbst aus dem Formalismus und ist nur ein anderer Ausdruck für dieselbe Sache. Insbesondere hat Kant dabei die Rücksicht auf die Glückseligkeit, auch die ewige Glückseligkeit, ausschließen wollen. Nicht sie, sondern das Gesetz ist Grundlage der Sittlichkeit; sonst hätten wir eine Lohnmoral vor uns. Trotzdem hat Kant der Glückseligkeit doch auch in der Ethik einen Platz eingeräumt, nicht als Motiv, sondern als Folge der Sittlichkeit. Wer sittlich gut gelebt hat, ist der Glückseligkeit würdig.

Damit kommen wir zu den *Postulaten* der praktischen Vernunft: Unsterblichkeit, Freiheit und Gott. Die Unsterblichkeit wird gefordert durch die Überlegung, daß der Mensch das sittliche Ideal nie vollkommen erreicht, sondern in einer unendlichen Annäherung immer danach wird streben müssen. Niemand ist heilig als Gott allein. Alle anderen Wesen sind immer unterwegs zum Guten. Darum wird die Unsterblichkeit postuliert, ohne sie „wären die moralischen Gesetze als leere Hirngespinste anzusehen". Die Freiheit lernten wir schon in der Antinomienlehre kennen. Dort hieß es, daß es wenigstens zu denken möglich sei, daß es ein Handeln geben könne, das nicht der mechanischen Notwendigkeit unterworfen ist. In der Kritik der praktischen Vernunft erscheint Kant die Freiheit als eine Voraussetzung des Sollens, die wir nur erschließen, wenn er auch dort schon nahe daran ist, sie als ein Faktum zu betrachten. Daß es sie nun wirklich gibt, daß sie nicht nur denkbar ist, das ist der Sinn des Postulates der Freiheit. Zum Postulat Gottes aber kommt er über den Glückseligkeitsgedanken. Wenn wir hoffen dürfen, daß das sittlich richtige Handeln belohnt wird, dann müssen wir, da es in der sinnlichen Natur einen gerechten Ausgleich nicht gibt, eine höchste Vernunft annehmen, die nach moralischen Gesetzen gebietet und zugleich als Ursache der Natur zugrunde gelegt wird, d. h. so mächtig ist, um uns die Glückseligkeit zu verleihen. Da es also nur dort „die praktisch notwendige Verknüpfung beider Elemente" gibt, wir andererseits notwendig durch unsere Vernunft einer intelligiblen Welt angehören, müssen wir jene für uns künftige Welt, die Welt Gottes, annehmen. Kant spricht jetzt wie Leibniz von einem Reich der Gnaden. An seiner Spitze stehe Gott als der allweise Urheber und Regierer. „Gott also und ein künftiges Leben sind zwei von der Verbindlichkeit, die uns reine Vernunft auferlegt, nach Prinzipien ebenderselben Vernunft nicht zu trennende Voraussetzungen." Das ist zugleich ein Gottesbeweis, und in diesem moralischen Beweis für die Gottesidee hat Kant den einzig möglichen Gottesbeweis sehen wollen.

Entsprechend diesen ethischen Grundsätzen hat Kant sich auch zurechtgelegt, was *Religion* sein soll. Sie bewegt sich, wenn sie echte Religion sein will, innerhalb der Grenzen der bloßen Vernunft, wie schon der Titel des hierher gehörigen Werkes verrät. Gemeint ist die praktische Vernunft. Religion ist nämlich für Kant nichts anderes als Sittlichkeit. Nur das eine käme hinzu, daß in ihr die sittlichen Gesetze zugleich als Gebote Gottes angesehen werden. Für das Historische in der Religion hat Kant kein Organ gehabt. Die Offenbarung habe nur Sinn als Ausdrucksform für den Vernunftglauben und die Idee Gottes, die wiederum nichts anderes ist als die höchste Konsequenz aus dem sittlichen Sollen. Die historischen Angaben der Offenbarung müssen daher nach ihm so lange ausgelegt werden, bis etwas Moralisches dabei herauskommt. Trotz dieses aus der Zeit stammenden und allzu engen Standpunktes ist nicht zu übersehen, daß es Kant um eine wirkliche Ergründung des Gottesgedankens zu tun ist, in der Kritik der reinen Vernunft sowohl wie in der Kritik der praktischen Vernunft. Und wenn Gott jetzt wieder „nur" ein

Postulat ist, dann muß man wissen, daß für Kant die sogenannte objektiv-praktische Realität keine geringere Realität ist als die sinnliche. Sie ist ihm vielmehr die stärkere und eigentlichere Realität. Es ist eine mangelhafte Kantauslegung, wenn man das nicht sehen oder als einen ungenügenden Subjektivismus verstehen will. Man gibt sich dann gewöhnlich über seinen eigenen Realitätsstandpunkt einer unkritischen Täuschung hin.

Zur praktischen Vernunft gehören immer auch *Recht und Staat.* Was die Religionsphilosophie Kants zu viel an Moral hat, hat seine Rechtsphilosophie zu wenig. Das Recht wird nur negativ bestimmt als „Inbegriff der Bedingungen, unter denen die Willkür des einen mit der Willkür des andern bei einem allgemeinen Gesetz der Freiheit vereinigt werden kann". Damit wird das Recht zu einer Sache der äußeren Zwangsmaßnahmen und reicht nicht weiter als diese. Es müsse scharf von der Moral geschieden werden, die allein es mit inneren Pflichten zu tun habe. Hier wirkt sich der englische Empirismus, besonders die Staatsvertragstheorie von Hobbes, stärkstens auch bei Kant aus. In Deutschland war diese Auffassung schon von Thomasius eingeführt worden. Die Juristen haben sie oft als eine große Errungenschaft gepriesen, weil sie ihnen das Feld der Paragraphen zur unbestrittenen Bearbeitung überließ. Dadurch gab es die Möglichkeit klarer Definitionen, Kombinationen und Berechnungen; kurz, es gab Rechtssicherheit; denn nun konnte keine unkontrollierbare Macht, wie etwa die Berufung auf Pflicht und Gewissen, dazwischentreten. In der Rechtsphilosophie war die Folge der Rechtspositivismus, im praktischen Leben so etwas wie eine doppelte Buchführung. Die einen sagten sich nämlich: Was nur Gesetz ist, muß ich nicht tun, weil es nicht Pflicht ist; die anderen sagten: Was nur Pflicht ist, muß ich nicht tun, weil es nicht Gesetz ist. Entsprechend dem Rechtsbegriff gestaltet sich die Staatsauffassung. Staat ist „eine Vereinigung von Menschen unter Rechtsgesetzen". Wie das Recht selbst ist auch das nur eine äußere Institution. Durch Zwang soll möglicher Zwang bezwungen werden, um so Spielraum zu schaffen für die Freiheit der Individuen. Darum auch hier die Dreiteilung der Gewalten. Der Staat besitzt keinen positiven Ideengehalt mehr. Sein Getriebe ist der Antagonismus der Kräfte. Nur das negative Gebot gilt: Niemand verletzen! Sonst soll Freiheit herrschen. Es ist das Ideal des Liberalismus, das sich hier ausspricht. Das Ganze scheint armselig zu sein gegenüber der antiken Auffassung vom Staat als der Großorganisation der Sittlichkeit. Aber bei der geistigen Zersplitterung der Neuzeit scheint nichts anderes übrigzubleiben. Immerhin kommt auch bei Kant eine sittliche Auffassung vom Staat zum Tragen. Ziel der Weltgeschichte soll nämlich die Errichtung der besten Staatsverfassung sein, ein Völkerbund ewigen Friedens, und damit das erreicht werde, sei nicht nur Zivilisation, sondern Kultur nötig; zur Kultur aber gehöre in erster Linie die Moral.

c) Kritik der Urteilskraft

Nachdem in der Kritik der reinen Vernunft das Erkennen, in der Kritik der praktischen Vernunft das Wollen Gegenstand der Untersuchung war, taucht in der Kritik der Urteilskraft das Gefühl auf. Im Gefühl (Lust und Unlust) sieht Kant eine Zweckbeziehung und macht darum den Zweck zum eigentlichen Thema der Kritik der Urteilskraft. Der Zweck kann entweder ein subjektiver sein, wenn er vom Menschen gesetzt wird, oder ein objektiver, wenn er in der Natur vorkommt. Kant unterscheidet darum eine ästhetische und eine teleologische Urteilskraft. In beiden Fällen wird die Welt unter dem Freiheitsgesichtspunkt angeschaut; denn der Zweckbegriff schließe einen Willensbegriff, eine Stellungnahme nach Gefallen und Nichtgefallen ein.

Die *ästhetische Urteilskraft* befaßt sich mit dem Schönen und dem Erhabenen. Kant hat hier stark auf die deutsche Klassik, besonders auf Goethe und Schiller gewirkt. Nach seiner Anschauung handelt es sich bei der Kunst um die Betrachtung der reinen Formen. Wenn die Wahrnehmung einer Form rein als solcher geeignet ist – im Geeignetsein liegt die Zweckbeziehung –, im Betrachter Lust hervorzurufen und als schön zu „gefallen", dann liegt in dem billigenden „Es gefällt mir" eine ästhetische Beurteilung vor. Die Beurteilung ist nicht einfach ein begriffliches Urteil, eine Aussage also, sondern eine Stellungnahme. Dieses ästhetische Gefallen und Billigen hat aber nichts mit dem Angenehmen zu tun. Angenehmes vergnügt nur. Auch nichts mit dem Sittlichen; denn das sittlich Gute wird geschätzt und findet Achtung. Es fällt auch nicht zusammen mit dem Begehrten; Begierde ist nämlich ein bloßes Habenwollen. Das ästhetische Gefallen sei dagegen „interesselose" Zustimmung, und zwar Zustimmung zu dem objektiven inneren Gehalt der uns begegnenden Formen. Darum definiert Kant: „Schön ist das, was ohne Begriff als Gegenstand eines notwendigen Wohlgefallens erkannt wird."

Die *teleologische Urteilskraft* befaßt sich mit dem Zweck in der Natur, und zwar besonders im Reich der organischen Natur. In einem Organismus verstehen sich die Teile immer aus einer Beziehung zu einem Ganzen. Jeder Teil ist um des Ganzen und damit um der anderen Teile willen da. Der Organismus ist darum das Muster eines zweckmäßigen Zusammenhanges. Nicht einmal ein Grashälmchen, sagt Kant, kann man ohne den Zweckgedanken und rein mechanistisch verstehen. Hat man nun im Organischen den Zweck einmal gesehen, dann ist es begreiflich, ihn auf das Ganze der Natur überhaupt auszudehnen und alles in der Welt auf eine Ganzheit und einen obersten Zweck zu beziehen. Diesem Sinnganzen wären dann der Mechanismus und seine Kausaldetermination unterzuordnen. Und nicht nur das; die Idee des Zweckes verlangt weiter die Idee eines Zwecke setzenden, intelligenten, höchsten Wesens. Wird damit die Teleologie zur Theologie? Ja und nein. Es regt sich nämlich sofort Kants kritisches Denken. Der Zweck befindet sich nicht unter seinen Kategorien. Er ist kein konstitutiver, sondern nur ein regulativer Begriff. Er ist nur eine „Idee" und besitzt keine ihm korrespondierende Anschauung. Warum nicht? Sehen wir denn nicht die Zweckbeziehungen? Nein, wir schauen die Dinge nur so an, als ob sie zweckmäßig wären, und müssen das auch, aber die Planung selbst, die weiter zurückliegt, im urbildlichen Geist (intellectus archetypus), sehen wir nicht. Wäre sie auch so bekannt, wie es unsere subjektiven Zwecksetzungen sind, die wir selbst vornehmen, dann wäre der Naturzweck auch an sich einsichtig. Das ist er aber nicht, und deshalb bleibt es bei dem „Als ob" und bei der Idee als einer regulativen Fiktion.

Damit taucht eine *Aporie* auf, die die Philosophie Kants von Anfang an begleitet. Der Zweck ist eine Idee, die Freiheit, die Unsterblichkeit, Gott ebenso. Alles ist ein Betrachten „als ob", soll aber doch nicht nur Fiktion, sondern fundiert sein. Der Idee unseres Geistes entspricht also etwas außerhalb des Geistes; zwar nicht eine korrespondierende Anschauung, aber doch immerhin etwas Reales, ein Ansich. Aber dieses Ansich ist für Kant nicht erkennbar. Wenn dem wirklich so ist, dürfte er sich auch nicht darauf berufen. Auch schon in der Kategorienlehre dürfte er das nicht. Will Kant sich doch darauf berufen, wie er es tatsächlich ja tut, dann müßte er sich auch darum kümmern, wie das die alte Metaphysik getan hat, und zeigen, wie diese Berufung möglich ist. Wenn seine neue Metaphysik Transzendentalphilosophie sein und die ewigen apriorischen Funktionen herausstellen will, mit denen der Geist der Weltwirklichkeit begegnet, dann kann sie nicht nur vom Ding an sich als einem unbekannten X reden und es andererseits doch wieder dem Geist als ein Etwas gegenüberstellen; sonst läuft sie Gefahr, sich zwischen zwei Stühle zu setzen und weder der Sinnlichkeit zu geben, was der Sinnlichkeit, noch dem Geist, was des Geistes ist. Oder sollte alle Rede von Dingen, Substanzen, Seiendem nur vordergründige Täuschung sein, Metapher und Symbol für den Geist, der allein alles ist, was überhaupt ist; der allein mit seiner Dialektik, seiner Sprache und seinen Worten da ist? So daß es außer ihm nichts gibt und nur das, was er zeugt? Das wird das Problem des deutschen Idealismus werden, zunächst einmal bei Fichte.

2. Fichte – Subjektiver Idealismus

Kant ist ein Dreiviertelskopf gewesen, hat Fichte (1762–1814) gesagt, weil er seine eigene große Konzeption von der Schöpferkraft des menschlichen Geistes nicht zu Ende gedacht habe. Er habe das Ding an sich noch stehen, habe von ihm Reize auf das Vorstellungsvermögen ausgehen und den Geist davon abhängig sein lassen. Hier sei er immer noch zu wenig kritisch, noch zu sehr dogmatisch gewesen. Darum seien die Kategorien Kants immer noch transzendente Seinsformen, und nicht reine geistige Spontaneität. Dadurch käme der Geist um seine Freiheit. Es gäbe überhaupt nur zwei Philosophien, den Dogmatismus und den Idealismus. Nur der letztere mache den Menschen ganz frei. Eine theoretische Entscheidung zwischen den beiden Philosophien könne nicht gefällt werden. Weder der eine noch der andere Standpunkt sei zu beweisen oder zu widerlegen. Es komme letztlich auf die persönliche Tat an. „Was für eine Philosophie man wähle, hängt... davon ab, was für ein Mensch man ist." Fichte wollte frei sein. So entschied er sich für den Idealismus der Tat. Der Geist ist bei Fichte sehr viel mehr als bei Kant. Bei letzterem war er noch so etwas wie ein platonischer Demiurg, der aus einem vorgefundenen Stoff eine Welt bildet. Bei Fichte ist er, was der Gott der Bibel ist; er erschafft eine Welt aus dem Nichts; denn es gibt nur das Ich des Geistes. Durch dieses Ich entsteht die Welt.

Das Wie der Seinsentstehung zeichnet Fichte in seiner *Wissenschaftslehre*. Gerade in der Wissenschaftslehre, weil es identisch ist mit der Entstehung des Wissens. Erkennen und Wissen ließ die Philosophie sonst bei der Sinnlichkeit anheben. Von außen kämen die Vorstellungen, an sie schließe sich das Denken an, daran wieder die Vernunft. Allein damit käme der Mensch nach Fichte in Abhängigkeit von etwas anderem und verlöre seine Freiheit. Fichte macht es darum anders. Er meint, das Bewußtsein brauche sich nur selbst anzuschauen und sich zu besinnen auf die Voraussetzungen seiner eigenen Möglichkeit. Da ist dann das erste, was man gewahrt, die eigene Ichheit, das reine Ich, entsprechend dem „Ich denke" der transzendentalen Apperzeption Kants. Damit kann der Mensch schon sagen: Ich bin ich (Thesis). Da ein Ich sich aber nicht denken läßt ohne ein Nicht-Ich, sowenig wie ein Links ohne ein Rechts, haben wir bereits das vor uns, was dann Welt werden kann (Antithesis). Und da beides, Setzung und Entgegensetzung, in uns selbst geschah, sind die beiden Schritte in einem dritten von Anfang an verbunden: in der Aufhebung des Widerspruchs und der Einheit eines höheren Ich (Synthesis). Dieser sogenannte *dialektische Dreischritt* wird im deutschen Idealismus zu einem Denkschema werden, das man immer wieder braucht, um sowohl im Denken wie im Sein vom Einen zum Vielen zu kommen und doch das Viele und Verschiedene in einer Einheit, letztlich immer im Bewußtsein oder im Geist, wieder aufzuheben. Im Denken wie im Sein, sagen wir, weil man, eine Inkonsequenz Kants beseitigend und ihn vollendend, gesehen zu haben glaubt, daß diese Zweiheit nur eine scheinbare ist und im Grunde selbst nur eines sich ausspricht: die Dialektik des Geistes, der bald als Denken, bald als Sein erscheint.

Bei Fichte wird freilich dieser Geist selbst auch noch tiefer ergründet und als Tathandlung erkannt. Die Wissenschaftslehre wird bei ihm so zur Sittenlehre. Seine Dialektik ist nicht Ideenzergliederung wie etwa die platonische, sondern fortschreitende Tathandlung. Das „Im Anfang war der Logos" übersetzt er mit „Im Anfang war die Tat". Schon die Setzung des Ich ist Tat, Kausalität und Realität. Und alles Reale, die ganze Natur, ist unsere Tat; genauer: unsere Pflicht; denn das Tun ist wieder reines Tun, reiner Wille. In der Ethik war auch bei Kant schon nichts in der Welt gut als allein der reine Wille; war also auch bei Kant der Wille schöpferisch gewesen. Bei Fichte gilt dieses Schöpfertum nicht nur für die Ethik, sondern für das Ganze des Seins. Alles Sein, alle Realität ist Sein und Realität nur durch unser Tun und unseren Glauben an die Pflicht. Das bloße Wissen, wie Descartes es im Auge hatte, könnte an allem zweifeln. Keine Anschauung, keine Wahrnehmung, kein Seiendes könnte bestehen. Alles in der Welt könnte schließlich Traum sein. Allein unser Wille und sein Glaube an die Pflicht schaffen ein Fundament, auf dem unser Wissen von der Welt und damit die Realität der Welt selbst stehen. Im reinen Willen erkennen wir aber zugleich, daß diese Realität nicht die sinnliche, raum-zeitliche ist. Die gibt es zwar, aber sie ist etwas Vordergründiges und ein zu Überwindendes. Eine Realität nämlich, die nur Materie ist und bloß den Raum ausstopft, eine Welt, in der man sich bequem einrichtet, die Natur überwindet und das Erdendasein zu einem Paradies macht, wäre trotz allem, so meint Fichte, des Menschen unwürdig. Geboren zu werden, um ein schönes Leben zu haben und dann zu sterben, nachdem man Kinder gezeugt hat, die es auch wieder schön haben, aber auch wieder sterben müssen, und so immer zu, wäre sinnloser Stumpfsinn. Das sinnliche Dasein müsse vielmehr überformt und aufgehoben werden in einem übersinnlichen Dasein, das mehr ist als nur Materie, Macht und Genuß, das im Ewigen und Göttlichen selbst besteht. Und nicht erst nach dem Grabe, sondern schon jetzt soll dieses höhere Dasein den Menschen zum eigentlichen Menschen machen, zum ewigen, göttlichen Menschen. Beim frühen Fichte besonders stark, aber auch beim reifen Fichte noch wird das *Göttliche* erzeugt durch das Rechttun, und Religion ist nur Moral, Offenbarung im Sinne Kants reiner Vernunftglaube, Gott mehr noch als bei Kant ein bloß menschlicher Gedanke, und man hat Fichte deshalb des Atheismus bezichtigt.

Beim *späten Fichte* zeigt sich aber, gerade im Denken des Übersinnlichen, im Begriff der Pflicht als der Stimme Gottes sowie im Begriff des Göttlichen als der Liebe Gottes im Sinne des Johannesevangeliums, daß neben dem Ich ein wirklich transzendentes Nicht-Ich steht, das uns zwar zunächst nur durch unser Ich bekannt wird, das aber in seinem Anderssein jenes Höhere ist, das wir brauchen, wenn wir ganz Ich sein wollen. „Alles Höhere muß eingreifen wollen auf seine Weise in die unmittelbare Gegenwart, und wer wahrhaft in jenem lebt, lebt zugleich auch in letzterem."

3. Schelling – Objektiver Idealismus

Fichte hatte gemeint, daß nur zwei Philosophien möglich seien, der Dogmatismus, der Dinge an sich annimmt, und der Idealismus, für den es nur Bewußtseinsinhalte gibt. Zwischen beiden müsse man wählen. Schelling (1775–1854) wählt nicht, sondern vertritt beide Standpunkte. Er sieht, wie das Subjekt das Objekt fordert, aber nicht nur ein vom Subjekt gezeugtes Objekt, sondern ein wirkliches Objekt, und wie umgekehrt auch ein Weg vom Objekt zum Subjekt führen müsse, weil alles Bewußtlose zur Bewußtwerdung dränge. „Unserem Herzen genügt das bloß geistige Leben nicht. Es ist etwas in uns, das nach wesentlicher Realität verlangt... und wie der Künstler nicht ruht im Gedanken seines Werkes, sondern nur in der körperlichen Darstellung und jeder von einem Ideal Entbrannter es in leiblich sichtbarer Gestalt offenbaren oder finden will, so ist das Ziel aller Sehnsucht das vollkommen Leibliche als Abglanz des vollkommen Geistigen." Abglanz des Geistigen ist aber auch die Natur und ebenso das Bewußtsein. Darum bleibt Schelling Idealist, ist aber objektiver Idealist, weil er das Bewußtsein von Anfang an an etwas orientiert sein läßt, das nicht von ihm gesetzt wurde. Der Fichteschen Tathandlung des subjektiven Ich stellt er die Natur entgegen, der Religion innerhalb der Grenzen der bloßen Vernunft die positive Religion, der rationalistischen Gottesidee den durch die Geschichte schreitenden Gott des Mythos und seiner historischen Offenbarung. Aber eine geheime Tendenz, alles, auch Offenbarung und Geschichte, letztlich doch auf ein höheres, fast gnostisches Wissen zurückzuführen, beherrscht auch Schelling.

Schellings Philosophie findet zu sich selbst durch seinen Bruch mit Fichte. In seiner *Naturphilosophie* ist Natur nicht mehr Erzeugnis des handelnden Ich, nicht mehr bloß Objekt der Pflicht. Natur wird vielmehr vorgefunden, ist etwas in sich Stehendes, ist von unendlicher Fülle und gerade dieser ihr Reichtum beweise ihre Objektivität und ihr Anderssein gegenüber dem Ich. Hier können wir nicht nur handeln, sondern müssen auch staunen, lernen, ausschöpfen. Aber vielleicht war die größte Tat Schellings in seiner Naturphilosophie gar nicht dieser Bruch mit dem subjektiven Idealismus, sondern seine Einsicht, daß die Natur voller *Leben sei*. In Kants Kategorienlehre gab es für die lebendige Natur kein Organ. Diese Kategorienlehre war mathematisch-mechanistische Naturanschauung. In seiner Kritik der Urteilskraft führt Kant zwar die Zweckidee ein, aber auch nur das geschieht, und sie wird überdies wieder eingeschränkt, weil sie nur ein regulatives Prinzip sein darf. Bei Schelling aber werden Leben und Seele konstitutive Seinsprinzipien der Natur. Und auf ihrer letzten Tiefe entdeckt er auch noch den Geist. „Die sogenannte Natur ist mithin nichts anderes als wie unreife Intelligenz, weshalb in ihren Phänomenen noch bewußtlos schon der intelligente Charakter durchblickt. Das höchste Ziel ... erreicht aber die Natur erst durch die höchste und letzte Reflexion in sich, welche nichts anderes als der Mensch oder allgemeiner das ist, was wir Vernunft nennen; denn durch diese kehrt die Natur vollendet in sich selbst zurück, und es wird offenbar, daß die Natur ursprünglich identisch ist mit dem, was in uns als Intelligenz und Bewußtes erkannt wird." Die Natur ist jetzt, wie die Urpflanze Goethes, „geprägte Form, die lebend sich gestaltet". Auf dem Boden einer solchen Naturphilosophie kann man mit Fug und Recht sagen: „Nun alles sich mit göttlichem Erkühnen zu übertreffen strebt; das Wasser will, das unfruchtbare, grünen, und jedes Stäubchen lebt." Natur ist also Leben, Seele, letztlich ein Weg zum Geist. Man kann auch umgekehrt vom Geist zur Natur finden. Schelling ging diesen Weg in seiner *Transzendentalphilosophie*, der Parallele zur Naturphilosophie, indem er nun ähnlich wie Fichte zeigt, wie aus dem Subjekt das Objekt, aus Geist Natur als Realität einsichtig werden könne. Sie gehen aber nicht mehr hervor als Setzungen des Ich, sondern werden im Sinn und Grund des Geistes als eine Korrelation entdeckt, wie er auf dem Grunde der Natur den Geist als ihr Gegenüber gefunden hatte.

Daß Natur und Geist im Grunde aber identisch sind, leuchtet aus dem Gesagten wohl bereits ein. Dieses: Natur ist im Grunde Geist, Geist ist im Grunde Natur, bildet das Thema der *Identitätsphilosophie* Schellings. Subjekt ist Objekt, Realität ist Idealität, Natur sichtbarer Geist, Geist unsichtbare Natur, so heißt es jetzt. Ist das nicht doch wieder der frühe Fichte? Und taucht nicht ein noch kühnerer Identifizierungsversuch auf, das Zusammenfallen alles Vielen mit dem Einen, dem Absoluten, also der Welt mit Gott? Schelling hat die Gefahr gesehen und wollte eine das Anderssein auslöschende Identifizierung vermeiden. Aber sein Versuch, das Identische im Nichtidentischen sichtbar werden zu lassen, ohne in eine, alle klaren logischen Konturen verwischende Dialektik zu flüchten, war zu verstiegen, um nicht in Unverständlichkeit scheitern zu müssen.

Für den Schelling der Naturphilosophie sowohl wie für den der Transzendentalphilosophie war die Welt ein göttliches Kunstwerk. In seiner *Kunstphilosophie* sah er das Schöne darin, daß sich das Unendliche fühlbar in das Endliche herabsenke und das Endliche Symbol des Unendlichen werde in einer Einheit von Leib und Seele, Natur und Geist, Gesetz und Freiheit, Individualität und Allgemeingültigkeit. Genau das war ihm auch die Welt. Irgendwie schimmert dabei immer die platonische Ideenlehre durch.

Seit seiner Würzburger Zeit trat dieser Optimismus mehr und mehr zurück. In seiner *Philosophie der Freiheit* und der Geschichte tauchen jetzt immer mehr irrationale Elemente auf: ein Wille, der dunkel und unberechenbar ist; eine Individualität, die sich nicht in das Ganze fügen will und unbegreifbar bleibt; eine Sinnlosigkeit, die den Gang der Geschichte begleitet; ein Böses, das als Ungrund selbst den Grund aller Dinge, Gott, verdunkelt und als Ursündenfall schuld ist an aller Verkehrtheit der Welt. Aber auch durch alle Drangsale hindurch werde alles sich läutern und würden Weltgeschichte und Gott selbst schließlich das werden, was sie sein sollen, der Sieg des Lichtes über das Dunkel. Die „*positive Philosophie*" sollte diesem ganz Individuellen, Tatsächlichen, rein Geschichtlichen, nicht Rationalen Rechnung tragen. Sie sollte das Neue bringen, das Schelling gegenüber dem sonstigen Idealismus nun herausstellen wollte, weil jetzt das Konkrete mächtiger sein sollte als das begrifflich Allgemeine.

In Wirklichkeit strebt Schelling auch jetzt noch nach dem Allgemeinen und seiner alles erhellenden Kraft. Aber er sucht es mit einem Wissen, das man mit Recht gnostisch geheißen hat und dem die Zeit die Gefolgschaft versagte. Schelling verlor sich ins Uferlose wie der Geist Faustens.

Zunächst hat Schelling aber eine große Resonanz gefunden, vor allem unter den *Romantikern*, bei *G. Carus, Franz von Baader, Friedrich Schleiermacher, Fr. H. Jacobi* u. a., alles Männer, denen Gefühl, Intuition, Tradition und Glaube mehr sagten als reine Vernunft und nur begriffliches Denken. Irgendwie scheint dieser Geist in der Zeit gelegen zu haben; denn auch in Frankreich gibt es ähnliche Strömungen, z. B. bei *Bonald, Bautain, Bonetty, Ventura, Lamennais.*

4. Hegel – Absoluter Idealismus

In Hegel (1770–1831) pflegt man den Höhepunkt des deutschen Idealismus zu erblicken. Mit einer erstaunlichen Universalität des Wissens, echt metaphysischem Tiefgang und einzigartig radikaler Denkkraft versucht Hegel das gesamte Sein als Geistsein und Geistschöpfung zu erweisen. Nicht nur am Anfang ist der Logos, er ist immer; er wird alles und ist alles, weder beirrt durch die Materie noch durch das Individuelle und durch die Freiheit. Aber noch mehr! Es ist nicht nur so, daß wir das Walten des Logos erkennen: Der Logos selbst erkennt, wenn wir erkennen. Hegels Philosophie ist darum absoluter Idealismus, Panlogismus, Entwicklung der Geschichte des Logos in der Natur und in allen Phasen der Weltgeschichte, damit wir darüber zu ihm selbst kommen und sehen, was er als ganzer ist. Hegel fühlt sich als die Erfüllung aller Versuche, die Welt „sub specie aeterni" (unter dem Gesichtspunkt des Ewigen) zu betrachten, von der Logoslehre Heraklits über Platon, Aristoteles, Augustin und Hochmittelalter bis herauf zu Spinozas Formel „Deus sive substantia sive natura". All das will er sein und zugleich nichts davon, weil in seinem Weg jedes dieser Stadien aufgehoben ist und nur das Ganze noch die Wahrheit bildet.

a) Der Ansatz
Hegels Philosophie findet ihren Ansatzpunkt dort, wo Kant zu früh aufgehört hatte, beim Ding an sich, beim Objekt, dem Material der

apriorischen Formen. Hegel bejaht, daß die Formen der Gegen-
standserkenntnis der Spontaneität des Geistes überantwortet werden. Aber er fragt sofort: Ist ein so verstandener Gegenstand wirklich Objekt? Und er antwortet: Mögen die Kategorien auch uns
angehören, so folgt daraus doch nicht, daß sie bloß ein Unsriges
sind und nicht auch Struktur der Gegenstände selbst. Wenn Kant
nur die eine Seite sähe, dann sei das „ein platter Idealismus, der sich
nicht auf den Inhalt einläßt". Darauf aber könne nicht verzichtet
werden; denn es sei ein alter Glaube der Menschheit, daß Wahrheit
darin bestehe, das zu denken, was an sich ist, und so, wie es an sich
ist. Wie bei seinem Freund Schelling vollzieht sich damit ein Durchbruch zur Objektivität, aber weder zu der subjektivistischen
Objektivität Fichtes noch zu der realistischen des Dogmatismus. Im
ersten Fall wäre es keine echte Objektivität, im letzteren Fall wäre
es um die Spontaneität geschehen. So bleibe nur der Ausweg, daß
das Denken des Menschen, wo es Wahrheit ist und das Sein trifft,
das Denken des Weltgeistes selbst ist, der die Dinge, indem er sie
denkt, erschafft (was auch Kant gesagt hat), und wo darum Denken,
Wahrheit und Sein zusammenfallen. „Das Sich-Urteilen der Idee in
die beiden Erscheinungen" (Geist und Natur) „bestimmt dieselben
als ihre (der sich wissenden Vernunft) Manifestationen, und es vereinigt sich in ihr, daß die Natur der Sache, der Begriff, es ist, die sich
fortbewegt und entwickelt, und diese Bewegung ebensosehr die
Tätigkeit des Erkennens ist, die ewige an und für sich seiende Idee
sich ewig als absoluter Geist betätigt, erzeugt und genießt." Damit
ist Hegel beim absoluten Idealismus angelangt. Darum also „ist alles
Vernünftige wirklich und alles Wirkliche vernünftig". Kants Idealismus war ein kritischer gewesen und hatte sich nicht an den urbildlichen Geist (intellectus archetypus) herangewagt. Hegel treibt
Metaphysik trotz dieser Kantischen Kritik und treibt sie kühner
denn je; denn er schaut nicht nur das Absolute, wie es am Werk
ist, er ist sich bewußt, daß das Absolute in ihm selbst am Werk ist.
In der Philosophie werde das manifest. Gott selbst sei der Philosoph.

b) Dialektik

Hier liegt alles daran, daß man sich befreit von der alten Metaphysik
und ihrer Rede von den Dingen an sich, ebenso aber auch von der
neuen Metaphysik Kants und ihren transzendentalen Formen, und
den Versuch macht, Sein, Seiendes und Formen des Denkens zu verstehen einfach als Bewegung des Geistes oder des Begriffs. Es gibt
immer nur diesen Geist und seine Bewegung. Sein Gesetz, das alles
in Natur und Geschichte erklären soll, ist die Dialektik, d. h. der

dialektische Dreischritt von Thesis, Antithesis und Synthesis, den wir schon von Fichte her kennen. Ontologie und Transzendentalphilosophie werden jetzt zur Dialektik. Ihr Geheimnis ist aber nicht so sehr jener berühmte Dreischritt – er bedeutet nur die technische Durchführung –, sondern die Lehre, daß Sein Nichts ist, weil alles in Bewegung ist, und alles Stehende nur ein Moment an dieser ewigen Bewegung. Man könnte dafür genausogut sagen, das Diesesda ist ein Anderes. So scheint weder der Identitäts- noch der Widerspruchssatz mehr zu gelten. Viele wollen hier nicht mehr mitgehen, weil ihnen ein Diesesda eben ein festes, stehendes Etwas, womöglich eine Substanz ist. Hegel aber zeigt in seiner *Phänomenologie des Geistes,* wie dieses vermeintliche Diesesda nur dem unkritischen Denken ein substantiell bleibendes Etwas ist, das bei näherem Zusehen aber sich auflöst in zahllose Blick- und Standpunkte. Jeder sieht es ja anders, sieht es mit anderen Mitteln, greift, wenn er es beschreibt, nur irgend etwas heraus und formt dadurch ein Bild. Wollten wir es sehen, wie es wirklich ist, dann müßten wir alle Bedingungen mitdenken, von denen es in seiner Geschichte abhängig ist, und müßten zugleich mitdenken, was noch aus ihm hervorgehen wird in unendlichen Folgen. Das heißt aber, die Wahrheit um ein Diesesda ist das Ganze. Solange wir das nicht besitzen, müssen wir wenigstens einsehen, wie der Geist seine Geschichte hat und sich wandelt und wie er um dieser seiner Geschichte willen, was er als ein Seiendes gesetzt hat, wenn er nur gerecht sein will, sofort wieder negieren muß, weil es nur lebt von der Gnade des anderen, von dessen Vermittlung, dieses selbst aber auch wieder, und so immer zu. Bis wohin? Bis nirgendwohin; denn nur die Bewegung des Geistes „ist". Bertrand Russell hat witzig bemerkt, wenn Hegel recht hätte, könnte kein einziges Wort einen Sinn haben, weil wir vorher schon den Sinn aller anderen Worte kennen müßten, die zu seinem Verständnis vorausgesetzt werden müßten. Wenn man den Satz verstehen wollte: John ist der Vater von James, müßten wir wissen, wer John ist und wer James. Das zu wissen aber hieße, ihre sämtlichen Eigentümlichkeiten wissen. Diese involvieren wieder andere Bedingungen und Voraussetzungen, Leute, Dinge, Länder, geschichtliche Ereignisse, soziale Zustände usw. Bevor wir also sagen könnten, wer John ist, müßten wir über das ganze Universum Rechenschaft ablegen, und wir würden also nicht über John sprechen, sondern über das Universum. Die Wahrheit ist ja bei Hegel das Ganze. Der Einwand wirft wichtige Fragen auf: Gibt es bei Hegel wirklich Individuelles, Grenzen also zwischen Verschiedenem, z. B. auch zwischen Gott und Welt, dem Einzelnen und dem Staat, gibt es Freiheit,

Selbstentscheidung und anderes? Aber stellen wir das noch etwas zurück, um zunächst die Hintergründe für die Hegelsche Dialektik aufzudecken und damit sein wahres Wollen in den Blick zu bekommen.

c) Hegels geistige Heimat

Der Dialektik liegt eine bestimmte Denkform zugrunde. Darin dürfen wir Hegels geistige Heimat erkennen. Die Frage danach tut Hegel kein Unrecht. Die Forderung, sich durch einen Sprung, wie man gemeint hat, in sein Denken hineinzuversetzen, widrigenfalls man ihn nicht verstehen könne, bedeutet philosophischen Selbstmord. Die Denkform Hegels ist nicht singulär und kann durchaus analysiert werden. Man hat dieses Denken das *organologische Denken* genannt. Im organischen Leben nämlich ist Geburt (Thesis) und Grab (Antithesis) gleich Leben (Synthesis). Hegel hat dieses Denken nun in der *Bibel* kennengelernt. Hier haben wir die Philosophie der Gegensätze, die in einer höheren Synthese aufgehoben werden: „Wenn das Weizenkorn nicht in die Erde fällt und stirbt, bleibt es allein; wenn es aber stirbt, wird es viele Frucht bringen." Besonders im Johannesevangelium fand Hegel, was für ihn so bezeichnend wurde, die Gleichsetzung von Gott, Geist, Wahrheit, Leben, Weg. Der Logos des Johannesevangeliums ist am Anfang, ist Gott; durch ihn ist alles geschaffen; er ist das Licht der Welt, kommt in die Welt, nimmt Fleisch an, damit alle, die an ihn glauben, Kinder Gottes werden. Das alles sagt Hegel auch von seiner Idee. Auch sie ist am Anfang, ist Geist, ist Gott, nimmt in der Natur Fleisch an, ist „außer sich", ist Licht und Leben der Welt und will alle Welt wieder in sich zu Gott zurückführen. Mit 25 Jahren beginnt Hegel, ein Leben Jesu zu schreiben. Es hebt an mit dem Satz: „Die reine, aller Schwankung unfähige Vernunft ist die Gottheit selbst." Als er mit 42 Jahren die Ausarbeitung seines Systems unternimmt und seine Wissenschaft der Logik schreibt, setzt er in Sperrdruck in der Einleitung als Definition der Logik den Satz hin: „Die Logik ist sonach als das System der reinen Vernunft, als das Reich des reinen Gedankens zu fassen. Dieses Reich ist die Wahrheit, wie sie ohne Hülle an und für sich selbst ist. Man kann sich deswegen ausdrücken, daß dieser Inhalt die Darstellung Gottes ist, wie er in seinem ewigen Wesen vor der Erschaffung der Natur und eines endlichen Geistes ist."

Den Zeitpunkt, an dem Hegel in die philosophische Bewegung der Zeit eintrat, bezeichnet er als den philosophischen Karfreitag. Er sah seine Aufgabe darin, Gott zu neuem Leben zu erwecken. Kants angeblicher Nachweis der Unmögliche aller Metaphysik und besonders der alten Gottesbeweise hatte Gott als Gegenstand des Wissens aus der Philosophie vertrieben. Gott sollte nur noch geglaubt werden oder nach Schleiermacher nur noch Gegenstand des Gefühls sein. Hegel ist strikte dagegen. Er schon, nicht erst Nietzsche, schreibt damals den Satz „Gott ist tot". Aber, so fährt er fort, es liegt im Wesen Gottes, zu sterben und wieder lebendig zu werden. Diesen lebendigen Gott will er in seinem System erweisen. Er ist die Seele des Universums und das Leben ihres Lebens. Und in diesem „Leben" ist das Hegelsche Denken zu Hause. Von hier aus muß man an ihn herantreten, was für das Verständnis sehr wichtig ist; denn es gibt dann doch *Individuelles* bei Hegel, weil es beides bei ihm gibt, Individuelles *und* Allgemeines; denn Leben ist eben die Synthese von beidem, dem Besonderen und dem Allgemeinen. Der Individualist verfehlt darum die Wirklichkeit ebenso wie der Holist, weil sie immer nur eine Seite hypostasieren. Man würde sie aber selbst dann noch verfehlen, wenn man beide Seiten zugleich statisch nähme; denn die Begriffe müssen flüssig bleiben, so wie im Leben auch alles in ewiger Bewegung ist. Aber auch ein Fließen als reines Fließen und nur Fließen gefaßt wäre falsch; denn der Begriff des Fließens ist unvollziehbar, wenn es nicht auch etwas Statisches gibt. Und so ist nur das Ineinander von beidem, die Synthese also, das Leben. Darum sind auch Grenzen wieder da, ein Diesesda und ein Anderes, wenn auch nur, um sofort negiert und überschritten zu werden. Auch *Freiheit* ist da in diesem, dem Leben entnommenen Denken, weil Leben „Form" ist, die „lebendig" sich gestaltet, immer wieder anderes gestaltend und doch die Form wahrend. Der Formbegriff, der die platonische Idee bildet, schloß ja auch immer schon neben dem Einen das Viele ein: Alles will sein wie die Idee, ist sie aber nicht (ist also davon frei) und ist sie doch wieder (weil daran teilhabend) und hat darum auch in der Freiheit noch ein Gesetz. Und auch *Gott* ist nicht ersetzt durch die Welt, sondern ist durch all ihr Sein und Geschehen zu denken, damit er nicht ein starrer, erschöpfter Begriff bleibt. Hat nicht auch Cusanus gesagt, daß Gott das sei, was mit allen Namen benannt werden müsse, das omninominabile? Übrigens wollte Hegel ebenso auch das *Christentum* in seiner historischen Gestalt gewürdigt haben und nicht in lauter Vernunftreligion auflösen, trotz der „Aufhebung" in Philosophie als dem eigentlich und letztlich Wahren.

d) „List der Idee"
Hegel hat in seinen großen Werken über die Philosophie der Weltgeschichte, des Rechtes, der Religion, in seiner Phänomenologie des

Geistes und in seiner Logik, die Ontologie, Metaphysik und Theologie sein will, eine Dialektik des Seins und des Seienden, der Natur und der Geschichte, des Rechtes und des Staates, des Guten und Bösen, des Endlichen und Unendlichen gegeben, deren große Kunst es war, allen Differenzierungen und Nuancen des Verschiedenen und Vielen in den Schichtungen der Natur und den Epochen der Geschichte nachzugehen und in dem Besonderen, mochte es nur Individuelles sein oder freier und auch blinder, böser Wille, das Allgemeine wieder zu finden, das dort am Werk ist, als die List der Idee, die weiter schaute und alles wieder – eben durch ihre List – unter eine Einheit zu bringen vermochte, weil sie es versteht, das Böse zum Guten und den Eigensinn zum Ganzen zu wenden. Darauf kam es ihm an: „In dem Schein des Zeitlichen und Vorübergehenden die Substanz, die immanent ist, und das Ewige, das gegenwärtig ist, zu erkennen; denn das Vernünftige, was synonym ist mit der Idee, indem es in seiner Wirksamkeit zugleich in die äußere Erscheinung tritt, tritt in einem unendlichen Reichtum von Formen, Erscheinungen und Gestalten hervor, und umzieht seinen Kern mit der bunten Rinde, in welcher das Bewußtsein zunächst haust, welche der Begriff erst durchdringt, um den inneren Puls zu finden und ihn ebenso in den äußeren Gestalten noch schlagend zu fühlen." Die Identität des Nichtidentischen, die Hegel suchte, sollte darum nicht – das hielt er Schelling vor – ein leerer, abstrakter Begriff sein, „ein Allgemeines, das nicht ausspricht, was darin enthalten ist", sondern ein Allgemeines, das nicht nur potentielle, sondern aktuelle Fülle ist. Darum, weil er dieses Tiefste gedacht, hatte er das Lebendigste lieb.

Die *kritische Frage* an Hegel ist nur, ob er für seine Kühnheit nicht einen zu hohen Preis bezahlt hat, weil er mit dem „Ist" seiner Aussage mit einer Freizügigkeit umgeht, die sprunghaft ist, von der Amphibolie der Begriffe lebt und bis zur Sophistikation reichen kann. In den Aussagen: Das Sein ist Nichts, das Sein ist Schein, das Sein ist Werden, dieses ist ein anderes usw., bedeutet das Ist jeweils etwas Verschiedenes. Kommt Hegel in seiner Dialektik oft genug nicht nur deswegen voran, weil er in unverbindlicher Weise unter der Hand den Standpunkt wechselt, sich nicht festlegt und dem sicheren Zugriff ständig entweicht? Daß der Marxismus des vorigen Jahrhunderts mit seiner wendigen journalistischen Dialektik an Hegel hat anknüpfen können, stimmt nachdenklich. Es gibt etwas an Hegel, was man zur sophistischen, ja nihilistischen Dialektik ausbauen kann, insbesondere dann, wenn man aus ihm nur das dialektische Getriebe herausbricht, Negation um der Negation willen,

Kritik um der Kritik willen betreibt, während man auf den Geist des Ganzen seiner Philosophie vergißt oder sie als idealistisch und reaktionär zu schmähen beliebt. Um so notwendiger ist es, immer wieder zu sehen, wo Hegels geistige Heimat war und was sein eigentliches Wollen gewesen ist. Andernfalls ist die Berufung auf Hegel Täuschung und dialektischer Schein.

e) Die Nachwirkungen

Die Nachwirkungen Hegels sind sehr groß gewesen. Wir greifen nur die in der Religionsphilosophie, Gesellschaftslehre und Geschichtsphilosophie heraus.

Hegel hatte wie überall so auch in seiner Philosophie der *Religion* Verschiedenes und Gegensätzliches in einer Einheit aufheben wollen. Wer nicht ganz mitging, konnte bei den Teilaspekten hängen bleiben. Man konnte in seiner Rede von Gott, Christentum und Religion nur das Eigene und Einmalige herausheben und kam dann zu einer theistischen Hegeldeutung. Man konnte aber auch das Aufgehobensein der Religion in der Philosophie überbetonen und kam dann zu einer pantheistischen Deutung. Und wenn man das Gewicht noch mehr auf das Raum-Zeitliche verlagerte, in dem alles letztlich realisiert sei, und in Gott nur noch einen leeren Namen sah, konnte man zu einer atheistischen Deutung kommen. So gab es eine *Hegelsche Rechte*, die konservativ dachte (*Gabler, Hinrichs, Göschel, Bauer*), und eine *Hegelsche Linke*, die bis zum Materialismus abglitt (*Bauer, David Friedrich Strauß, Feuerbach, Marx, Engels*).

In der *Gesellschaftslehre* stürzte man sich auf die Rede von der Vermittlung des einen durch das andere und ließ sehr bald nicht nur Begriffe, sondern alle „Wahrheit", Philosophie, Religion, Recht usw. vermittelt sein von den jeweiligen gesellschaftlichen Zuständen. Das Ende war, daß man bei den Marxisten Hegel auf den Kopf stellte und alles Ideelle zum Epiphänomen der Produktionsverhältnisse machte. Schon Alexander Herzen hatte erklärt: Hegel ist die Algebra der Revolution, weil die Philosophie des ewigen Werdens und der dialektische Umschlag ins Gegenteil für so etwas wie geschaffen schien. Aber auch die Kronphilosophen des preußischen Staates beriefen sich auf Hegel; hatte er doch auch gesagt, daß der Staat der Gang Gottes in der Welt sei, „die Wirklichkeit der sittlichen Idee". Daß damit nur sie selbst gemeint sein konnten, daran zweifelten diese Leute nicht. Und wo man bei sich selbst doch einige Differenz vom Gang Gottes durch die Welt entdeckte, konnte man zu seinem Trost bei Hegel wieder lesen: „Jeder Staat... hat immer, wenn er namentlich zu den ausgebildeten unserer Zeit ge-

hört, die wesentlichen Momente seiner Existenz in sich … Der Staat
ist kein Kunstwerk, er steht in der Welt, somit in der Sphäre der
Willkür, des Zufalls und des Irrtums, übles Benehmen kann ihn nach
vielen Seiten defigurieren, aber der häßlichste Mensch, der Ver-
brecher, ein Kranker und Krüppel ist immer noch ein lebendiger
Mensch. Das Affirmative, das Leben, besteht trotz des Mangels, und
um dieses Affirmative ist es hier zu tun." Wieder sieht man die Un-
verbindlichkeit und Vieldeutigkeit, in die Hegels Rede geraten kann.

In der *Geschichtswissenschaft* hat Hegel nachgewirkt bei einer
ganzen Reihe von großen Philosophiehistorikern, bei *A. Schwegler,
Joh. Ed. Erdmann, K. Fischer, Ed. Zeller,* sowie in der philosophi-
schen Ganzheitsbetrachtung der Weltgeschichte, besonders in der
Anwendung der kulturmorphologischen Methode, bei *O. Spengler,
B. Croce, A. J. Toynbee, K. Jaspers.*

5. Herbart und Schopenhauer – Der Ausklang des Idealismus

a) Herbart

J. Fr. Herbart (1776–1841) steht zeitlich noch ganz in der idealistischen Epoche, und doch kündigt sich in ihm schon deutlich das Ende
dieser Philosophie an. Er bezeichnet sich selbst noch als einen Kan-
tianer, aber als einen solchen von 1828. Die Zeit ist weitergegangen.
Die Kritik an Kant ist jetzt eine prinzipiellere als im deutschen Idealismus geworden. Kant wird nicht mehr „weitergeführt", sondern
der Idealismus wird in seiner Wurzel angegriffen. Das von Kant nur
in der Vorstellung gefaßte und erfaßte Reale soll wieder in seiner
Realität an sich gesehen und zum Gegenstand der Erkenntnis gemacht werden. Wer so spricht, muß sich vielleicht sagen lassen, daß
er Kant nicht verstanden habe. Herbart aber hat ihn sehr wohl verstanden, jedoch sein Vorgehen zeigt, daß die transzendentalphiloso-
phische Position Kants eben nicht so glatt ist, wie der übliche Kant-
gläubige annimmt. Dafür wenigstens ist Herbart ein Beleg, und dazu
ist er ein Zeichen der Zeit. Was Herbart im einzelnen gesagt hat
über das Reale und die Realen, über das Ich, die Seele und das
Schöne, kann nur eben noch erwähnt werden. Ebenso auch seine
Bedeutung für die Psychologie und Pädagogik, wo er, besonders
über W. Rein, bis in die letzten Dorfschulen hineingewirkt hat.
Auch O. Willmann ist von ihm beeinflußt.

Realistisch denken auch *B. Bolzano* (1781–1848), der Philosoph
der Mathematik, der gegenüber Kant erklärte, daß er „nie begriff
und zugab, daß synthetische Urteile a priori durch Anschauung ver-

mittel sein sollen", sowie (erheblich später, aber aus demselben Raume kommend) *Fr. Brentano* (1838–1917), der stark auf die sog. österreichische Schule gewirkt hat, auf *Marty, Meinong, Stumpf,* und über sie noch auf *Husserl.*

b) Schopenhauer

A. Schopenhauer (1788–1860) war der erklärte Feind „Hegels und seiner Rotte". Er pflegte ihn auf jede Weise zu attackieren und geriet dabei nicht selten auch ins Schimpfen. Auch Kant hat er heftig kritisiert, vor allem in seinen Grundlagen der Moral. Andererseits lebt vieles von Kant bei Schopenhauer auch wieder weiter. Darum kann man auch ihn noch in den geistigen Zusammenhang des deutschen Idealismus eingliedern. Schopenhauers Hauptwerk führt den Titel „Die Welt als Wille und Vorstellung" (1819). Soweit die Welt Vorstellung ist, geht er dabei mit Kant, soweit sie für ihn Wille ist, steht er gegen ihn.

Die *Welt ist Vorstellung,* was ihre Erscheinung, ihre Oberfläche betrifft. Daß die Welt meine subjektive Vorstellung sei, diese Lehre Kants steht nach Schopenhauer fest. Wer das eingesehen habe, hätte die philosophische Besinnung erreicht. Er weiß dann, daß er keine Sonne kennt und keine Erde, sondern immer nur ein Auge, das eine Sonne sieht, und eine Hand, die eine Erde fühlt, daß also Welt als Erscheinung immer nur das Gesamt seiner Vorstellungen sei. Schopenhauer faßt die Welt der Erscheinung allerdings nicht mehr mit den zwölf Kategorien Kants. An ihre Stelle tritt eine neue Form der Vorstellungsverknüpfung, der Satz vom Grund, der in einem vierfachen Sinn angewendet wird, als logischer Grund der Urteilsverknüpfung, als Seinsgrund in mathematischen Zusammenhängen, als Motivation im Bereich des Psychischen und als Wirkursächlichkeit in den Naturdingen. Aber in all diesen Formen der Vorstellungsverknüpfung hält sich der Kantische Gedanke der streng notwendigen Determination, auch im Bereich des menschlichen Seelenlebens. Schopenhauer war einer der schärfsten Gegner der Willensfreiheit.

Die *Welt ist Wille,* was die Dinge an sich angeht. Schopenhauer billigt die Scheidung Kants in Erscheinung und Ding an sich, meint aber, daß wir nicht beschränkt sind nur auf die Erkenntnis der Erscheinung, sondern daß uns die innere Mitte der Welt, die Dinge an sich, auch zugänglich seien. Wir könnten sie erleben. Über unseren Willen treten wir in Kontakt mit der Welt der Dinge an sich, und dieses Erleben sei intensiver als das sinnliche Anschauen und Vorstellen im Erkennen. „Die letzten Grundgeheimnisse trägt der Mensch in seinem Innern, und dies ist ihm am unmittelbarsten zugänglich." Zuerst erkennen wir dabei unseren eigenen Willen: im Sehnen, Hoffen, Lieben, Hassen, Widerstreben, Fliehen, Trauern, Leiden, Erkennen, Denken, Vorstellen; und dann, durch Verallgemeinerung und Übertragung, auch das Weltganze. Wille liege allen Erscheinungen zugrunde und mache das Innere aller Erscheinungen aus, von der Schwerkraft bis zum menschlichen Selbstbewußtsein. Die Naturkräfte, die Gravitation, die Zentrifugal- und Zentripetalkraft, Polarität, Magnetismus, chemische Affinität, das Wachsen der Pflanzen, ihr Streben zum Licht, Selbsterhaltungstrieb und Instinkt der Lebewesen, alles das ist Wille. Im Menschen erwacht der Wille zum Selbstbewußtsein – bei Hegel ist es die Idee –, und nun zeige sich, ganz anders als bei Hegel, daß der Wille blind ist. Er ist ungeistig, sinnlos, reines Begehren und Machtstreben.

Ein solcher Wille ist notwendig leidend. Darum wird die Philosophie Schopenhauers zum *Pessimismus*. Im unendlichen Raum und in der unendlichen Zeit finde der Mensch sich als endliche Größe hineingeworfen ohne ein absolutes Wann und Wo. Er ist immer verlassen und bedroht, sein Gehen ist ein gehemmtes Fallen, sein Leben ein aufgeschobener Tod. Sich selbst überlassen, über alles in Ungewißheit, nur nicht über seine Bedürftigkeit, verfolgt den Menschen überall nur die Sorge. Dieses Leben sei ein Geschäft, dessen Ertrag die Kosten nicht decke. Die ganze Welt sei eine Tragikomödie. Die eigentliche Sinnlosigkeit aber liege darin, daß trotzdem alles da sein wolle. Wütend wendet sich Schopenhauer gegen Leibniz und seinen Optimismus und gegen die Weltsinnlehre Hegels und glaubt sogar im Namen des Christentums sprechen zu können, weil auch dieses, ähnlich wie der Buddhismus, die Nichtigkeit des Erdendaseins erkannt hätte. Damit hat Schopenhauer allerdings die Dinge stark vereinfacht, wie überhaupt sein ganzer Pessimismus eine etwas billige Simplifikation ist. Schopenhauer kann im besten Fall zeigen, daß es in der Welt sehr viel Unsinn und Leid gibt, aber er kann nicht zeigen, daß alles Unsinn und alles Leben Leiden ist. Das aber setzt er voraus, ohne jeden Beweis. Auch Schelling hat den blinden Willen und den Ungrund im Weltgrund selbst gesehen, ist aber in seiner Willenslehre durchaus nicht zu einem Pessimismus gelangt, sondern hat, sehr viel weiser denkend, den Kampf zwischen Licht und Dunkel in der Weltgeschichte zu einem Sieg des Lichtes werden lassen, da, wie Leibniz schon gesagt hat, die Macht des Guten unendlich, die Macht des Dämons aber begrenzt ist. Und so sieht auch das Christentum die Endlichkeit und das Leiden der Zeit, läßt aber schließlich alle Begrenzung aufgehoben werden in der Unendlichkeit der göttlichen Güte.

Schopenhauer ist allerdings der Meinung, und das ist sein Heilmittel gegen den Pessimismus, daß man zu einer Verneinung von Welt und Wille kommen müsse, genauer: zu einer *Verneinung der Individuation;* denn über die Vereinzelung und den daraus entspringenden Egoismus würde der Wille sich entzweien und zum unglücklichen Willen werden, der „die Zähne ins eigene Fleisch schlägt, nicht wissend, daß er immer nur sich selbst verletzt". Da Prinzip der Individuation Raum und Zeit sind, muß die Verneinung des Willens eine Verneinung der Welt sein. Sie wird erreicht durch Zurücksinken in das All-Eine, in die Wunschlosigkeit des Nirvana bis zur Aufgabe des Ichbewußtseins. Einen Weg dazu weise uns die buddhistische oder, wie er glaubt, auch die christliche Mystik, z. B. in Meister Eckhart; einen anderen Weg die Kunst und ihr interesseloses Schauen, wovon Kant bereits gesprochen hatte und was auch schon das Ziel der platonischen Idee gewesen sei und der antiken Vita contemplativa, deren Weisheit darin bestand, sich über Raum und Zeit und ihre Vereinzelung zu erheben und das Allgemeine, das Eine an sich zu schauen.

Schopenhauers Gedanken zur Philosophie der *Kunst* sind in vieler Hinsicht interessant, vor allem durch ihre metaphysische Tiefe. Am reinsten werde das Wesen der Kunst dargestellt im Genius. „Genialität ist nichts anderes als die vollkommenste Objektivität ... Die Fähigkeit, sich rein anschauend zu verhalten, sich in die Anschauung zu verlieren und die Erkenntnis, welche ursprünglich nur zum Dienst des Lebens da ist, diesem Dienste zu entziehen, d. h. sein Interesse, sein Wollen, seine Zwecke ganz aus dem Auge zu lassen, sonach seiner Persönlichkeit sich auf eine Zeit völlig zu entäußern, um als reines erkennendes Subjekt, klares Weltauge, übrigzubleiben."

Die volle Erlösung aus der Individualität soll aber die *Ethik* bringen. Sie wird entsprechend dem pessimistischen Ansatz zu einer Mitleidsmoral, die uns befiehlt, uns selbst zu sterben, um in buddhistischer Nirwanastimmung eins zu werden mit allem anderen und so in jedem den Bruder zu sehen (tat twam asi = das bist du). Diese materiale und empirische Gefühlsethik setzte Schopenhauer der Vernunft- und Gesetzesethik Kants gegenüber, wobei verschiedene gute kritische Bemerkungen zu Kant fallen, im Grunde aber dessen angeblicher Formalismus doch wesentlich verzeichnet wird. Schopenhauer hat eben gerne, was er ablehnte, verzeichnet und es dann mit Erfolg bekämpft, eine in der Philosophiegeschichte im übrigen nicht allzu seltene Methode.

Vierter Abschnitt

Die Philosophie
im 19. und 20. Jahrhundert

Gegen das Ende des ersten Drittels des 19. Jahrhunderts ereignete sich eine geistige Wende, die man den Zusammenbruch des Deutschen Idealismus zu heißen pflegt. Was sich seit Kant im Deutschen Idealismus bei allen Abwandlungen im einzelnen trotzdem als ein einheitlicher und einmaliger geistiger Dombau kühn und stolz erhob, stürzte plötzlich ein, und niemand wollte mehr etwas davon wissen. An seiner Stelle errichtete man viele einzelne philosophische Bauhütten, um bald diese, bald jene philosophische Schule zu gründen, mit zähem und bewußtem Willen zu eigenen Formen. Aber im Verhältnis zu jenen Großen waren es jetzt Kärrner, die ans Werk gingen. Sie haben zudem nicht wenig Baumaterial ausgerechnet aus den Ruinen der Vergangenheit weggeholt. Immerhin, auch sie leisteten keine schlechte Arbeit, und wer in der Kühnheit und spekulativen Konstruktion auch die Möglichkeit zu größerem Irrtum sieht, mag sogar ihren bescheidenen, aber dafür sichereren Weg vorziehen. Diese Gründer treten in großer Zahl auf, und es ist schwer, das jeweils Entscheidende in Kürze herauszustellen.

Erstes Kapitel: Vom 19. zum 20. Jahrhundert

1. Der Materialismus – Die säkulare Revolution

In der Philosophiegeschichte wurde der Materialismus, der die Mitte des 19. Jahrhunderts beherrschte, gewöhnlich kurz abgetan. Er war den Fachphilosophen zu wenig philosophisch, zu wenig wissenschaftlich, zu platt und auch zu pöbelhaft. Heute erkennen wir, daß er die eigentliche Revolution dieser Zeit war und das schwerste Erbe bildet, das uns überkommen ist und das zu bewältigen immer größere Anstrengungen erfordern wird, wie widerwärtig der wissenschaftlichen Philosophie jene populäre Philosophie auch sein mag.

Aber eigentlich wäre die Frage, warum so weite Kreise von der materialistischen Theorie ergriffen werden können, sowie die Bewältigung dieser Theorie – eine Bewältigung, die so gründlich sein müßte, daß sie unwiderleglich ist, und so schlicht und klar, daß sie auch dem einfachen Mann noch einleuchtete – ein eminent fachphilosophisches Problem. Der Philosoph fällt nicht nur dann von sich selbst ab, wenn er allzu populär wird, sondern auch dann, wenn er zu verstiegen ist. Wir unterscheiden im folgenden den dialektischen Materialismus der Hegelschen Linken und den sogenannten naturwissenschaftlichen Materialismus.

a) Der Materialismus der Hegelschen Linken
Die Hegelsche Linke brachte es fertig, aus dem Idealismus Hegels einen Materialismus zu machen. Man brach nur Teilsachverhalte aus der großen Synthese des Meisters heraus und verabsolutierte sie. Das war schlechte Philosophie, wenn es überhaupt Philosophie war; denn diesen Leuten ging es ja weniger um streng wissenschaftliches Denken als vielmehr um Journalistik, Politik und Propaganda. Man muß zwar den philosophischen Gedanken auch bei ihnen sehen, aber sie als Philosophen zu betrachten oder von einem geschlossenen System bei ihnen zu sprechen, über diesen ihren Propagandaerfolg bei den Kapitalisten hätten sie wohl selbst gelacht. Philosophie ist für sie nicht etwas Primäres, nicht Erkenntnis der Wahrheit um der Wahrheit willen, sondern nur etwas Sekundäres; sie ist nur Mittel zum Zweck. Von da her muß man immer wieder ihr Reden und Schreiben verstehen. Selbst ein so zentraler Begriff wie der des Materialismus ist mehr Symbol ihres politischen Wollens und schlagkräftigste Gegenparole gegenüber ihren politischen Widersachern denn ein sachlich fundiertes philosophisches Prinzip. Dieser Materialismus ist Klassenkampf, und nur dazu braucht er die Taktik des Denkens. So war es ja auch im französischen Aufklärungsmaterialismus gewesen, von dem diese Leute mehr beeinflußt sind als von Hegel, obwohl sie tun, als sei ihr Materialismus etwas viel Besseres als jener vulgäre Aufklärungsmaterialismus. Aber da überwiegt eben auch wieder die Geste.

Unter ihnen allen ist vielleicht *Ludwig Feuerbach* (1804–72) immer noch derjenige, bei dem das philosophische Element am stärksten ist. Er schickt Hegel eine Dissertation, schreibt aber dazu, daß das „Selbst" des christlichen Gottes zu entthronen sei. Später wird er noch deutlicher, spricht vom „Unsinn des Absoluten", wendet sich dagegen, daß die Realität von der Idee gesetzt sei, daß der Begriff die Wirklichkeit vermittle, und behauptet, daß es nur Sinnliches zu sehen gäbe, weil der Geist vom Leib her geformt werde, denn „der Mensch ist, was er ißt". Nicht Gott oder das Sein stehe am Anfang, sondern das sinnlich Gegebene, wie der Sensualismus und Materialismus es immer gelehrt haben. Und wenn man von einem Göttlichen schon reden wolle, dann sei dieses Höchste der Mensch selbst, dem man in seiner Not zu helfen habe. Dazu sei auch der Staat da. Er ist der „Inbegriff aller Realität" und die „Vorsehung des Menschen". Feuerbach war der Schrittmacher für Marx.

Nach *Karl Marx* (1818–83) ist das Erste in dieser Welt die materielle Wirklichkeit, nicht die Idee, wie Hegel behauptet hatte. Die Materie ist die entscheidende Realität, alles Ideenhafte dagegen, also Sittlichkeit, Recht, Religion, Kultur, seien nur ihre Folgeerscheinung, ein Epiphänomen der Materie. Weil aber Marx die Dialektik beibehält, ist er noch Hegelianer, aber wegen des Materialismus ein umgestülpter Hegelianer, wie er selbst gesagt hat. Bei ihm kommt jedoch mit dem Materialismus etwas gegenüber Feuerbach Neues dazu. Sein Materialismus soll nämlich ein sogenannter praktischer sein. Es gelte nicht, die Welt aufzuzeigen in dem, was sie ist, sondern in dem, was sie sein soll. Feuerbach und die übrigen Junghegelianer seien bei der gegebenen Welt stehengeblieben und hätten sie nur anders, materialistisch nämlich, interpretiert, statt sie zu verändern. Sie hätten übersehen, daß auch die Sinnlichkeit schon ein Produkt der menschlichen Tätigkeit sei. Der Mensch verhalte sich nicht einfach rezeptiv zur Welt. Feuerbach hatte gesagt, daß der Mensch ist, was er ißt. Marx sagt, nur die genießenden Bürger denken so; in Wirklichkeit ist alles bereits geschichtliches Produkt gemeinsamer menschlicher Tätigkeit, selbst schon der Apfel, den man ißt. Erst recht ist natürlich die sinnliche Wahrnehmung schon von uns gestellt. Und noch mehr sind es die großen geistigen Zusammenhänge. Sie hängen alle ab von den materiellen Voraussetzungen bestimmter gesellschaftlicher Verhältnisse, genauer: von den Produktionsverhältnissen. Zur Handmühle gehört die Gesellschaft der Feudalherrn, zu der Dampfmühle die der Industriellen und Kapitalisten; immer mit dem entsprechenden geistigen Überbau, so daß Geschichtswissenschaft, Philosophie, Religion, Kunst, Kultur ihre eigene Gesetzlichkeit verlieren und nur die materiellen Voraussetzungen widerspiegelnde Epiphänomene werden. Es gibt darum keine Betrachtung der Welt, so wie sie an sich ist. „Die Betrachtungsweise ist nicht voraussetzungslos. Sie geht von wirklichen Voraussetzungen aus, sie verläßt sie keinen Augenblick... Ihre Voraussetzungen sind die Menschen... in ihrem wirklichen Entwicklungsprozeß unter bestimmten Bedingungen. Sobald dieser tätige Lebensprozeß dargestellt wird, hört die Geschichte auf, eine Sammlung toter Faktoren zu sein, wie bei den selbst immer noch abstrakten Empirikern, oder eine eingebildete Reaktion eingebildeter Subjekte, wie bei den Idealisten." Damit ist Marx zum Vater des historischen Materialismus geworden. Zugleich aber auch zum ewigen Revolutionär. Die philosophische Schützenhilfe muß dabei wieder Hegel leisten: mit seiner Lehre nämlich vom ewigen Werden und ewigen Umschlag der Gegensätze. Inkonsequenterweise hört aber das ewige Werden auf, wenn die klassenlose Gesellschaft erreicht ist, wenn Kapitalismus und Proletariat, diese beiden Entfremdungen des Menschen, überwunden seien und der Mensch zu sich selbst heimgefunden habe in einem neuen paradiesischen Zustand. Daran sieht man wieder, daß nicht die Philosophie das Wort führt, sondern die zufällige politische Zweckmäßigkeit und Situation. Daß das Ganze zum Atheismus wird, ergibt sich wie von selbst. Andernfalls würde man ja den Menschen verleugnen oder würde auf Gott hoffen, statt sich selbst zu helfen. Religion ist darum „Das Opium des Volkes". Und wie steht es hier mit einer Philosophie des Seins, mit dem also, was man in diesen Reihen kurz dialektischen Materialismus heißt? Eine solche Philosophie des Seins wird dogmatisch nach wie vor behauptet. Kritisch besehen, gibt es aber gar keine Seinsphilosophie mehr, weil es ja von den menschlichen Voraussetzungen, d. h. den aktiven, praktischen „Setzungen" abhängt, was als Sein zu gelten hat. Das Ganze würde darum richtiger Nominalismus heißen, meinetwegen dialektischer, oder auch politischer; denn damit würde gesagt, was wirklich geschieht.

Eng bis zur Ununterscheidbarkeit hat mit Marx zusammengearbeitet *Friedrich Engels* (1820–95). Es scheint aber, daß er mehr die angebliche Seinsphilosophie, den dialektischen Materialismus also, verfolgt hat, Marx jedoch mehr den historischen Materialismus.

Die eigentliche Autorität des Materialismus der Hegelschen Linken ist schließlich *Lenin* (1870–1924)) geworden. Er betrachtet Marx und Engels als eine Einheit, schließt sich engstens an sie an und behauptet, den orthodoxen Marxismus zu vertreten. Sein Empiriokritizismus kämpft gegen den angeblich subjektivistischen Individualismus von Mach und Avenarius und ihren russischen Anhängern. Ihnen gegenüber wird die „Objektivität" verteidigt, und Lenin setzt jetzt objektiv = Wirklichkeit = Realität = Materie. Dieser sein „Realismus" ist ein naiver Realismus; denn Lenin glaubt, daß die wissenschaftliche Beschreibung der Wirklichkeit ein Abbilden sei im Sinne eines Kopierens. Das Bekenntnis zum Realismus hat

Lenin bei einigen Realisten anderer Provenienz einen halb erstaunten, halb lobenden Blick eingetragen. In den „Philosophischen Heften" wird der Materiebegriff nun aber fraglich. Lenin sieht hier, daß, was als „Materie" gilt, vielleicht weniger sinnlich wahrgenommen als vielmehr gedacht wird, und dann möglicherweise Produkt einer langen geistigen Vermittlung sein kann. Man hat darum bei ihm einen philosophischen und einen physischen Materiebegriff unterscheiden wollen. Letzterer meinte die Materie als das Ausgedehnte, sinnlich Wahrnehmbare, was auch die Aufklärungsmaterialisten im Auge gehabt hätten, ersterer die Materie als das Unbestimmte gegenüber unserem Erkennen, was schon Aristoteles unter seiner Materie verstand, auf den sich Lenin denn auch beruft; was ihm wiederum einen lobenden Seitenblick anderer naiver Realisten eingebracht hat. Tatsächlich droht aber mit diesen Überlegungen Lenins dem offiziellen Materiebegriff des Diamat eine tödliche Gefahr; denn jetzt ist „Materie" vielleicht doch nur Ziel und Produkt geistiger (!) Funktionen. Darum darf die Berufung auf die Philosophischen Hefte in der sowjetischen Machtsphäre nur unter strenger parteipolitischer Aufsicht vorgenommen werden. Warum eigentlich diese Ängstlichkeit? Es handelt sich doch um nichts anderes als um das, was Marx auch schon im Auge gehabt hatte, wenn er einen praktischen Materialismus vertrat und die Sinnlichkeit, die das Ausgedehnte wahrnehmen soll, abhängig sein ließ von menschlichen Setzungen, die mit den Produktionsverhältnissen gegeben seien. Unter dem Titel einer soziologischen Bedingtheit des Materiebegriffs scheint die Frage denn auch etwas angerührt werden zu dürfen; denn damit gleitet das Ganze wieder in den Pragmatismus und die Sprachregelung des Klassenkampfes hinein. Praktisch sollte ja auch nach Lenin der Materialismus immer sein: „Marx und Engels waren in der Philosophie von Anfang bis zum Ende parteilich", schreibt er, ohne irgendwie mit der Wimper zu zucken. Und da spricht man in der Welt des dialektischen Materialismus von „Wissenschaft"! Immerhin, auch außerhalb der roten Grenzen hängt sich der Marxismus ein wissenschaftliches Mäntelchen um, und die freie Welt ist töricht genug, es nicht zu lüften, genauer gesagt, es so zu lüften, daß die Unwahrhaftigkeit notorisch würde und nicht bloß von kritischen Wissenschaftlern durchschaut wird. Statt dessen haben wir heute einen weit verbreiteten *Neomarxismus*, der sich als Revisionismus gibt, den Fortschrittsglauben strapaziert und gerne in die Utopie flüchtet (*G. Lukács, E. Bloch, J.-P. Sartre, L. Goldmann, R. Garaudy, Frankfurter Schule*). Er verbindet sich häufig mit der Psychoanalyse von *S. Freud* sowie mit einem *Soziologismus*, der von der „Gesellschaft" her alles zu erklären versucht, von der Metaphysik und Ethik bis zur Ästhetik und Logik.

Die letzte autoritäre Zusammenfassung des Marxismus-Leninismus stammt von *Stalin* (1879–1953). Es handelt sich um eine knappe, ursprünglich für die Parteigeschichte geschriebene Darstellung des historischen und dialektischen Materialismus, die dann separat gedruckt wurde und in Massen ins Volk geworfen wird. Stalin setzt dreierlei auseinander: den Sinn von Dialektik, den Begriff des dialektischen Materialismus als einer Philosophie des Seins und den als einer Philosophie der Geschichte. Dialektik heißt: Natur ist ein Ganzes, alles ist organisch miteinander verbunden und müsse aus diesem Zusammenhang verstanden werden. Das Ganze des Seins befinde sich in einer ständigen Entwicklung vom Niederen zum Höheren, vom Einfacheren zum Komplizierteren, wobei unbedeutende und verborgene quantitative Veränderungen schließlich zu qualitativen Veränderungen führen, die aber dann plötzlich hervorbrechen, und zwar nach dem Gesetz der inneren Widersprüche, das immer den Umschlag ins Gegenteil verlangt im Stil des Hegelschen Dreischrittes. Dialektischer Materialismus heißt dann: Die Wirklichkeit ist nicht Idee oder Bewußtsein, sondern ausschließlich Materie, die sich nach eigenen, durch die dialektische Methode festzustellenden Gesetzen bewege. Sein ist gleich Materie. Bewußtsein ist nur etwas Sekundäres, Abgeleitetes. „Denken ist ein Produkt der Materie, die in ihrer Entwicklung einen hohen Grad von Vollkommenheit erreicht hat, und zwar ein Produkt des Gehirns", so daß man „Denken nicht von Materie trennen kann, ohne in einen groben Irrtum zu fallen". Ohne es zu merken, hat Stalin damit den dialektischen Grundgedanken preisgegeben. Die Materie, die er beschreibt, ist die physikalische des Vulgärmaterialismus. Daß man das Denken von der Materie nicht trennen kann und daß das Denken ein Produkt der Materie sei, speziell des Gehirns, hatten die alten Materialisten immer gesagt, von Hobbes bis Holbach. Stalin spricht genau deren Sprache. Dialektik beschreibt nämlich nicht die Gesetze der Materie, sondern gibt ihr Gesetze, weil Dialektik geistige Gesetzlichkeit ist und insofern logisch früher als die Materie. Wenn die Materie selbst ihre Gesetze hat, dann sind es die mechanischen. Was man im übrigen auch in der Sowjetphilosophie bereits gesehen, aber dann (1931 und 1947) von oben herab wieder verboten hat, weil das inzwischen glorifizierte Schlagwort vom dialektischen Materialismus eben bleiben sollte. Der Ansatz zu einer Überwindung des primitiven physikalischen Materiebegriffs von menschlichen, gesellschaftlichen oder anderen Voraussetzungen her, den wir bei Marx und Lenin beobachten, ging bei Stalin wieder verloren. Aber auch für Marx und Lenin war das aus der französischen Aufklärung kommende ideologisch-propagandistische Moment in dem Wort Materie schon stärker gewesen als die philosophische Fracht dieses Begriffes. Konsequenterweise stützt Stalin die Geschichtsphilosophie auf die Seinsphilosophie, läßt also den historischen Materialismus aus dem dialektischen hervorgehen: „Der historische Materialismus ist die Ausdehnung der Leitsätze des dialektischen auf die Erforschung des gesellschaftlichen Lebens… und auf die Geschichte der Gesellschaft." „Also darf man den Schlüssel zur Erforschung der Gesetze der Geschichte der Gesellschaft nicht in den Köpfen der Menschen suchen… sondern in der Produktionsweise… in der Ökonomie der Gesellschaft." Aber hatte nicht Marx schon gegen Feuerbach gesagt: Der Mensch ist wohl, was er ißt, aber schon die Produktion eines Apfels ist eine Setzung des menschlichen Wollens? Ist dann nicht der Geist vor der Materie? Und sind nicht, so könnten wir weiterfragen, das Einmaleins und die Gesetze (Identitätssatz, Widerspruchssatz) und Grundbegriffe (Identität, Verschiedenheit, Gleichheit, Einheit usw.) der Logik früher als alles Materielle? Brauchen wir das nicht schon, um Materie überhaupt nur sehen und mit ihr hantieren zu können? Es gibt noch mehr, was früher ist. Aber das Einmaleins und die Logik genügen, um den Satz des Materialismus, daß alles Denken ein Produkt der Materie sei, prinzipiell ad absurdum zu führen. – Nach der Entstalinisierung erhielt auch die philosophische Dogmatik eine neue Fassung. Ende 1958 erschien ein von verschiedenen Verfassern bearbeitetes Lehrbuch der marxistischen Philosophie, das jetzt offiziellen Charakter hat, sich aber von dem Stalinismus nicht allzusehr unterscheidet. Inzwischen regten sich jedoch einige Versuche freieren Denkens. Sie waren vielfach von der Physik her forciert worden. Dadurch kamen Begriffe zur Sprache wie Materie, Objektivität, Abbildtheorie, Dialektik und Logik, aber auch der Mensch, die Werte, das Leiden, der Tod, der Sinn des Lebens, was übrigens auch den Neomarxisten zu schaffen macht.

b) Der naturwissenschaftliche Materialismus

Die Männer der Hegelschen Linken haben viel Unterstützung erfahren durch den naturwissenschaftlichen Materialismus. Der Ausdruck will ein materialistisches Denken bezeichnen, das im 19. Jahrhundert außerhalb der Hegelschen Linken auftrat und häufig von Naturwissenschaftlern vertreten wurde. Wenn der Naturwissenschaftler über die Besonderheit seines Faches nicht reflektiert, z. B.

über mitgebrachte Voraussetzungen, Annahmen, Einschränkungen des Blickwinkels usw., besteht leicht die Gefahr, einen Teilaspekt, das Studium nämlich der physischen Erscheinungswelt und ihrer kausalen Zusammenhänge, für das Ganze der Wirklichkeit schlechthin zu nehmen und einfach zu sagen: Sein ist gleich Körperlichkeit. Um diese Grenze weiß man heute, aber das 19. Jahrhundert wußte, wenigstens in einer Gruppe ziemlich lautstarker Schriftsteller, nicht darum. *K. Vogt* gehört hierher mit seinen Physiologischen Briefen (1845) und seiner Streitschrift Köhlerglaube und Wissenschaft (1854), *J. Moleschott* mit seinem Kreislauf des Lebens (1852), *Ludwig Büchner* mit Kraft und Stoff (1855). *H. Czolbe* mit seiner Neuen Darstellung des Sensualismus (1855). Für sie ist die Welt weiter nichts als Kraft und Stoff. Wenn man schon von Gott reden wolle, sei diese körperliche Welt selbst das Göttliche, und wenn man von Geist oder Seele reden wolle, dann bestünden sie in einer Funktion der Materie, näherhin des Gehirns. Jedenfalls aber sei der Geist nichts Eigenes. Sie alle reden auch von Verstand oder Vernunft im Unterschied zur Sinneswahrnehmung; allein dieser Unterschied ist ihnen nur ein gradueller und nicht ein wesentlicher. Der Materiebegriff wird dabei ganz naiv genommen. Materie ist das, was man unmittelbar sinnlich wahrnehmen kann. Daß in dieses sinnliche Erkennen möglicherweise menschliche Setzungen eingehen, so viel Kritik bringen sie nicht auf. Der Materialismus ist gewöhnlicher, naiver Sensualismus. Auch im dialektischen Materialismus schlägt dieser Sensualismus schließlich durch. Beide Sorten des Materialismus sind darum monistisch eingestellt. Man darf sich hier durch Worte wie neue Qualitäten, höhere Schichten und ähnliches nicht täuschen lassen. Zu einem Pluralismus kommt man nur, wenn die höheren Formen sich nicht automatisch, sei es mechanisch, sei es dialektisch, aus einem Vorgegebenen herausbilden, sondern irgendwie ,,von außen'' kommen, wie Aristoteles, das Ganze richtig sehend, sofort prägnant formuliert hat.

In einer zweiten Welle des Materialismus, bei *E. Haeckel* (1834–1919) und *W. Ostwald* (1853–1932), kommt dieser Monismus denn auch klar heraus. Ersterer hat den Darwinismus in Deutschland verbreitet und zugleich radikalisiert. *Ch. Darwin* (1809–1882) hatte in seinem Werk Über die Entstehung der Arten aufgrund natürlicher Auslese (1858) die bis dahin allgemein angenommene Überzeugung von der Unveränderlichkeit der Arten (polyphyletischer Pluralismus) zugunsten einer Entwicklung aller Arten aus einer einzigen Urzelle (monophyletische Entwicklung) erschüttert. In seinem großen Werk über die Abstammung des Menschen und die natürliche Zuchtwahl (1871) hatte Darwin auch den Menschen in die Entwicklung mit einbezogen. Er hatte aber immerhin noch angenommen, daß die ganz am Anfang stehenden Urorganismen durch göttliche Schöpfertätigkeit entstanden seien. Für Haeckel dagegen ist die Welt ewig, das Leben entsteht von selbst (Urzeugung), die vielen Arten entstehen auch von selbst, d. h. mechanisch; ebenso sei es mit dem Menschen. Seine nächsten Vorfahren waren die Primaten. Seitdem gibt es das Schlagwort: „Der Mensch stammt vom Affen ab." Man hätte, wenn man kritischer und genauer gedacht hätte, die Frage differenzieren können: Vielleicht entsteht der Mensch nach seiner körperlichen Seite aus dem Tierreich, aber wie verhält es sich mit seinem Geist? Hier hätte man also vorsichtiger sein können. Aber man war es nicht. Der Übergang vom Tier zum Geist wurde rasch vollzogen, weil die monistische Grundeinstellung in Körper und Geist sowieso letztlich etwas Identisches erblickte. Haeckels Lehre hat zahllose Menschen betört. Sie wurde besonders kolportiert in marxistischen Versammlungen. Als er starb, schrieb der „Vorwärts": „Was Voltaire für die Französische Revolution leistete, das soll auch zum Ruhme Haeckels gesagt sein. Er war der Vorbereiter der deutschen Revolution." Im sowjetrussischen Marxismus gilt heute noch seine Lehre als „Wissenschaft". In der nationalsozialistischen Ära hat Haeckel in *E. Bergmann* und *H. Dingler* zwei Nachfahren gefunden, die nachholen wollten, was er – das sehen sie immerhin ein – nicht geleistet habe, den Nachweis nämlich der geistigen Menschwerdung, also den Nachweis des Überganges von der Tierseele zur Menschenseele. Dieser Übergang vollzog sich jetzt im Innern des asiatischen Kontinents, in weiten Steppen, die vom hohen Gebirge kommen und dann „stetig in nordische Gegenden übergehen". So kann der Zeitgeist das philosophische Denken überrunden.

2. Kierkegaard – Christlicher Umsturz

Die Umschichtung, die Marx im politischen Leben erstrebt, versucht Kierkegaard (1813–1855) im christlichen Leben. Es geht ihm darum, Altes, Überlebtes, Unechtes über Bord zu werfen und zu einer neuen christlichen Existenz aufzurufen. Schon sehr früh zeigt sich im Denken Kierkegaards ein Motiv, das sich zeitlebens halten wird: Nicht Theorie, sondern die Tat, nicht neutrale Objektivität, sondern die Entscheidung des eigenen Ich! Es habe keinen Sinn, alles Mögliche zu wissen, bloß um das Wissen zur Schau zu stellen. Es komme darauf an, die Wahrheiten anzuerkennen, in sich aufzunehmen und danach dann zu existieren. „Was mir fehlte, war: ein vollkommenes Leben zu führen, und nicht bloß eines der Erkenntnis, so daß ich dadurch dazu gelangte, meine Gedankenentwicklung auf etwas zu gründen…, das zusammen mit den tiefsten Wurzeln meiner Existenz, durch die ich sozusagen eingewachsen bin in das Göttliche, daran festhange, wenn auch die ganze Welt zusammenstürzt."

Daraus ergibt sich für ihn die Forderung des *Existierens*. Existenz besagt noch nicht, was die heutige Existenzphilosophie darunter versteht, bereitet das aber vor, und oft genug wird darum auf Kierkegaard zurückgegriffen. Kierkegaard versteht darunter die Einmaligkeit des Ich und seiner Entscheidungen. Hier stehe der Mensch so allein, daß ihm keine Theorien, Gesetze, Begriffe helfen können, in die sein Tun einzugliedern sei, wie Hegel es wollte, wenn er alles Einzelne aufhob in höheren Einheiten. „Alles Reden von einer höheren Einheit, die absolute Gegensätze vereinigen soll, ist ein metaphysisches Attentat auf die Ethik." Ein zweites, was damit zusammenhängt, ist der Mut zum Sprung in das *Paradoxe*. „Die Geschichte des individuellen Lebens schreitet in einer Bewegung von Zustand zu Zustand fort. Jeder dieser Zustände wird durch einen Sprung gesetzt." Wenn weder Theorien noch Begriffe uns den Weg vorzeichnen, bleibt tatsächlich nur dieser Sprung übrig. Damit stellt sich aber notwendig die Freiheit ein, mit ihr die Angst und das Nichts. Es sind Begriffe, die wir heute immer wieder bei den Existentialisten vernehmen, die aber bei Kierkegaard eigentlich gegen Hegel gerichtet sind, der nach seiner Meinung gerade das Individuelle, obwohl er vorgab, daß es ihm darum zu tun sei, nicht erreichte, sondern im Abstrakten hängenblieb, weil der Begriff bei ihm genauso abstrakt sei wie bei Schelling. Darum Kierkegaards Forderung des Paradoxen gegenüber dem Rationalen. Als „unsagbar" war ja das Individuelle schon lange verstanden worden. Hegel jedoch wollte es sagen, aber er habe nur ein Allgemeines begriffen und gesagt. Und wenn wir schon vor dem Paradoxen stehen, dann stellt sich notwendig ein Weiteres ein, nämlich der *Glaube*. Kierkegaard hat einen geradezu überspitzten Glaubensbegriff entwickelt: Glaube an Gott sei ein Gehorsam, der die Hintansetzung aller menschlichen Begriffe fordere. Paradox sei nicht nur, was schwer zu verstehen ist, sondern was menschlich gesprochen überhaupt nicht mehr zu verstehen sei. Kierkegaard hat das konkret geschildert in seiner Analyse des Opfers Abrahams. Wieder geht er gegen Hegel an, der die ganze Religion rationalisiert und so in der Philosophie aufgehoben, d. h. jetzt nach Kierkegaard: beseitigt habe.

Es ist unter diesen Umständen verständlich, daß Kierkegaard viel zu sagen hatte gegen die verbeamtete und in Gesetz und Ordnung eingepreßte Religion und Kirchlichkeit seines Landes und seiner Zeit, die dänische protestantische *Staatskirche,* bis zum Bruch mit dieser seiner Kirche. Er forderte ein ganz neues Christentum: „Geistliche, welche die Menge trennen können und sie zu einzelnen machen; Geistliche, die nicht so große Ansprüche machen an das Studieren und nichts weniger wünschen als zu herrschen; Geistliche, die, womöglich, gewaltig beredsam, nicht weniger gewaltig wären im Schweigen und Erdulden; Geistliche, die, womöglich, Herzenskenner, nicht minder gelehrt wären in Enthaltsamkeit von Urteilen und Verurteilen; Geistliche, die Autorität zu brauchen wüßten mit Hilfe der Kunst, Aufopferungen zu machen; Geistliche, die vorbereitet, erzogen, gebildet wären zu gehorchen und zu leiden, so daß sie mildern, ermahnen, erbauen, rühren, aber auch zwingen könnten – nicht durch Macht, nichts weniger, nein, durch den eigenen Gehorsam zwingen und vor allem alle Unarten des Kranken geduldig leiden, ohne gestört zu werden ... denn das Geschlecht ist krank und, geistlich verstanden, krank bis zum Tode."

Schlägt man die aszetischen Schriften der Kirche selbst auf und vergewissert sich dort an den Quellen, was vom Glauben und seinen Priestern gefordert wird, dann zeigt sich freilich, daß Kierkegaard sachlich gar nichts Neues sagt, daß er vielmehr Neues nur bringt, was die erkünstelte Dialektik und eine bis ins Schizophrene differenzierte und überzüchtete literarisch-ästhetische Form angeht. Immerhin, er hat damit aufrüttelnd gewirkt, und man spürt seine Folgen immer noch, besonders in der dialektischen Theologie und in der Existenzphilosophie.

3. Friedrich Nietzsche – Umwertung aller Werte

Nietzsche (1844–1900) ist der dritte umstürzlerische Geist des 19. Jahrhunderts. Wie Marx und Kierkegaard konstatiert auch er den Verfall der bürgerlich-christlichen Welt und strebt zu neuen Ufern. Mit Marx scheint er sich allerdings nie befaßt zu haben, und auf Kierkegaard wurde er zu spät aufmerksam. Im übrigen wäre ihm der erstere zu pöbelhaft, der letztere zu christlich gewesen. So fühlt er sich als der große Einsame, als der radikalste aller Denker, als eine Zeitenwende. „Es wird sich einmal an meinen Namen die Erinnerung an etwas Ungeheueres anknüpfen, an eine Krisis, wie es keine auf Erden gab ... Ich widerspreche, wie niemals widersprochen worden ist ... Wenn die Wahrheit mit der Lüge von Jahrtausenden in den Kampf tritt, werden wir Erschütterungen haben, einen Krampf von Erdbeben, eine Versetzung von Berg und Tal, wie dergleichen nie geträumt worden ist." Aber so schlimm kam es nicht. Es war viel Theaterdonner dabei. Heidegger wird Nietzsche bescheinigen, daß er trotzdem immer noch zur alten Metaphysik gehört, daß er nicht der Nihilist war, der er sein wollte, und daß erst mit ihm, Heidegger, das ganz Neue zutage trete, das Vergessene, Verstellte, das Sein selbst. Wäre das dann vielleicht der Ertrag der philosophischen Selbstkreuzigung Nietzsches gewesen, das Erdbeben, das ein ganz Neues, wenn noch nicht brachte, so doch wenigstens ankündigte?

a) Entwicklung Nietzsches

In seiner Frühzeit kämpft Nietzsche für ein neues Bildungsideal, das ästhetisch-heroische Menschenbild, dessen Prototyp er im tragischen Zeitalter der Griechen vor Sokrates, und zwar bei Heraklit, Theognis und Aischylos, sehen wollte. Hierher gehören die Schriften „Die Geburt der Tragödie aus dem Geist der Musik" (1871), die Vorträge über die „Zukunft unserer Bildungsanstalten" (1870–72) und „Die unzeitgemäßen Betrachtungen" (1873–76), die über David Freidrich Strauß, über Schopenhauer als Erzieher, über den Nutzen und Nachteil der Historie für das Leben und über Richard Wagner in Bayreuth sprechen. Wie man schon aus den Titeln sieht, hat Nietzsche in dieser Zeit sich stark von Schopenhauers Philosophie und Wagners Bildungsideal beeinflussen lassen. Später wurde die Trennung von Wagner um so schmerzlicher. In einer zweiten Periode (1878–1882) springt Nietzsche plötzlich zur theoretischen Lebensform über, wird „Wissenschaftler", will jetzt voraussetzungslos sein, reiner Kritiker und Positivist. Nun vernimmt man die herkömmlichen Töne gegen die Metaphysik, das Lob des freien Geistes, das Bekenntnis zum Naturgesetz und seiner Kausaldetermination. Man meint, einen französischen Aufklärer vor sich zu haben. Was ihm bisher verpönt war, war er jetzt selbst geworden: Intellektueller und Sokratiker. „Menschliches-Allzumenschliches" (1878), „Morgenröte" (1881), „Die fröhliche Wissenschaft" (1882) gehören hierher. Bald aber klingen die Motive der Frühzeit wieder an, aber jetzt radikalisiert zum „Willen zur Macht". Davon wird die dritte Periode beherrscht, die Zeit des „Zarathustra" (1883–1885), „Jenseits von Gut und Böse" (1886), „Genealogie der Moral" (1887) und des Nachlasses, der unter dem Titel „Wille zur Macht" und „Unschuld des Werdens" herausgegeben wurde, wenn auch der Nachlaß nicht das Rohmaterial war für ein angeblich geplantes eigenes Werk unter dem Titel „Wille zur Macht". Tatsächlich aber war das doch die Chiffre für die neuen Werte. Der Übermensch sollte ihr Schöpfer sein, Zarathustra ihr Künder, Dionysos ihr Symbol. Ihr Gegensatz ist der Gekreuzigte. In den letzten Schriften dieser Periode, z. B. im Antichrist, kündigt sich die nahende geistige Umnachtung schon deutlich an.

b) Gegen die Moral und für das Leben

Nietzsche liebte es, sich als Immoralisten zu bezeichnen und gegen die Moral zu wettern. Er wolle jenseits von Gut und Böse stehen. Das gefällt vielen. In Wirklichkeit ist aber Nietzsche nicht schlechthin Immoralist; im Gegenteil, er lehnt nur die bisherige Moral ab, die idealistische nämlich, die eudämonistische, christliche, bürgerlich-deutsche, um eine andere an ihre Stelle zu setzen: die Moral des Lebens. Umwertung aller Werte, heißt sein Motto, Leben sein Ziel. Insofern ist die ganze Philosophie Nietzsches Moralphilosophie gewesen. Jetzt ist natürlich sofort die Frage, was er nun unter Leben verstehen will. Damit fängt die Sache an, für Nietzsche schwierig zu werden, wenigstens dann, wenn man nicht nur seine Worte hört, sondern mitdenkt. Klar ist jetzt nur seine negative Antwort: Leben ist nicht einfach Glück, wie die „braven Engländer" mit ihrer eudämonistischen Ethik verkündet hätten. Was ist Leben aber dann? Und nun beginnt ein Stafettenlauf mit Worten. Es ist aber keine Fackel, die weitergereicht wird, sondern eine Aufgabe. Keines der Worte, dem sie überantwortet wird, löst sie, sondern gibt sie neuerdings weiter von Wort zu Wort. Und dabei bleibt es. Leben sei Wille zur Macht, lautet die erste Auskunft. In tausend Formulierungen wird sie wiederholt. Aber was ist Wille zur Macht? Es gibt doch auch die schlechte Macht. Welche Macht ist also gemeint? Antwort: Die der Herren, der Vornehmen, der Ersten, der großen Menschen, der Aristokraten. Was sonst als Moral gilt, ist der Aufstand der Sklaven, Schwachen, im Leben zu kurz Gekommenen. Nur sie haben Liebe, Mitleid, Güte zu Werten erhoben und haben die Starken schlecht gemacht. Ihre Moral sei deshalb nichts als das Ressentiment gegenüber den Menschen mit der großen Gesundheit. Frage an Nietzsche: Besteht dann das Herrentum einfach in etwas Biologisch-Psychischem, im körperlichen Leben und in der Muskelstärke? Das will er nun auch nicht, und darum schiebt er einen weiteren Begriff vor. Dieser Begriff heißt jetzt: Übermensch. Der Übermensch ist mehr als alles Sonstige. „Mißriet der Mensch: Wohlan, wohlauf! Der Übermensch liegt mir am Herzen, er ist mein Erstes und Einziges, nicht der Mensch, nicht der Nächste, nicht der Ärmste, nicht der Mitleidende, nicht der Beste." „Gott starb, nun wollen wir, daß der Übermensch lebe!" Aber was gehört zum Übermenschen? Das Wort allein genügt doch wohl nicht. Man muß sagen, was den Übermenschen ausmacht, ihn noch über die Herren und Aristokraten stellt. Antwort: Er wird der Erde ihr Gesetz geben. Frage: Welches Gesetz? Antwort: Neue Werte werden geschaffen. Frage: Welche Werte? Was nun folgt, ist ein ständiges Ausweichen vor dem Gefragten. Es erscheint keine neue Werttafel mit einem neuen Gehalt, so daß auch nur ein Mensch wüßte, was er zu tun hätte, sondern es wird nur immer wieder gesagt und umständlich beschrieben, was dieser Übermensch für eine eigene Rasse sei, eine eigene Lebenssphäre besitze, welchen Überschuß von Kraft, Schönheit und Tapferkeit, Kultur und Manier er habe, daß er des Tugendimperativs nicht bedürfe, weil er sich jeden geistigen Luxus gestatten könne, jenseits von Gut und Böse stehe, ein Treibhaus für sonderbare Pflanzen usw. Das sind alles Rahmen ohne Bilder. Wer nur Worte hört, ist glücklich; wer Gedanken sucht, ist enttäuscht. Aber dann ist ja noch ein Wort da, es heißt „ewige Wiederkehr" und meint dasselbe wie „Unschuld des Werdens" oder „amor fati" (Bejahung des Schicksals). Damit gibt es nun aber überhaupt keinen Wertbegriff mehr, sondern es gibt nur noch das nackte Dasein. „Der Gegensatz ist aus den Dingen entfernt, die Einartigkeit ist in allem Geschehen gerettet." Alles ist jetzt Schicksal. „Meine Formel für die Größe des Menschen ist amor fati: daß man nichts anderes haben will, vorwärts nicht, rückwärts nicht, in alle Ewigkeit nicht. Das Notwendige nicht bloß ertragen, noch weniger verhehlen – aller Idealismus ist Verlogenheit vor dem Notwendigen –, sondern es lieben!" Wenn dem so wäre, dann hätte alle Rede von den Werten keinen Sinn mehr. Auch der Übermensch ist dann sinnlos, denn er ist ein Wertbegriff. Aber auch das Leben wäre sinnlos, das Leben in seiner Unschuld des Werdens, in seiner ewigen Wiederkehr, es ist ja für Nietzsche auch ein Wertbegriff; denn wir sollen es ja lieben! Aber gleichzeitig sagt er trotzdem: Es gibt keine Werte mehr, der Gegensatz ist beseitigt, alles ist einartig. Hat Nietzsche gewußt, was er wollte? War er ein Philosoph oder bloß ein Schriftsteller? Einer von den großen Artisten des Geistes, die, wie er selbst sie schildert, immer nur das Ausgefallene und Absonderliche wollen, die gebrannten Wasser, das Versucherische, Verführerische? Erklärt das vielleicht seine Wirkung auf viele bloß musisch, aber nicht denkerisch gestimmte Geister?

c) Deutschtum und Christentum

Nietzsche hat sich überschlagen in seinen Vorwürfen – sie reichen bis zur Beschimpfung – gegen das Deutschtum und das Christentum. „Es gehört selbst zu meinem Ehrgeiz, als Verächter alles Deutschen par excellence zu gelten"; „so weit Deutschland reicht, verdirbt es die Kultur"; „den Deutschen geht jeder Begriff ab, wie gemein sie sind". Zahllose Aussprüche in diesem Stil ließen sich sammeln. Sie sind gewöhnlich ganz allgemein gehalten. Tatsächlich hat aber Nietzsche nur die Deutschen seiner Zeit gemeint; auch wieder ein Beleg für den Wert seiner Worte. Und wie steht es mit seinen Vorwürfen gegen das Christentum? Sie sind noch etwas schärfer gewesen: „Der Gott am Kreuze ist ein Fluch für das Leben"; „ich heiße das Christentum den einen großen Fluch, die eine große, innerste Verdorbenheit ... den einen großen Schandfleck der Menschheit" usw. Es lassen sich, wie bei Nietzsche üblich, auch gegenteilige Aussprüche zitieren; abermals ein Beleg für den Aussagewert seiner Rede. Man hat natürlich auch versucht, ein verborgenes tieferes Wissen um das Sein, das Göttliche und das echte Christentum bei ihm zu entdecken. Heidegger deutet seinen Satz „Gott ist tot" schon in dem Sinn, daß Nietzsche Gott nicht leugnen, sondern suchen wollte. Die Epigonen gehen meist einen Schritt weiter. Was dort wenigstens noch interessant ist, wird jetzt geschmacklos.

d) Nietzsche im 20. Jahrhundert

Mit den Nietzschedeutungen hat es überhaupt seine liebe Not. Unsere Zeit, die soviel von Interpretation spricht, versteht nichts mehr von Interpretation. Sie will immer nur sich selbst explizieren, statt den Text sachlich und getreu zu erläutern, so wie er vorliegt und gemeint war. Man holt ein paar Begriffe heraus und benützt sie, um dem armen Opfer seine eigenen Kleider umzuhängen. Es gibt so eine ganze Reihe von Nietzschedeutungen. E. Bertram hat Nietzsche im Stil des George-Kreises ästhetisch-musisch gedeutet. A. Baeumler präparierte ihn für den nationalsozialistischen Hausgebrauch. K. Jaspers macht aus ihm einen ständig scheiternden Existenzphilosophen seiner eigenen Richtung. M. Heidegger braucht ihn als Eideshelfer, um alles zu negieren, was die Philosophie bisher fand, was aber nur Seiendes war, nicht das Sein selbst, und so nur eine Verstellung dieses Seins selbst. Das und noch viel mehr hat man aus Nietzsche herausgelesen. Es wird wohl noch so weitergehen, wenn man sich nicht entschließt, wissenschaftlich zu interpretieren, und wenn man Nietzsche nur als Sprungbrett benützen will, um dann seine eigenen Attraktionen vorzuführen.

4. Der Phänomenalismus und seine Spielarten

Mit dem Phänomenalismus befinden wir uns wieder auf etwas festerem Boden. Man will sich auf die wahrnehmbaren und verifizierbaren Erscheinungen stützen. Seitdem Kant das Erkennen des Menschen als Anschauen plus Denken bestimmt hat, glaubt man damit den sicheren Gang der Wissenschaft gehen zu können. Die Metaphysik wird ausgeklammert, die Ethik etwas an den Rand geschoben und wieder empirisch verwurzelt, das Intelligible, an dem Kant soviel lag, ganz vergessen. Im Phänomenalismus lebt nur der Kant der Erfahrungskritik fort. Wir greifen aus den vielen Variationen die positivistischen, empiristischen und neukantianischen Richtungen heraus.

a) Französischer und deutscher Positivismus

Der Vater des französischen Positivismus ist *Auguste Comte* (1798–1857). Er prägt bereits das Kernwort dieser Philosophie, das Wort vom positiv Gegebenen als der sicheren Basis aller wissenschaftlichen Erkenntnis. Positiv gegeben heißt dabei: sinnlich erscheinend und sinnlich wahrnehmbar. Nur darauf verlasse sich der kritische Geist. Aber das fiel dem Menschen nicht sofort in den Schoß. Es gab eine Entwicklung, die erst langsam zu diesem Ideal hingefunden hätte. Comte unterscheidet drei Phasen der Geistesentwicklung (Dreistadiengesetz). Die erste ist die mythologisch-theologische, in der der Mensch das Naturgeschehen auf höhere personale Mächte zurückführe (Fetischismus – Polytheismus – Monotheismus). Die zweite Phase sei die metaphysische Periode. Man rechnet jetzt mit abstrakt gedachten Kräften, mit Wesenheiten, inneren Naturen, Formen, Ideen. Man sei immer noch unkritisch, weil das alles bloße Erdichtungen wären. Erst in der dritten Phase, der sogenannten positiven Periode, erkennen die Menschen, was Wesen und Aufgabe der Wissenschaft sei. Nun beschränkt der Mensch sich auf das „unmittelbar Gegebene". Das allein sei Wirklichkeit und nicht mehr Erdichtung. Die Anweisung für alles Weitere: Man hebe aus den Erscheinungen das immer Gleiche heraus (wissenschaftliche Begriffsbildung) und studiere dann die regelmäßige Abfolge (wissenschaftliche Gesetzesbildung). Das wäre der Weg der Wissenschaft. Der Begriff des Gegebenen wollte bewußte Erkenntniskritik sein, war es aber doch nicht. In dem angeblich Gegebenen steckte sehr viel Nichtgegebenes und bloß Hineingegebenes. Schon die Behauptung, daß nur das Erscheinende die eigentliche Wirklichkeit sei, war ja schon Metaphysik. Aber erst im Neupositivismus wurde das eingesehen. Comte setzte sich übrigens auch für eine „positive" Religion ein. Sie sollte auch ihre Sakramente haben, ihre Festtage und ihre Zeremonien. Ihr Gott ist das grand être, die Menschheit. – Ganz ohne Religion und Metaphysik will dagegen ein anderer bedeutender französischer Positivist auskommen: *Jean-Marie Guyau* (1854–1888), um dafür nur noch das rein Gegebene zu beachten. Vor allem in der Ethik wollte er so verfahren. Ethik habe es nicht mit Pflichten zu tun oder sonstigen übersinnlichen Werten, sondern ausschließlich mit dem Leben in der Gemeinschaft. Rein „tatsächlich" stehe der Mensch in der Gemeinschaft, also auch „jenseits von Gut und Böse". Man hat Guyau den französischen Nietzsche genannt. Er kommt auch insofern mit ihm überein, als der Lebensbegriff auch für ihn zentral gewesen ist. Guyau hat damit auch einige Bedeutung gewonnen für den modernen Vitalismus sowie besonders für Bergson.

Der *deutsche Positivismus* fühlt sich auch dem sinnlich Gegebenen, der „Erfahrungswirklichkeit" verpflichtet, stellt sich ebenfalls gegen die Metaphysik, vertritt den Entwicklungs- und den Fortschrittsgedanken und will die Religion ersetzen durch Wissenschaft, Kunst und Soziologie. Gegenüber dem allgemeinen Erfahrungsideal der sonstigen Positivisten und Empiristen betonte er besonders die erkenntnistheoretische Kritik. Empiriokritizismus heißt Avenarius sein System, und E. Mach versichert, daß er nicht mehr bieten wolle als eine naturwissenschaftliche Methodologie und Erkenntnispsychologie. Der Richtung gehören an *E. Laas* (1837–1885), *W. Schuppe* (1836–1913), *R. Avenarius* (1843–1896), *E. Mach* (1838–1916) u. a.

b) Englischer und deutscher Empirismus

Daß der englische Empirismus sich auch im 19. Jahrhundert noch halten kann, versteht sich wie von selbst. Er ist sozusagen die Philosophie des gesunden Menschenverstandes. Wer wollte denn Erkennen und Wissenschaft nicht auf die Erfahrung stützen? Aber der englische Empirismus hält sich in seiner ursprünglichen Form, wie das 17. und 18. Jahrhundert ihn ausgebildet hatte. Kant wollte ihn verbessern, indem er durch seine apriorischen Formen das nur Wahrscheinliche der Erfahrung in streng notwendige Bahnen lenkte. Aber darauf kam es dem Empirismus des 19. Jahrhunderts nicht mehr an. Er wollte einfach die Wirklichkeit, die Realität, die man sieht und tastet und die nicht gesetzt ist, wieder als Motto auf seine Fahnen schreiben. Und damit hatte er großen Erfolg. Viele Philosophen, auch solche ganz anderer Provenienz, beeilten sich, ihm beizupflichten und zu versichern, daß man auch realistisch und empirisch denke. Daß sich in diesem Glauben Mill, Spencer, die Positivisten, Lenin und die Neuthomisten einig sind, ist kurios und ein Beweis dafür, was ein Wort auszurichten vermag.

John Stuart Mill (1806–1873) sieht die Basis aller Wissenschaft in der augenblicklichen Wahrnehmung. Das allein sei das positiv Gegebene. Es gebe weder objektive Wesenheiten noch zeitlose Geltungen noch apriorische Inhalte oder Tätigkeiten des Verstandes. Die Wissenschaft habe ausschließlich das Erfahrungsmaterial zu verarbeiten, aber nicht nach apriorischen Regeln, sondern nach dem, was eben die Erfahrung und nur die Erfahrung selbst abwirft, d. h. die Wissenschaft habe induktiv zu sein. Das wird jetzt sein großes Wort. Darüber schreibt er eine Logik. Sie soll zeigen, wie man von den unmittelbaren Wahrnehmungen aus weiterkommen könne. Man könne ja nicht beim Einzelnen stehen bleiben, sondern müsse zum Allgemeinen und Gesetzmäßigen vorstoßen. Schon für Hume war das ein Problem gewesen; er hatte es angegangen mit seinen Assoziationsgesetzen. Mill will es bewältigen mit einer Lehre vom wissenschaftlichen Schlußverfahren. Darum sagt der Untertitel seiner Logik (1843) ausdrücklich, daß Mill über die Grundlagen des Beweisens und der wissenschaftlichen Forschung sprechen wolle. Hier hat das Werk viel bedeutet, insbesondere für die Methodik des Experimentes. Ob die neue Technik der Wissenschaft, wie Mill sie vorzeichnete, wirklich über Hume hinausgekommen ist, ist fraglich. Auch in ethischer Hinsicht kann man diese Frage aufwerfen. Mill hat wieder einen Utilitarismus vertreten, als ob es nie einen Kant gegeben hätte. Maximation der Lust, Minimation der Unlust, so lautet die Faustregel.

In dieser Richtung bewegt sich besonders *Herbert Spencer* (1820–1903), der andere bedeutende Empirist des 19. Jahrhunderts. Er wird zum Träger der zwei Schlagworte des Jahrhunderts, die sich an den Erfahrungsbegriff rasch anschließen, der Rede nämlich von der Entwicklung und vom Fortschritt. Totale Entwicklung und totaler Fortschritt sind gemeint. Die Ethik hebt bei Spencer schon bei den Amöben an und führe geradeaus hin zu den höchsten Werten, vom treuen Aufblick eines Hundes zu seinem Herrn z.B. bis zum Wert der Treue überhaupt. Daraus wird sogar noch eine Geschichtsphilosophie. Geschichte ist Kultur und Zivilisation und habe den Sinn, das Dasein des Menschen zu vervollkommnen. Nichts mehr vom Idealismus und seiner Rede von Moral, Vernunftgebot und übersinnlicher Welt. Nur noch Vervollkommnung des nackten Daseins. Marx und Engels mit ihrem Paradiesideal vom „grünen Weideglück der großen Menge", um mit Nietzsche zu sprechen, besaßen also auch im Empirismus alter und neuer Prägung einen fruchtbaren Nährboden, und dies nicht nur im französischen Materialismus.

In Deutschland war ein sehr beachtenswerter Vertreter des Empirismus *Franz Brentano* (1838–1917), ein hervorragender Kenner des Aristoteles und der Scholastik. Er versuchte, mit Hilfe des Evidenzbegriffes zu sicherer Erkenntnis zu kommen und so von der Erfahrung her zu leisten, was Kant apriorisch begründen wollte. In seiner Richtung bewegte sich auch *C. Stumpf* (1848–1936), bekannt besonders als Psychologe.

c) Neukantianismus und Neuhegelianismus

Es hat aber auch im 19. Jahrhundert Geister gegeben, die das unkritische Denken des Materialismus und Utilitarismus durchschauten, die genug hatten an der allgemeinen Berufung auf die Erfahrung, allerdings auch skeptisch waren gegenüber den Spekulationen der Idealisten. In den siebziger Jahren gaben sie – es waren *Fr. A. Lange, K. Fischer, O. Liebmann* u. a. – den Ruf aus: Zurück zu Kant! Kritik wurde jetzt wieder zur Hauptsache der Philosophie, viel mehr als im Positivismus, der sich übrigens oft mit den Tendenzen dieser Leute überschneidet. Man ging so weit, daß die neue Richtung vielfach überhaupt nur noch als Kritizismus auftreten konnte. Darum hatte man ein ausgesprochenes Interesse am nur Formalen, am Methodischen, getreu der kantischen Überlieferung. Man trieb wieder Transzendentalphilosophie. Reines Wissen, reiner Wille, reine Religion, lautete die Losung. Darum stellte man sich gegen den Psychologismus und jede bloß tatsächliche Erfahrung und berief sich auf die apriorischen transzendentalen Gesetze, die Erfahrung überhaupt erst möglich machen. Gegenstände oder Wesenheiten werden darum nicht vorgefunden, sondern erzeugt, immer natürlich nach den zeitlosen Regeln des Geistes überhaupt. Die Abweichungen von Kant sind gelegentlich ziemlich stark. Bei *Bruno Bauch* z.B. wird der Beitrag der Sinnesempfindung und die Rolle der Idee (er kennt „objektive Begriffe" an sich) fast so gesehen wie bei Platon. Der reine Formalismus der anderen ist freilich auch die Schwäche dieser Richtung. Man wurde allmählich zu abstrakt, zu inhaltsleer, zu zeitlos. In Deutschland kam die Schule der Neukantianer rasch zu großer Geltung. Um die Jahrhundertwende beherrschte sie die Lehrstühle. Damals war Methode das große Wort. Ein Zentrum dieser Richtung war Marburg, wo man vor allem am mathematisch-naturwissenschaftlichen Erkenntnisideal Kants interessiert war. *H. Cohen* (1842–1918), *P. Natorp* (1854–1924), dessen Platonbuch immer noch ebenso lesenswert ist wie die Geschichte der antiken Philosophie von *R. Hönigswald* (1875–1947), *A. Liebert* (1878–1946), *E. Cassirer* (1874–1945) mit seinem umfassenden und gelehrten Œuvre gehören hierher. Das andere Zentrum, die sogenannte Badische Schule, war mehr an dem Kant der Kritik der praktischen Vernunft interessiert und konzentrierte sich auf die Geistes- und Wertwissenschaften. *W. Windelband* (1848–1915), *H. Rickert* (1863–1936), *E. Lask* (1875–1915) und *Br. Bauch* (1877–1942) zählen zu dieser Richtung.

Auch in *Frankreich* hatte der Idealismus berühmte Anhänger, vor allem in *Ch. Renouvier* (1815–1903), *O. Hamelin* (1856–1907) und *L. Brunschvicg* (1864–1944). Von Hamelin stammen bedeutende philosophiegeschichtliche Untersuchungen, darunter auch zu Aristoteles. Brunschvicg ist ein ausgesprochen systematischer Denker. Er war wohl neben Bergson und Blondel der größte französische Denker der letzten Zeit überhaupt. Brunschvicg will sowohl Kant wie Hegel weiterführen, schließt sich aber auch Platon, Descartes und Spinoza an und läßt sich in seiner Religionsphilosophie besonders von Pascal beeinflussen. Sein Hauptwerk handelt von der Modalität des Urteils. Was meinen wir, wenn wir „ist" sagen? Formal gesehen: Notwendigkeit oder Möglichkeit; inhaltlich gesehen: unsere Welt schlechthin; das nämlich bedeute das Ist unserer Urteilsaussage. Sonst haben wir nichts, können wir nichts haben. Was wir im Ist vor uns haben, ist Denken – transzendentale Verknüpfung, wie es bei Kant geheißen hatte. Es gibt keine Dinge an sich. Philosophie ist darum immer nur Philosophie des Geistes. Das bleibt sie auch in der Religionsphilosophie Brunschvicgs, wo es einen Augenblick so scheinen könnte, als würde in einer Art Ontologismus Gott selbst zum Inhalt der Philosophie. Es heißt nämlich jetzt: Gott ist die Urteilskopula. Gott ist aber auch kein Ding an sich, das wir erkennen oder lieben könnten. Er ist nicht einmal eine Idee, was er bei Kant immerhin noch war. Er ist vielmehr der Geist selbst, der Verknüpfung, Kopula, transzendentale Apperzeption und Deduktion ist. Das ist natürlich jetzt auch wieder „reine" Religion, und gilt zugleich, selbstbewußt genug, als das dritte Testament, das das Neue Testament ebenso überholt und erfüllt wie dieses das Alte. Bei Kant war das die Vernunftreligion, die alles Historische zu deuten und in Moral aufzulösen hatte. Bei Hegel war es die Philosophie, in der die Religion aufgehoben wurde.

Faktisch war der Neukantianismus eine weltweite Schule. Wir treffen seine Vertreter überall. Wir könnten noch verweisen in *England* auf *H. Green* († 1882) und *E. Caird* († 1908), in *Amerika* auf die sogenannten Transzendentalisten, in *Italien* auf *A. Chiapelli* († 1932), *G. Gentile* († 1944) und *Benedetto Croce* († 1952). Mit den beiden letzten haben wir allerdings mehr Neuhegelianer als Neukantianer vor uns. Aber die Grenzen überschneiden sich sowieso.

Unter den *Neuhegelianern* wird man Croce an erster Stelle zu nennen haben. Er hat bedeutende Werke zur Ästhetik, Logik, zur praktischen Philosophie und Geschichtsphilosophie geschrieben. Auf diesen vier Gebieten bemüht er sich um eine Synthese des Verschiedenen (nicht der Gegensätze wie bei Hegel) in einer Einheit, die die Verschiedenheiten nicht aufheben soll; womit sich ein positivistischer Einschlag geltend macht. Am interessantesten ist seine Synthese in der Ästhetik, wo er der führende Kopf der jüngsten Vergangenheit gewesen ist, und seine Synthese der Geschichte, wo er eine Identität von Philosophie und Geschichte behauptet, weil die Philosophie als konkretes historisches Geschehen selbst ein Werden ist – und umgekehrt das in der Geschichte sich vollziehende Werden nur auf dem Wege über allgemeine, begriffliche Voraussetzungen gefaßt werden kann. Die Synthese aller Synthesen sei der Geist überhaupt. Er ist unendliche Entwicklung, ist das Absolute und tritt an die Stelle der Religion, die in ihren historischen Erscheinungsformen nur Stufe in der geistigen Entwicklung überhaupt ist, während er das wahre Unendliche bilde.

In England gehört zu den Neuhegelianern *Fr. H. Bradley* († 1924), *B. Bonsanquet* († 1923), *E. McTaggart* († 1925); in Amerika *J. Royce* (1855–1916); in Deutschland *A. Lasson* († 1917), *R. Kroner* (* 1884) und die Rechtsphilosophen *J. Binder* († 1939), *K. Larenz* (* 1903), *W. Schönfeld* (1888–1958), *B. Liebrucks* u. a.

d) Pragmatismus

In der Welt der Erscheinungen will auch der Pragmatismus zu Hause bleiben. Aber er will sie nicht bloß beschreiben und nach logischen oder transzendentalen Gesetzen kritisch prüfen, sondern er will sie beherrschen und für den Menschen handlich machen, so daß er sich in dieser Welt wohlfühlen könne und immer noch wohler fühlen dürfe. Pragmatismus ist also praktische Philosophie. Was das meint, vernahmen wir schon im Zusammenhang mit dem dialektischen Materialismus. Er will auch praktische Philosophie sein, und insofern braucht der bürgerliche Pragmatismus sich vom Diamat nicht so besonders zu distanzieren. Immerhin, dieser bürgerliche Pragmatismus achtet die Freiheit des Individuums, und dadurch unterscheidet er sich doch wesentlich von dem offiziellen Diamat.

Der Pragmatismus entstand eigentlich bei einem der Begründer des Neukantianismus, nämlich bei *Fr. A. Lange*. Indem dieser gegenüber dem Materialismus die Religion verteidigte mit der Begründung, daß man hier nicht nach wahr und falsch fragen dürfe, sondern nur nach dem, was der Mensch eben brauchte, indem er in diesem Bedürfen den Wert der Religion wie der Ideale überhaupt begründete, war der Pragmatismus gegeben. Seine bedeutendsten Wortführer waren aber *W. James* (1842–1910), *F. C. S. Schiller* (1864–1937) und der in der jüngsten Zeit führende amerikanische Philosoph und Pädagoge *J. Dewey* (1859–1952). Von ersterem stammt ein erfrischendes Wort, das die ganze Frage schlagartig beleuchtet: „Unsere Irrtümer sind am Ende nicht so furchtbar wichtige Dinge. In einer Welt, wo wir ihnen trotz aller Vorsicht nicht völlig aus dem Wege gehen können, erscheint ein gewisses Maß sorglosen Leichtsinns gesünder als übertriebene nervöse Angst." Praktisch mag es oft angebracht sein, nach diesem Rezept zu verfahren. Prinzipiell hieße das allerdings, auf die Wahrheitsfrage zu verzichten und sich nur an dem auszurichten, was man gern möchte. Das kann aber der Mensch nicht; denn über allem „Ich möchte gern" und „Ich brauche das" steht das, was an sich wahr und recht ist und für den Menschen zur Pflicht wird. Die Wahrheit darf nicht, wie es der Instrumentalismus Deweys will, zum Werkzeug und Symbol unserer Ansprüche und Bedürfnisse werden. Höher als alle subjektive Zweckmäßigkeit steht die objektive Wahrheit. Nur innerhalb der Grenzen von Wahrheit und Recht kann man die Daseinsvervollkommnung suchen. Bloßes Begehren kommt aus der Unordnung und führt in die Unordnung.

5. Induktive Metaphysik

Trotz aller Überbetonung des Phänomenalismus kommt das 19. Jahrhundert auch noch zu einer Metaphysik. Dem empirischen Zeitgeist entsprechend, trägt sie aber ein besonderes Gesicht, d. h., sie wird zu einer induktiven Metaphysik. Fechner, Lotze und E. v. Hartmann sind hier zu nennen.

Gustav Th. Fechner (1801–1887) will in der Metaphysik zu einer Ausgestaltung des religiösen Glaubens kommen, die nicht nur Begriffsdichtung im Dienste irgendeiner Pragmatik ist, sondern die ohne Preisgabe des kritischen Denkens und naturwissenschaftlichen Gewissens auch der Naturforscher anzuerkennen vermöchte. Seine Metaphysik soll Weltanschauung und Erfassung der Gesamtwirklichkeit sein. Sie soll von der Erfahrung ausgehen, induktiv sein, aber dann über die Erfahrung hinausführen. Dabei ist nicht ein Über-schreiten der Sinneserfahrung gemeint, wie es die klassische Meta-physik im Auge hatte, wo aufgrund der einmal erkannten ideellen Struktur in einer Betrachtung der Welt sub specie aeterni gesagt werden kann: So ist es und so muß es immer sein, sondern nur ein Vorgriff auf vermutlich weitere Erfahrungsergebnisse, um nicht bei einem Stückwerk stehenbleiben zu müssen. Man bleibt also prinzi-piell ausschließlich an die Sinneserfahrung gebunden, und nur durch Verallgemeinerung und Analogieschlüsse antizipiert man hypothe-tisch ihre Ergebnisse, sagt also nicht, so wird es immer sein müssen, sondern: wahrscheinlich wird es so oder so weitergehen. Im Grunde ist also der induktive Metaphysiker Empirist. Da er aber doch das Ganze des Seins anzielt, kann man mit einigem Recht von Metaphy-sik sprechen. Die induktive Form, die Fechner ihr gegeben hat, wurde auch im 20. Jahrhundert gern vertreten. Fechner hat sich übrigens auch große Verdienste um die Psychologie erworben, die er ebenfalls nach naturwissenschaftlichen Methoden bearbeiten und im Stil des psychophysischen Parallelismus deuten wollte.

Hermann Lotze (1817–1881) treibt gleichfalls Metaphysik, lehnt die Grenzziehung Kants ab, greift wieder auf Leibniz zurück und kommt ähnlich wie dieser zu einem Panpsychismus. Die naturwis-senschaftlich-kausale Betrachtungsweise bleibt erhalten, wird aber in einen höheren Sinn- und Zweckzusammenhang eingebaut. Wäh-rend Kant eine solche Unterordnung für möglich, aber für nicht er-kennbar hielt, verteidigt Lotze sie mit dem Argument, daß alle Kau-salität wegen des grundsätzlichen inneren Zusammenhanges der Welt in einer Allursächlichkeit beschlossen liege, die er in Gott, und zwar in einem geistigen und persönlichen Gott, gegeben sah. Auch in einigen anderen Lehrpunkten hat Lotze kühn über Kant hinaus-gegriffen: was den Substanzbegriff betrifft, die Frage der Wechsel-wirkung und die Willensfreiheit. In seiner Ethik gehört er zu den Begründern der modernen Wertlehre. Werte sind für ihn objektive Geltungen ähnlich den platonischen Ideen, die Lotze auch als objektive Geltungen interpretiert hat.

E. v. Hartmann (1842–1906) vertritt ein System, das, wie er selbst sagt, eine Synthese ist von Hegel und Schopenhauer unter entschei-dendem Übergewicht des ersteren, vollzogen nach Anleitung der Prinzipienlehre aus Schellings positiver Philosophie und des Begrif-fes des Unbewußten aus Schellings erstem System. Dazu kommen noch ein Individualismus Leibnizischer Provenienz und eine Reihe von wesentlichen Sätzen aus dem modernen Empirismus. Eben des-wegen kann man auch Hartmann zur induktiven Metaphysik zählen. Am bekanntesten wurde er durch sein Unbewußtes. Es ist ein Weltabsolutes, ist Allgeist, ist die Substanz schlechthin. Ihre beiden Attribute sind in Anlehnung an Schopenhauer unendlicher Wille und unendliche Vorstellung. Der Wille ist unvernünftiger Drang, die Vorstellung oder der Intellekt kraftlose Idee – zwei Gedanken, die Scheler übernommen hat. Das Dasein erfährt, auch wieder nach Schopenhauer, eine pessimistische Deutung. Nichtsein wäre besser als Dasein. Die Ethik habe die Aufgabe, dieser Erkenntnis zum Sieg zu verhelfen, um zur Erlösung vom Daseinswillen zu kommen. Die künftige Weltreligion müsse darum eine Mischung von Buddhismus und Christentum sein.

6. Neuaristotelismus und Neuscholastik

Das 19. Jahrhundert kennt aber neben der induktiven auch die alte klassische Metaphysik. Sie wird vertreten von den Neuaristotelikern und Neuscholastikern.

Unter den *Neuaristotelikern* ist der führende Kopf *A. Trendelenburg* (1802–1872). Er hat hervorragende Beiträge zur Philosophie des Aristoteles geliefert, und nicht nur zur Geschichte, sondern auch zur Systematik des Aristotelismus. Er ließ sein Denken nicht bestimmen durch das, was das Neue oder Neueste war, sondern hatte den Blick für das ewig Wahre, wie ihn der Künstler für das ewig Schöne hat. Es brauche nicht jeder Denker von vorne anzufangen, hat er gemeint, und jeweils eine ganz neue Philosophie zu erfinden. Die sei vielmehr in ihren Prinzipien schon gefunden, „in der organischen Weltanschauung, die sich in Platon und Aristoteles gründet, sich von ihnen her fortsetzte und sich in tieferer Untersuchung der Grundbegriffe sowie der einzelnen Seiten und in der Wechselwirkung mit den realen Wissenschaften ausbilden und nach und nach vollenden muß". Trendelenburg erblickte solch zeitlose Philosopheme im Zweckgedanken, im Begriff des organischen Ganzen, im Begriff des Geistes und seiner logischen Gesetze, in der Vollendung des Geistes in einem göttlichen Weltgeist und in einem ewigen Recht, das über jedem positiven Recht als objektives Kriterium richtend walte. Naturrecht auf dem Grunde der Ethik, lautete der Titel einer seiner berühmtesten Schriften. Schüler Trendelenburgs waren *F. Brentano, G. v. Hertling, O. Willmann, G. Teichmüller, R. Eucken.*

Willmann und Hertling bilden die Verbindung zu der anderen Schule, die ebenfalls klassische Metaphysik treibt, die Gruppe der

Neuscholastiker. Sie knüpfen zwar unmittelbar am Mittelalter an, die einen bei Thomas von Aquin, die anderen mehr bei Augustinus und Bonaventura, kommen aber, besonders die ersteren, darüber immer auch auf Aristoteles zurück. Die Kenntnis von der Verwurzelung des Aristoteles in der Philosophie Platons, die dem ganzen Geist der Neuscholastik einen neuen Auftrieb geben könnte, setzt sich erst allmählich durch und hat es immer noch schwer, da das Wort vom Aristotelismus sich zu einem Schlagwort und Schulwort verhärtet hat und die Kenntnis Platons in diesen Kreisen miserabel ist. Die Neuscholastik entstand im 19. Jahrhundert angesichts verschiedener Auswüchse der modernen Philosophie. Wie es einen Ruf gab „Zurück zu Kant", so gab es auch einen Ruf „Zurück zu den Klassikern der Schule". In Spanien hatte bereits *Balmes* († 1848) dort angeknüpft und später *Z. Gonzalez* († 1895). In Italien folgte *Liberatore* († 1892), in Österreich *K. Werner* († 1888), in Frankreich *Domet de Vorges* († 1910), in Deutschland *C. v. Schäzler* († 1880), *J. Kleutgen* († 1883), *A. Stöckl* († 1895), *K. Gutberlet* († 1928). Die wissenschaftlich bedeutendsten Zentren der Neuscholastik waren von Anfang an das *Institut Supérieur de Philosophie* in Löwen, eine Gründung des späteren Kardinals *Mercier* († 1926), wo man sich ursprünglich auf den Thomismus festgelegt hatte, aber heute längst allgemeingültige wissenschaftliche Arbeit leistet, sowie *Quaracchi*, das Zentrum des Franziskanerordens, das, zunächst für die augustinische Tradition prädestiniert, sich heute allein schon durch seine mustergültigen wissenschaftlichen Editionen ebenfalls einen über den Lagern stehenden Rang erworben hat.

Die Neuscholastik präsentiert sich in zwei Formen, einer mehr historischen und einer mehr systematischen. Der historischen Richtung, ihren Editionen und Untersuchungen, ist es zu verdanken, daß wir das Mittelalter jetzt erst wieder richtig kennenlernen, nachdem sein Denken durch die Vorurteile und Kampfparolen der Reformation und Aufklärung schmählich verdunkelt und durch die rasche Begeisterung der Romantik allzu billig glorifiziert worden war. Die Untersuchungen waren, der Sachlage entsprechend, in der ersten Zeit, besonders in der *Baeumker-* und *Grabmann-Schule,* in der Hauptsache nur literarhistorisch und nur mehr oder weniger auch ideengeschichtlich orientiert. Sie müssen nunmehr aufgrund der Erkenntnise der neuzeitlichen Philosophie und in der Auseinandersetzung mit ihr auch noch problemgeschichtlich werden. Das wäre eine große Bereicherung des philosophischen Gedankens überhaupt, und es würde sich zeigen, daß die Großen dieser Zeit ebenso gegenwärtig sind wie die anderen Männer der Vergangenheit auch.

Die sogenannten Systematiker unter den Neuscholastikern bemühen sich um die eigentlichen Sachprobleme, und hier auf allen Gebieten der Philosophie, der theoretischen wie der praktischen. Besonders sind dabei hervorgetreten die sogenannten Neuthomisten (*J. Gredt, G. Manser, J. Maritain* u. a.), so daß man Neuscholastik nicht selten mit Neuthomismus gleichsetzt, was aber nicht genau ist, weil neben den Thomisten auch die alte augustinische Richtung fortbesteht, trotz der Enzyklika Aeterni Patris (1879), durch die Leo XIII. den kirchlichen Schulen die Prinzipien und Lehren des hl. Thomas zur Norm gemacht hatte. Was die beiden Lager vereinigt, ist eine Philosophie, die man gerne zeitlose Philosophie (Philosophia perennis) heißt, weil sie darangeht, das Bleibende und ewig Wahre unter den vielen und verschiedenen philosophischen Lehren herauszustellen. Dazu gehören etwa folgende Sätze: Es gibt Wahrheit überhaupt, und es gibt ewige Wahrheiten; das Erkennen des Menschen ist subjektiv mitbedingt, ist aber nicht ausschließlich relativistische Subjektivität, sondern am Sein selbst ausgerichtet und hat darum auch eine objektive, die Subjektivität beherrschende Seite; das Sein selbst ist darum erkennbar; es läßt sich analysieren in geschaffenes und ungeschaffenes Sein, in Substanz und Akzidens, in Wesenheit und Dasein, Akt und Potenz, Urbild und Abbild, in die Schichten des körperlichen, lebendigen, seelischen und geistigen Seins; die Seele des Menschen ist immateriell, substantiell, geistig und unsterblich; dadurch unterscheidet sich der Mensch wesenhaft vom Tier; Sittlichkeit, Recht und Staat richten sich nach ewigen Normen, wenn sie auch nur über die Subjektivität des Menschen gefunden werden können; erste Ursache des Seins, der Wahrheit und der Werte ist der transzendente Gott. In der Einzeldurchführung gibt es große Unterschiede, auch in grundlegenden Fragen, wie immer in der Philosophie. Es ist nicht sinnvoll, den Neuscholastikern schlechthin und von vornherein Originalität abzusprechen, weil sie angeblich alle das gleiche sagen; das ist nämlich bei allen Schulen so. Die Neuscholastiker sagen nicht mehr und nicht weniger das gleiche wie etwa auch der Neukantianer oder Empirist oder Phänomenologe. Daß sie einen „Standpunkt" haben, nimmt man ihnen auch gelegentlich übel. Aber einen Standpunkt haben ebenso wieder alle anderen auch. Es kommt darauf an, wie der Standpunkt entstand: Wurde er von außen übernommen, dann ist es allerdings mit echtem Philosophieren vorbei; wurde er aber frei und selbständig gefunden, dann ist er das, was eben eine philosophische Position oder Richtung ist, die es immer gibt, seit es Philosophie gibt. Und hier muß dann alles offenbleiben. Wie man zu einer skeptischen oder atheistischen oder marxistischen Philosophie kommen kann, so kann man auch zu einer objektivistischen, theistischen und, wie der deutsche Idealismus zeigt, auch zu einer christlichen Philosophie kommen. Was hier echt und unecht ist, kann man nicht allgemein entscheiden. Es hängt alles vom einzelnen Fall ab, und man muß zusehen, ob jeweils frei und selbständig gedacht wird. Dieses originäre Denken macht die Philosophie aus – und das allein brauchen wir. Beauftragte Funktionäre hat unsere Zeit genug, auch wieder in allen Lagern. – Die Neuscholastik, die in der Hauptsache von katholischen Philosophen gestaltet wurde – der Protestantismus hat keine eigene Philosophie hervorgebracht –, erstreckt sich auf über hundert Jahre und hat sich dabei immer mehr mit der modernen Philosophie auseinandergesetzt. Als Vertreter könnte man eine Vielzahl von Gelehrten anführen: *C. Baeumker, M. Grabmann, E. Gilson, J. Maritain, J. Maréchal, F. van Steenberghen, G. Verbeke, J. Geyser, H. Meyer, V. Rüfner, A. Dempf, B. Lakebrink, C. Fabro u. a.*

Zweites Kapitel: Die Philosophie im 20. Jahrhundert

Die Philosophie der Gegenwart ist in ihrem Ansatz weithin ein Ergebnis des vergangenen Jahrhunderts. Wir haben die einzelnen Richtungen des 19. Jahrhunderts immer wieder bis in unsere Zeit herein verfolgen können. Aber in der Weiterentwicklung und Umbildung dieser Ansätze treten gewisse typische Kernbegriffe hervor, die zu Mittelpunkten der philosophischen Diskussion werden, und in der Phänomenologie und Existenzphilosophie haben wir überhaupt etwas vor uns, das ausschließlich für unser Jahrhundert bezeichnend geworden ist. Wir versuchen, das Denken der Gegenwart aufzugliedern nach den dafür typischen Stichworten: Leben, Wesenheit, Sein, Existenz, Logos.

1. Lebensphilosophie

Um die Jahrhundertwende gab es, vor allem in Deutschland und Frankreich, eine Denkrichtung, die weit über die akademischen Hörsäle hinausdrang und geradezu eine geistige Modeerscheinung wurde, wo jeder, der etwas auf sich hielt, glaubte, mitmachen zu müssen: die Lebensphilosophie. Sie spielte damals die Rolle, die in der Mitte unseres Jahrhunderts die Existenzphilosophie spielte. Im einzelnen erfährt sie viele Variationen, aber alle kreisen um den Begriff Leben, entscheiden sich für das Fließende, Unwiederholbare, Individuelle, Irrationale, nur im Erleben Faßbare und stehen gegen das Statische, nur Logische, Allgemeine, Schematische. Wir unterscheiden die französische Lebensphilosophie, die geisteswissenschaftliche Lebensphilosophie in Deutschland und die naturalistische Lebensphilosophie.

a) Bergsonismus und Blondelismus

Henri Bergson (1859–1941), hervorragender Schriftsteller und Nobelpreisträger, führt die neue Richtung sofort zu einem Höhepunkt. Gegenüber der gärenden und stürmischen Lebensphilosophie Nietzsches gibt Bergson eine akademische, klare und durchdachte Philosophie des Lebens. Seine Leitidee ist der Lebensschwung (élan vital). Bergson begegnet damit dem Mechanismus, Materialismus und Determinismus. Sein überhaupt ist nichts anderes als Lebensschwung. Es ist falsch, immer nur das Äußere, Ausgedehnte, den mathematisch-physikalischen Körper zu sehen und womöglich auch noch den Menschen unter dieses Schema zu pressen. Gibt es nicht auch ein Innen, das ein Außen gestaltet? Das dauert, obwohl es in der Zeit steht? Das überhaupt eine eigene Zeit hat, nicht die mechanische Uhrzeit, sondern jene erlebte Zeit, die einem Bleibenden zuwächst, das jeden Augenblick im Werden steht, den Zeitfluß in sich aufnimmt, aber zugleich auch überlebt; was Bergson die „Dauer" (durée) heißt. Sie ist typisch für alles Lebendige. Um dem Leben gerecht zu werden, braucht man mehr als das mathematisch-naturwissenschaftliche Denken. Das sei immer mechanisch, schematisch, analytisch. Für das Leben brauchen wir die Intuition und ihren Blick auf das Ganze, brauchen das Einfühlen, um das Innere und Einmalige erleben zu können, brauchen ferner das Wissen um die Freiheit, um über den Mechanismus hinauszudringen und der Spontaneität gerecht werden zu können. Wo aber Spontaneität und Freiheit ist, da ist auch Seele und Bewußtsein. Darum steht Leben über der Materie. Bewußtsein, Gedächtnis, Seele sind zwar nicht ohne physiologische Entsprechung, sind nicht ohne das Gehirn, aber sie sind nicht einfach, wie es im Materialismus immer heißt, nur Gehirnfunktion, sondern sind eine Potenz für sich, ruhen in sich und sind stärker als das Materielle. Ja, wenn Sein Leben ist, Leben aber Seele und Bewußtsein, dann ist Sein als solches Bewußtsein; nicht jenes enge Bewußtsein, das nur Denken ist, sondern ein Bewußtsein, das Erleben, Drang, Dauer, Freiheit, Erfindung, schöpferische Energie und Dynamik ist. Und nun eröffnen sich metaphysische Tiefen: Nichts „ist", alles „wird". Und es wird in der Kraft der schöpferischen Freiheit und schöpferischen Entwicklung, in der die Lebenswoge das Werden aus sich herauswirft. Auch der Mensch „ist" nicht, auch er ist Werden. Und selbst von Gott könne man sagen, daß er ein werdendes Wesen ist, unaufhörliches Leben, reine Tätigkeit, reine Freiheit. Schelling steht hier im Hintergrund, Scheler wird folgen. Analog gestalten sich auch Moral und Religion. Auch hier wird alles Äußere, Sitte, Gesetz, Pflicht abgelehnt – und nur das Innen, die Freiheit, das schöpferische Wollen gewertet. Der entsprechende Begriff lautet hier: Liebesschwung (élan d'amour).

Maurice Blondel (1861–1949) wurde vielfach mit Bergson zusammengeworfen, hat sich aber von Bergson wie überhaupt von der Lebensphilosophie distanziert. Er wolle keinem alogischen Drang das Wort reden, sondern einer „action" – das ist bei Blondel jetzt die Leitidee –, die man sogar als integralen Intellektualismus bezeichnet hat, weil sie all jenen Wurzeln des Geistes nachgeht, die tiefer liegen als nur im Verstand überhaupt: „Ich studiere in der action das, was den einzelnen Gedanken selbst noch hervortreibt und entwickelt. Das Denken steht nicht am Anfang, ist nicht ausschließlich Repräsentation oder Licht; es ist Kraft, Drängen und Treiben im Dynamismus des geistigen Lebens, und darum muß man in jedem Gedanken die Bedingungen studieren, aus denen er hervorgeht." Die Bedingungen des Geistes sind, wie man sieht, doch auch hier solche des Lebens – die Geschichte kommt noch dazu –, und darum gehört auch Blondel in den Umkreis der Lebensphilosophie. Insofern unter den Bedingungen der action sich aber auch noch die kosmischen Ordnungen (pensée cosmique) befinden, ist Leben für Blondel „mehr als Leben" und bedeutet die action bereits eine Überwindung der Lebensphilosophie.

b) Geisteswissenschaftliche Lebensphilosophie in Deutschland
Die deutsche Lebensphilosophie faßt das Leben nicht kosmisch oder metaphysisch wie Bergson, sondern nur in seinen geistesgeschichtlichen Formen und wird damit zu einer hohen Schule der Interpretation geistiger Phänomene in Philosophie, Psychologie, Pädagogik, Geschichte und Dichtung. Ihr bedeutendster Vertreter war *Wilhelm Dilthey* (1833–1911). Er will das Leben aus dem Leben selbst und allein verstehen, ohne apriorische oder metaphysische oder wertmäßige Voraussetzungen. „Verstehen" ist für ihn ein Kernbegriff. Er ist spezifisch für die Geisteswissenschaften und steht im Gegensatz zum naturwissenschaftlichen „Erklären". Letzteres hat nur Inter-

esse am Allgemeinen und am Gesetz. Das Verstehen bedient sich auch eines Allgemeinen, der „Struktur" in der Psychologie und des „Typus" in der Geistesgeschichte, will aber darüber gerade in die einmalige Gestalt des Individuellen sich einfühlen und sie erleben lassen. Das Individuelle gewann bei Dilthey immer mehr Gewicht und führte ihn zu einem Relativismus der Standpunkte, über den er selbst nicht froh wurde, weil ihm die Überwindung der Standpunkte ebenso am Herzen lag wie ihr Verstehen. Seine verstehende Struktur- und Typenforschung hat sich als sehr fruchtbar erwiesen und weithin Schule gemacht, so z. B. bei *G. Misch, B. Groethuysen, Ed. Spranger, Hans Leisegang, A. Dempf u. a.*

Stark an der lebensphilosophischen Diskussion beteiligt waren auch *R. Eucken* (1846–1926), Nobelpreisträger wie Bergson, und *E. Troeltsch* (1865–1923), die beide über den der Lebensphilosophie drohenden Relativismus hinausdrängen. Besonders aber muß man, wenn von Überwindung der Lebensphilosophie die Rede ist, auf *G. Simmel* (1858–1911) verweisen, der vielleicht das beste Wort über die ganze Lebensphilosophie gesprochen hat. Es soll hier als Schlußwort stehen: „Leben, an sich formlos, kann nur als geformtes zum Phänomen werden", und muß also „mehr als Leben" sein, darf nicht bloß im reinen Fließen bestehen, wie viele geglaubt haben.

c) Naturalistische Lebensphilosophie

Für den naturalistischen Zweig der Lebensphilosophie ist Nietzsche wieder der große Anreger, freilich ein einseitig, nämlich biologistisch ausgelegter Nietzsche. Zwei Männer müssen dabei erwähnt werden: *O. Spengler* (1880–1936), dessen „Untergang des Abendlandes" eine Morphologie der Weltgeschichte sein sollte, in der Hauptsache aber nur aufgrund seines düsteren Titels die Geister erregte, sowie *L. Klages* (1872–1956), der (ähnlich wie sein Freund Th. Lessing) gleichfalls den Untergang der Erde am Geist verkünden zu müssen glaubte, weil der Geist der Widersacher des Lebens sei und alles töte, was die unschuldige Natur wachsen und blühen lasse. Der Geistbegriff bei Klages war ein Zerrbild von Geist, und nach einem anfänglichen Aufsehen, das seine Bücher erregten, ist es rasch um ihn wieder still geworden.

2. Phänomenologie

Nach Kant gab es keine schaubaren Wesenheiten an sich, keine intellektuellen Anschauungen. Man konnte sich so etwas zwar denken, aber auch nur denken. Real war nur die Synthesis des sinnlich Gegebenen zum Begriff. In unserem Jahrhundert aber gab es wieder, wie man gut gesagt hat, eine Wende zum Objekt und zum Wesen. Sie erstarkte mit dem Zurückgehen des Kantianismus und war verbunden mit der Phänomenologie, die etwas wirklich Neues in der Philosophie der Gegenwart darstellt und einen allgemeinen Siegeszug angetreten hat. Auf allen möglichen Gebieten kann man die phänomenologische Methode heute geübt sehen, nicht nur in der Philosophie, sondern weit darüber hinaus. Der Siegeszug wurde möglich, weil Phänomenologie eigentlich nur eine Methode ist, die Kunst nämlich, die Sachverhalte selbst entdecken, sehen, beschreiben, einleuchtend werden zu lassen. Ihr Motto war: Zurück zu den Sachen selbst. Man hatte die Scheuklappen der Schulen und ihre erstarrten Formeln satt und wollte wieder echt und sachlich sein, objektiv, wesenhaft; auch in der Literatur, der Kunst, der Ästhetik, der Ethik, der Pädagogik, der Religion. Die Frage, die über das Methodische hinausgeführt hätte, wäre gewesen: Was sind das für Sachen selbst? Welche Seinsmodalität kommt ihnen zu? Gibt es eine intellektuelle Anschauung des Realen oder bleibt sie im bloßen Bewußtsein und seinen Akten hängen? Das war das hic Rhodus, hic salta. Man machte Ansätze nach vorne, sprang aber ebensooft zurück, so daß die Rede von der Wende zum Objekt nur mit Reserve gebraucht werden kann.

Zum Gründer der Schule wurde *Edmund Husserl* (1859–1938), als er genau um die Jahrhundertwende mit seinen logischen Untersuchungen hervortrat. Sie leisteten gegenüber dem Psychologismus dasselbe, was Kant schon gegenüber Hume geleistet hatte: Überwindung des nur Relativen und Individuellen im Denken durch Aufweis des zeitlos Gültigen und Notwendigen, aber jetzt nicht mit Hilfe transzendentaler apriorischer Formen, sondern notwendiger Wesenheiten und Wesensverhalte. Der Gedanke 2 mal 2 = 4 kann z. B. subjektiv sehr verschieden gedacht werden (Noesis), aber sein Inhalt oder Sachverhalt, der objektive Gedanke als solcher (Noema), bildet eine Wesenheit von in sich ruhender, gestalthafter Notwendigkeit. Wesensverhalte dieser Art wollte Husserl auf den verschiedensten Sachgebieten aufzeigen, um so zu den grundlegenden Strukturen des Wirklichen zu kommen. Er nannte das fundamentale oder regionale Ontologien. Die Wesenheiten würden „geschaut“, und zwar auf dem Wege über die sogenannte phänomenologische Reduktion, die das Nebensächliche, nur Faktische ausklammert, um das Wesentliche zu ergreifen, aber nicht bloß als das Allgemeine, was die Abstraktion auch versuchte, wobei sie jedoch im nur Psychologischen hängenblieb, sondern als das in sich gültige Eidos, das ein objektives, intentionales, denkbares Sein besitzt. Husserls Wesensschau wurde viel kritisiert. Gäbe es sie, dann wären Kants logische leere Formen ins Materiale überhöht worden. Es wäre dann immer noch die Frage, ob diese Wesenheiten einen transzendenten Sinn haben oder nicht. Husserl selbst hat, besonders in seiner Spätzeit, diese Frage negativ entschieden.

Max Scheler (1874–1928) hat die Phänomenologie vollendet, indem er aus den engen Grenzen von Husserls Immanenzphilosophie heraustrat und sie heranführte an die großen Themen Wert, Mensch, Welt und Gott, oder doch heranzuführen schien; denn auch er hat Angst vor dem Transzendenten und flüchtet, wieviel er auch von Werten, Wesenheiten und vom Absoluten redet, wieder zurück in die Akte des Bewußtseins. Wenn man nach Scheler das Absolute schaut, schaut man es nicht selbst in seinem Ansich, sondern man schaut sein eigenes Denken des Absoluten. Darum hat jede Religion ein Absolutes, aber nicht *das* Absolute, sondern *ihr* Absolutes. Ebenso sind auch die Werte nur Qualitäten unserer psychischen Akte. Der Wert ist aber eines der großen Themen der Philosophie Schelers gewesen. Aus der Wesensschau Husserls wird bei ihm die Wertschau. Die Werte sind Wesenheiten, wenn auch nur an unseren Aktqualitäten. Als Wesenheiten sind sie erfüllt, sind ein Materiale, sind notwendig und zugleich apriorische Ziele unseres sittlichen Handelns. Sie bedürfen keines Pflichtgebotes, sondern sind in sich selbst ein ideal Seinsollendes, das auf die Realisierung durch das menschliche Handeln wartet. Scheler wird so zum Begründer der materialen Wertethik, rehabilitiert damit die Tugend gegenüber ihrer Verkennung und Verlästerung durch Nietzsche, setzt sich gleichzeitig in Gegensatz zum Formalismus der Kantischen Pflichtethik, der er die Grundlagen entziehen möchte, weil die allgemein mögliche Gesetzlichkeit von den Werten abhänge und nicht der Wert von der allgemeinen Gesetzlichkeit. Seine Kritik an Kant ist scharfsinnig, aber nicht immer zutreffend. Werte werden bei Scheler immer scharf abgegrenzt vom Sein der seienden Dinge. Von hier aus versteht man eine seiner bekanntesten Theorien, seine Lehre von der Person des Menschen. Person sei nicht gegeben mit dem metaphysischen Seinsbestand, den die Alten Hypostase hießen, weil sonst der Mensch ein Ding unter Dingen wäre. Sie fällt auch nicht zusammen mit der Summe der psychischen Akte noch mit einem intelligiblen oder empirischen Ich, weil das alles schon etwas Fertiges wäre. Person ist vielmehr ein immer Handelndes, ein Aktus, der nicht der Kausaldetermination untersteht, weder von seiten der

Erbmasse noch von seiten der Welt, sondern in Freiheit die Wertwelt ergreift und so den Menschen in seinem letzten Wert, dem der Person, realisiert. Personen „sind" nicht, sondern „werden", heißt es auch hier wieder wie oben schon bei Bergson. Dieses Handeln ist im Grund ein Lieben der Werte und insofern Teilhabe an der Urperson, die Gott ist. Mit dem Lieben ist ein Fühlen gegeben, etwas Emotionales. Werte werden nicht gewußt, sondern erfühlt, die Wertschau ist ein Wertfühlen. Die Philosophie und Psychologie der Emotionen war auch eines der großen Themen Schelers. Eng damit zusammen hängt seine Philosophie der Religion. Wie die Werte überhaupt wird auch der Wert des Heiligen von Sein und Seienden abgesondert, wird wieder als etwas Eigenes (sui generis) gesetzt und auch von der Metaphysik noch unabhängig gemacht. Der Gott der Philosophen sei nicht der Gott der Religion. Religion und Metaphysik seien weder partiell, wie in der Scholastik, noch total identisch, wie bei Hegel. Schließlich und endlich kommen aber in Schelers „Konformitätssystem" der Gott der Religion und der der Metaphysik trotzdem wieder zur Deckung. Aber die Behauptung, daß die Religion sich selbst begründe und der Metaphysik nicht bedürfe, haben viele gerne gehört, weil man glaubte, sie vom christlichen Denken her, dem Scheler viele klingende Termini entlehnt hatte, verstehen zu dürfen. Bedenkt man aber, daß Werte und Wahrheiten, auch die Werte des Heiligen und des Absoluten, wie überhaupt aller Geist bei Scheler ohnmächtig sind und erst der Ermächtigung durch die niederen, aber stärkeren Seinsschichten bedürfen, so daß selbst Gott erst durch viele Wirrungen und Drangsale hindurch zu sich selbst findet und als das eigentlich Göttliche erst am Ende einer langen Entwicklung steht (Evolutionspantheismus), während die Christen irrtümlicherweise das Göttliche an den Anfang gestellt hätten, dann hat man Grund genug, die Theorien Schelers kritisch zu überprüfen.

Aus der phänomenologischen Schule ragen hervor *A. Pfänder* (1870–1941), *A. Reinach* (1883–1916), *Edith Stein* (1891–1942), *Dietrich v. Hildebrandt* (1889–1977), *Hedwig Conrad-Martius* (1887–1966) u. a.

3. Ontologie und Metaphysik

Stärker als in der Phänomenologie ist die Wende zum Objekt in der Ontologie und Metaphysik der Gegenwart. Es wird zwar zur Zeit mit dem Wort ontologisch verschwenderisch umgegangen – wer spricht heute nicht vom Sein? – und ohne Bedenken ontologisch geheißen, was früher transzendentallogisch oder subjektiv hieß. Trotzdem ist das Interesse am Sein ernst und die Philosophie des Seins ertragreich. Die Annäherung vollzieht sich in verschiedenen Formen. Es gibt eine Ontologie, die im Grunde eine Spielart des Phänomenalismus ist (Nicolai Hartmann); eine Ontologie, die induktive Metaphysik ist, sich selbst aber gern kritischen Realismus heißt; eine Onotologie, die Idealrealismus ist; eine Ontologie, die bewußt klassische Metaphysik treiben will und besonders von den oben schon besprochenen Neuscholastikern vertreten wird; eine Ontologie, die Existentialontologie ist (Heidegger) und dort zu behandeln sein wird.

a) Phänomenalistische Ontologie

Hauptvertreter einer phänomenalistischen, den Positivismus streifenden Ontologie ist *Nicolai Hartmann* gewesen (1882–1950). Ursprünglich Neukantianer Marburger Observanz, wandte er sich in der Erkenntnislehre von dem kritischen Dogma ab und vertrat die trotz Kant nicht auszulöschende ewige Überzeugung, daß Erkennen eben nicht ein Hervorbringen von Gegenständen ist, sondern ein Erfassen von etwas, was unabhängig von unserer Erkenntnis und schon vor ihr bestand. Alles Erkennen ist immer ein Übersichhinausgreifen (gnoseologische Transzendenz). Das war ein Bekenntnis zum Realismus. Das Hauptargument bildete das Erlebnis des Widerstandes, in dem sich ein unabweisbares Betroffensein zeige, das nicht von uns geschaffen, sondern vorgefunden werde. Wenn aber Hartmann nun dieses vorfindbare Sein erkennen will, sind es nicht Wesenheiten, die erkannt werden, etwa im Sinne der alten Nuslehre und im Sinn der Hegelschen Kategorien und ihrer Seinserfassung, sondern nur die wahrgenommenen Erscheinungen, die eben jetzt bei ihm das Seiende heißen, wie häufig im Positivismus und Phänomenalismus. Stück um Stück entreißen wir unsere Begriffe dem Reich des Seienden, aber diese Begriffe bleiben immer hypothetisch, weil man, wie auch in der Naturwissenschaft, sich nur mit gewissen Annahmen dem Sein nähert, es so beschreibt, berechnet und voraussagt und dann warten muß, ob unsere „Wissenschaft" sich bewährt oder nicht. Außerdem bleibt immer noch ein gewaltiger Rest von Nichterkanntem, so daß wir keine Berechtigung haben, das Sein mit dem Wahren zu identifizieren, wie es die alte Metaphysik zu tun pflegte. Im Gegenteil, es ist in der Hauptsache unbekannt, irrational. Darum sei diese „neue" Ontologie, wie sie bewußt genannt wird, keine Metaphysik mehr und keine Wissenschaft vom Sein als solchem. Es gibt nicht mehr die innere Natur der Dinge,

Formen und Wesenheiten, von denen alles Erscheinen abhänge als von einem der Natur nach Früheren. So etwas ist auch für Hartmann unerkennbar, woran man sieht, daß sein Sein eben nur ein phänomenalistisches ist und Kant bei ihm nach wie vor recht behält. Die Stärke Hartmanns lag in der Analyse der Erscheinungswelt nach Schichten, Seinsweisen, Seinsmomenten, Seinskategorien. Wie bei Scheler sind die niederen Seinsschichten stärker als die höheren, die aus ihnen hervorgehen, ein Novum darstellen und trotz des Hervorgehens nicht mehr dorthin reduzierbar sind, womit Hartmann für die Eigenbewertung der Welt des Lebens, der Seele, der Freiheit und des Geistes, die sonst im Empirismus gern auf das Niedere reduziert wurden und nichts anderes waren als besondere Formen der Kausaldetermination, sich kräftig eingesetzt hat. In der Ethik denkt Hartmann ähnlich wie Scheler. Er ist der andere Vertreter der materialen Wertethik. Die Werte sind a priori und haben ein Ansichsein, was aber nur die Unabhängigkeit vom Dafürhalten des Subjekts besagen soll und nicht einen transzendenten Seinsmodus meint. Sie sind auch wieder ohnmächtig und warten auf die Realisierung durch den Menschen, für den sie ein ideales Seinsollen bedeuten, das ihn aber nicht verpflichtet, sondern ihn ganz frei läßt, so daß seine Autonomie gewahrt wird. Werte sind für ihn nicht feststehende Lebensziele, sonst wäre es nämlich um die Freiheit des Menschen geschehen. Darum darf es auch keinen Gott geben. Der Mensch solle selbst ein Gott im kleinen, ein Demiurg sein (postulatorischer Atheismus). Auch in der Natur ist für Hartmann der Zweck keine konstitutive Kategorie, sondern es gibt nur ein Betrachten, als ob es Zwecke gäbe.

b) Kritischer Realismus und induktive Metaphysik

Der kritische Realismus geht von der Realitätsüberzeugung aus, die der gesunde Menschenverstand jederzeit angenommen hat und die nicht weniger zählebig ist als die Einwände der kritischen Philosophie gegen sie. Man beschränkt sich hier aber nicht so ängstlich wie Hartmann nur auf eine phänomenalistische Ontologie, sondern macht häufig Aussagen über das Sein an sich, bald im Sinn der induktiven Metaphysik, bald auch im Sinn der klassischen Metaphysik. Einer der Begründer des kritischen Realismus unserer Zeit war O. Külpe (1862–1915); andere Vertreter sind J. Reinke, Hans Driesch, E. Becher, B. Bavink, Al. Wenzl, Hedw. Conrad-Martius. Sie kommen alle von der Naturwissenschaft her, wollen aber nicht stehenbleiben bei der Feststellung von Teilsachverhalten, sondern zu einer Gesamtschau des Seienden gelangen. Sie greifen daher vor und runden ab durch Integration, Analogieschluß und Interpretation. Die wichtigsten Begriffe dieser Seinslehre sind außer dem Realitätsbegriff der Schichtungsgedanke, der Zweck, der jetzt konstitutiven Charakter hat und nicht mehr nur regulatives Prinzip ist, der Entelechiebegriff (Driesch), der auch ein zweckhaft tätiges Agens, eine das Lebensgeschehen steuernde Determinante meint, der in der Nähe liegende Ganzheits- und Sinnbegriff, der Begriff des individuell Seelischen im Großhirn und des überindividuell Seelischen in der Welt, der Begriff der Freiheit, die sich in jeweils abgewandelten Formen durch alle Schichten ziehe, und der Begriff des Weltgrundes.

c) Idealrealismus

Vom kritischen Realismus ist kein weiter Weg zum Idealrealismus von Philosophen wie *A. N. Whitehead* (1861–1947), *N. Losskij* (1870–1965), *O. Spann* (1878–1950), *Pierre Teilhard de Chardin* (1881–1955) u. a., wenn man nur die Rede von den Wesenheiten, Ganzheiten, Sinnstrukturen, Ideen ernst nimmt und sie nicht in nominalistisch verstandene Begriffe auflöst, denen man vielleicht noch ein fundamentum in re läßt, dessen Natur nicht weiter erörtert wird oder das mit dem Individuellen zusammenfällt, wie es eben der Nominalismus will. Der Idealrealismus aber macht ernst mit dem Einen im Vielen und teilt ihm auch als solchem, als einem Universale also, mehr Realität zu, als sie ein bloßer Begriff oder Gedanke hat. Bei *Whitehead* gibt es „real seiende Wesenheiten" im Stile der Leibnizischen Monaden. Sie stehen untereinander in Verbindung. Nichts ist nach Whitehead verkehrter als die Zerreißung des Seins in Subjekte und Objekte, Individuen und Individuen. In Wirklichkeit ist das gesamte Sein eine organische Einheit, wo alles einander erfühlt. Erst das Denken zerreißt alles in Teile, die dann verselbständigt werden. Das Fühlen aber weiß um das andere und das Ganze. Es ist auch der Weg zur Realität. Wir geraten damit aber nicht in eine Lebensphilosophie, sondern in einen Idealismus; denn die Erfahrung der Welt wird möglich durch die sogenannten ewigen Objekte, die uns sinnlich Gegebenes erst lesen lassen. Diese ewigen Objekte, die stark an die platonischen Ideen erinnern, sind zwar nur Möglichkeiten, weil sie das Medium des Realen brauchen, um erscheinen zu können, aber sie machen ihrerseits auch wieder das Reale erst möglich. Und damit sind wir beim Idealrealismus, für den das Reale durch das Ideale ist und das Ideale nicht ohne das Reale besteht. Das Ideale ist also der Natur nach früher als das Reale und wird nicht erst erdacht an Hand des sinnlich Gegebenen; im Gegenteil, das sinnlich Gegebene ist immer nur ein Beispiel, ein Symbol für das, was das ewig Wirkliche ist und uns auch nicht durch Abstraktion, durch anderes, vielleicht in einer Intuition, bekannt wird. Ähnlich gibt es bei O. *Spann* ein Ganzes, das der Natur nach früher ist als die Teile, gibt es ein „heimliches Leben der Seele", ein „höheres Licht", ein „Übergeschichtliches", aus dem heraus das Zeitliche erst richtig leben kann. Im Grunde müßte jeder klassische Metaphysiker Idealrealist sein, weil in der alten Metaphysik immer die Idee als solche wirklich und wirkend ist, auch bei Aristoteles. Besonders deutlich zeigt sich bei dem in der jüngsten Vergangenheit viel genannten *Teilhard de Chardin* die Kraft des Der-Natur-nach-Früheren. Ursprünglich von den Realwissenschaften herkommend (Physiker, Paläontologe, Anthropologe), bleibt er nicht dabei stehen, sondern versucht, die Materie vom Bewußtsein her, das Bewußtsein vom geistigen Ich her, das Ich von einem Über-Ich, dem Punkt Omega, her zu verstehen. Das Ganze ist ein Evolutionismus hin zu einem Ziel der Schöpfung von Anfang an. Gemeint ist eine natürliche Entwicklung. Trotzdem dürfte kein Evolutionspantheismus vorliegen, weil alles Höhere sich nicht von selbst aus dem Niederen ergibt, und vor allem, weil der Punkt Omega in Christus gesehen wird; womit sich zugleich zeigt, daß Teilhard de Chardin eigentlich in die Theologie gehört. Philosophisch ist er aber deswegen interessant, weil sich bei ihm gut sehen läßt, wie denkerische Spekulation die Welt der Tatsachen unter bestimmte Ideen einordnen und so „verstehen" kann.

4. Existenzphilosophie

Die Existenzphilosophie ist unter allen philosophischen Richtungen unseres Jahrhunderts jene, die am auffallendsten in Erscheinung tritt. Man kann nicht sagen, daß sie am meisten leiste, wohl aber, daß am meisten über sie gesprochen wird. Ihre Worte, Gesten und Allüren sind so allgemein verpflichtend geworden wie seinerzeit die Manieren der Lebensphilosophie. Trotzdem ist es schwer, außer dem Namen sachlich etwas Gemeinsames unter den vielen Existenzphilosophen festzustellen. Vielleicht ist es die Absage an die alte Wesensmetaphysik objektiver und subjektiver Prägung und der Wille zum absolut Neuen, etwas, was man mehr erfühlen als in Begriffen aussprechen kann, das irgendwie in unserer Zeit liegt und jeder spüren kann, so daß sich von hier her die große Resonanz erklärt, die dieses Denken gefunden hat, besonders in Deutschland und Frankreich; auch dort noch, wo man es trotz aller Begeisterung nicht klarmachen konnte und vielleicht gar nicht einmal verstanden hat.

a) Deutsche Existenzphilosophie

In der deutschen Existenzphilosophie wurde in der Öffentlichkeit zunächst ein bestimmter Stimmungsgehalt registriert. Man sprach viel von Angst, Sorge, Tragik, Scheitern, Verzweiflung, Nihilismus. Nur das hatte man herausgehört. Aber die deutsche Existenzphilosophie wollte nicht Anthropologie oder Ethik oder Kulturkritik sein, sondern Seinsphilosophie, ja sogar erste Philosophie. Jaspers versichert ausdrücklich: „Was Hegel in seiner metaphysischen Logik als Kategorienlehre durchführte, ist... die Erfüllung einer Aufgabe, die der gegenwärtigen verwandt ist." Und Heidegger knüpft dort bei Husserl an, wo dieser im Stil der transzendentalen Deduktion Kants und des deutschen Idealismus sich um die Grundlegung einer absolut reinen, ersten Philosophie bemüht. Trotz des Rufes „Zurück zu den Sachen selbst" führen nämlich gerade nicht die Sachen selbst den philosophischen Gedanken fort, sondern wird immer noch an jenem Teppich weitergeknüpft, für den Kant und der deutsche Idealismus Kette und Einschlag festgelegt hatten. Nur Material und Farben werden etwas verändert, aber das ganze Neue, das die Nichtkenner erwarten, ist nicht so neu, wie sie hoffen und glauben. Die zwei Träger der deutschen Existenzphilosophie sind Jaspers und Heidegger.

Für *Karl Jaspers* (1883–1969) geht es, anders als bei Heidegger, wirklich um die Existenz. „Existenz" besagt bei Jaspers ein Zusammenspiel von Leben und Geist. Wer nur das Leben gelten lassen will als vernunftlose Existenz, nur mit Gefühl, Erlebnis fragloser Triebhaftigkeit, Instinkt und Willkür rechne wie viele Nietzscheaner, gerate in blinde Gewalttätigkeit. Wer nur den Geist allein sprechen lasse als die existenzlose Vernunft wie viele Hegelianer, gleite ab in das intellektuell Allgemeine, Schematische, Unpersönliche, Ungeschichtliche, was schon Kierkegaard gegenüber Hegel ins Feld geführt hatte. Darum gehöre beides zusammen. Vernunft und Existenz sind die großen Pole des Daseins. Jeder geht verloren, wenn der andere verlorengeht. „Existenz wird nur durch die Vernunft sich hell, Vernunft hat nur durch die Existenz Gehalt." „Existenzerhellung", der zweite Kernbegriff bei Jaspers, kann darum nicht mehr bloßes Wissen bedeuten oder eine nur intellektuelle Aufgabe meinen. Das wäre ein Rückfall in die durch Kierkegaard und Nietzsche überwundene Bewußtseinsphilosophie. Existenzerhellung ist vielmehr ein Appell an die eigenen Möglichkeiten, ist ein Fortspielen der polaren Spannungen zwischen Geist und Leben, wodurch diese Möglichkeiten sich immer mehr klären und stärken, um so das Beste zu entbergen, das in ihnen schlummert. Darum verlangt Jaspers, daß der Mensch sich nie und nirgends verfestige, sondern immer unterwegs sei, offen für alles; daß er also eine absolute Kommunikation anstrebe. „Es gilt, jede zur Endgültigkeit fest werdende Gestalt zu durchbrechen, alle denkbaren Standpunkte in ihrer Relativität zu beherrschen." Auf diesem Wege führt uns besonders das „Scheitern" weiter, weil wir in ihm die Brüchigkeit und Relativität der Welt erfahren. Alles, was uns begegnet, ist nur Symbol und Chiffre, nichts ist die Wirklichkeit und Wahrheit selbst, alles muß als unzulänglich wieder preisgegeben und durch weiteres ersetzt werden. Erst in diesem Weitergehen – bei den Neukantianern war es die unendliche Aufgabe – tut sich uns die Transzendenz, das Umgreifende kund, aber nicht in seinem Ansich, sondern als Möglichkeit der Möglichkeiten, als die „Bewegung einer philosophischen Logik". Das ist ganz deutlich Hegel. Und wie dort wird auch hier das Göttliche gerufen, auch wieder natürlich in der unendlichen Bewegung, nur jetzt nicht mehr des Geistes und des Begriffs, sondern der „Existenz". Das menschliche Erkennen ist ein „unendliches Spiel von Chiffren, und nie erreichen wir in ihm Gott selbst; es würde anders sein, wenn es eine direkte und ausschließende Offenbarung Gottes gäbe". Also auch die Offenbarung, wie eben alles, wird in die Existenzerhellung mit einbezogen, so wie sie im deutschen Idealismus in der Vernunft aufgehoben wurde. Der Glaube muß hier wie dort ein „philosophischer Glaube" werden. Und wie dort ist auch hier der „Christus-Mythos" philosophisch zu lesen, d.h. als Hinweis darauf, daß alles Menschsein in sich die Möglichkeit besitzt, sich Gott zu nähern. Darauf erfolgt aber nicht eine Entmythologisierung, sondern Jaspers schließt genau umgekehrt: Wenn schon alles Chiffre ist, müssen wir auch beim Mythos bleiben und können nichts anderes tun als Mythos mit Mythos überhöhen. Auch das gehört zur Existenzerhellung.

Martin Heidegger (1889–1976) müßte eigentlich unter dem Kapitel Ontologie behandelt werden; denn bei ihm steht nicht die Existenz im Vordergrund, sondern das Sein. Was er geben möchte, ist die Grundlegung einer ersten Philosophie, die noch grundlegender sein soll als jene des Aristoteles oder irgendeine andere Metaphysik. Die herkömmliche Metaphysik habe nämlich gar nicht vom Sein als solchem gesprochen, was sie an sich vorhatte, sondern habe immer nur das Seiende getroffen. Nicht nur in der Metaphysik der Antike und des Mittelalters sei dem so gewesen, sondern auch bei Descartes, bei Kant und im Idealismus. Immer habe man nur ein bestimmtes Seiendes an die Stelle des Seins gesetzt, habe also jene ontologische Differenz zwischen dem Seienden und dem Sein nicht gesehen, um die es Heidegger eben jetzt zu tun ist. Der Ausgangspunkt des Weges zu diesem Sein liegt für ihn beim Dasein des Menschen, womit auch Kant angefangen hat. Aber Dasein ist für Heidegger nicht mehr einfach Bewußtsein, sondern Existenz, und Existenz ist In-der-Welt-sein, Bei-sein, Mit-sein, Befindlichkeit, Verstehen, Rede, Ergreifen der eigenen Möglichkeiten, Sich-selbst-vorweg-sein, Sorge, Angst, Sein zum Tode, Hinein-gehalten-sein in das Nichts. Was diese „Existentiale" als ein Gemeinsames verbindet, ist die Zeitlichkeit oder Geschichtlichkeit. Nur in der Zeitlichkeit gebe es das Sich-selbst-vorweg-sein, und nur so – von diesem Werden her, wo im nächsten Augenblick, was vorher war, schon ein Nichts ist, und das, worauf man zugeht, noch ein Nichts ist, um, sobald man es hat, auch wieder im Nichts zu verschwinden – werde Sein deutbar. Sein ist darum Zeitlichkeit, Hineingehaltensein in das Nichts – Sein ist Schein, ist Werden, ist Nichts, hatte Hegel gesagt – und ist nicht „Existenz" wie bei den Existenzphilosophen – Zusammen von Leben und Geist –, sondern Ek-sistenz, d. h. Nicht-in-sich-stehen-bleiben, sondern immer schon „Aus-stand" in das Nichts. Von diesem Sein her wird auch der Mensch verstanden. Während Sartre sagt, wir befinden uns heute in einer Situation, wo es nur noch den Menschen gebe, und sich dabei auf Heidegger berufen möchte, sagt dieser, Sartre abschüttelnd, gerade das sei nicht der Fall, sondern wir befinden uns in einer Situation, wo es prinzipiell eben das Sein gibt. Der Mensch sei darum nicht selbst das Sein, etwa durch sein Bewußtsein, durch den Geist, das Ich, sondern er sei nur Wächter und Hirte des Seins, und zwar durch seine Sprache und sein Denken. Darin sammelt sich das Sein, sich lichtend und entbergend. So entstünde Wahrheit. Wahrheit ist nicht mehr die sich mit dem Seienden deckende Aussage, sondern das sich lichtende Sein selbst. Darin bestehe zugleich die Freiheit. Sie ist Geschehenlassen des Sich-entbergens und Sich-sammelns des Seins. Frage: Ist dann der Mensch frei oder das Sein? Ist die Person noch Person, wenn sie reiner Ausstand ist und nicht Selbstand? Heidegger will der Versubjektivierung wehren, die oft genug sich selbst für die Welt gehalten hat. Hat er aber nicht des Guten zuviel getan? Die menschliche Person kann nicht restlos leer sein. Vor allem aber möchte man wissen, was denn jenes vielberufene Sein selbst, von dessen Huld und Gnade alles lebt, das wir vergessen in unserem Verfallensein an das Seiende – von Heidegger Seinsvergessenheit geheißen – nun eigentlich ist? Heidegger, der zunächst von der Zeit her auf das Sein zuging, hat auch versucht, in einer „Kehre" vom Sein her auf die Zeitlichkeit und die Geschichte zuzugehen und das Sein verstehen zu lassen als die Geschichtlichkeit der Geschichte, das Sein des Werdens, das Sein im Nichts. Das gelang nicht und konnte nicht gelingen, weil, was Sein ist, bei Heidegger zwar sehr viel bedacht, aber offenkundig nicht gedacht wird und nicht gedacht werden kann, wenn man es einmal so weit von der Welt des Seienden weggeschoben hat, daß es nicht mehr Grund, sondern das leere Nichts ist. So vernichten die Theologen Gott, wenn sie ihn in übergroßer Verherrlichung zum „ganz Anderen" machen. So wird Nietzsches Philosophie zum Nihilismus, weil seine Werte auch jenseits, nicht nur von Gut und Böse, sondern jenseits von allem stehen. Und so wurden schon – nichts ist neu unter der Sonne der Philosophen – in der Vorsokratik die Physikoi zu Aphysikoi, wie Aristoteles sagt, als sie aus ihrem Sein das Viele gestrichen hatten.

b) Französischer Existentialismus

Der französische Existentialismus ist interessanter als literarische denn als philosophische Erscheinung. Man kann zwei Richtungen auseinanderhalten, die atheistische, deren Hauptvertreter Sartre ist, und die katholische mit G. Marcel.

Jean-Paul Sartre (* 1905), an sich Bohémien und Ecrivain, wollte sich an Heidegger anhängen, pickte mit gutem Instinkt heraus, was zugkräftig war, und erreichte damit tatsächlich das gesuchte Ansehen auch als Philosoph, obwohl er das Wesentliche nicht gesehen hatte und von Heidegger bald abgeschüttelt wurde. Was er sonst noch brauchte, holte er sich aus der Aufklärung und dem zeitgenössischen literarischen Betrieb. Man muß diese Seite sehen, wie auch das politische Engagement, das ihn emporgetragen hat, um ihm nicht als reiner Tor zu begegnen. Auch Sartre steht gegen die alte Wesensmetaphysik. Wesenheiten bedeuteten für den Menschen, sobald man sie auf ihn selbst bezieht, eine unzulässige Normierung. Nur Dinge stellt man nach bestimmten Schemata her. Dem Menschen aber gehe kein Schema, keine Wesenheit als Lebensziel oder Pflicht oder Wert voraus. Zunächst komme seine Existenz, dann erst schafft er selbst seine Wesenheit; denn der Mensch soll frei sein. Bei Sartre wird aber nun diese Freiheit so absolut genommen, daß der Mensch schlechthin gar nichts mehr hat, was ihm vorgegeben wäre und woran er sich ausrichten könnte, weder Wahrheiten noch Werte, weder Welt noch Gott. Umgeben vom Nichts, findet der Mensch sich total einsam und verlassen, und seine Freiheit wird ihm nicht mehr zum

Geschenk, sondern zur Verdammnis. Sartre spricht trotzdem von Humanismus, weil es für ihn eben nur noch den Menschen gibt, aber in Wirklichkeit handelt es sich um jenen Nihilismus, der alles nur verneinen, aber nichts aufbauen kann.

Für *Gabriel Marcel* (1877–1973) steht wieder das Sein der Metaphysik im Vordergrund. Aber er weiß von Kierkegaard, bei dem alle Existenzphilosophen irgendwelche Anleihen aufnehmen, daß in die Begriffe unserer Seinsbegegnung immer schon wir selbst eingegangen sind, daß also unsere Existenz alles logische Tun von vornherein schon mitbestimmt. Dadurch entsteht die existentielle Problematik. Indem das Ich dem Sein gegenüber in einem Ich-Du-Verhältnis geradezu Pflichten verspürt, wird aller vernunftlosen Existenz ein Riegel vorgeschoben; indem das Sein aber auch wieder als ein Geheimnis erlebt wird, erfährt die Existenz einen neuen Impuls des eigenen Seinkönnens. Trotz des Geheimnisses ist auch sie nicht absolut richtungslos und frei. Es ist nicht wie bei Sartre. Bei Marcel gehen alte Metaphysik und modernes Existenzgefühl eine sich gegenseitig begrenzende und fordernde Synthese ein.

5. Marxismus – Philosophie oder Ideologie?

Mit dem Marxismus und seinen verschiedenen Ausformungen haben wir eine weltweite Philosophie vor uns. Es sind ja nicht nur Rußland und China, wo man so denkt, denken muß, sondern auch die übrige Welt ist davon so sehr infiltriert, teils frei teils auch wieder durch offizielle Indoktrination und nicht zuletzt durch die Schleichwerbung vieler Massenmedien, daß diese Philosophie geradezu allgegenwärtig zu sein scheint. Über den Ideengehalt und seine Vertreter wurde oben S. 174ff. schon das Nötigste gesagt. Aber gerade wegen der weltweiten Aktualität und dem Machtanspruch dieses Denkens, die heute die Freiheit zu überrunden drohen, muß die Frage gestellt werden, ob es sich dabei um Philosophie handelt und es nicht richtiger ist, nur von Ideologie zu sprechen? Grundsätzlich muß Philosophie wie jede Wissenschaft sich um Voraussetzungslosigkeit bemühen. Es wird zwar kaum ein Denken geben, das sich einer perfekten Objektivität de facto rühmen könnte, um dann von seiner Reinheit aus andere abzuwerten. Aber der Wille dazu kann überall vorhanden sein und muß vorhanden sein. Voraussetzungslosigkeit in der Wissenschaft ist ein Ideal, ohne das die Wissenschaft ihren Namen nicht verdient. Auch für Marxisten kann der Marxismus Ergebnis ehrlichen Forschens sein: wenn er am Ende der Denkarbeit steht und nicht am Anfang als vorausgegebener Basissatz. Damit stellt sich dann allerdings die nüchterne Tatsachenfrage, wieweit dem wirklich so ist. Wir zitierten oben S. 176 das Wort Lenins: „Marx und Engels waren in der Philosophie von Anfang bis zum Ende parteilich." Wenn diese Haltung Vorbild sein soll, ist es um echte Wissenschaft geschehen. Immerhin, es ist nicht ausgeschlossen, daß es tatsächlich auch weiße Raben gibt. Aber man müßte sie sehen.

6. Christliche Philosophie?

Die soeben berührte Problematik: echte Wissenschaft oder Ideologie? wiederholt sich bei der christlichen Philosophie. Auch sie ist ein weltweites Denken. Über den Anteil der Neuscholastik an der christlichen Philosophie wurde oben S. 196ff. schon berichtet. Christliche Philosophie ist aber weiter als Neuscholastik. Ihre Methode ist eine andere. Doch das dort erwähnte Lehrgut der Philosophia perennis ist im großen und ganzen auch für sie richtungweisend geworden. Um nur einige zu nennen: *J. Hessen, R. Guardini, E. Przywara, H. Urs von Balthasar, J. Pieper, H. Kuhn, D. v. Hildebrandt, B. Schwarz, B. Welte u. a.* Nach dem II. Vatikanischen Konzil gab es auch in der christlichen Philosophie, besonders in weiteren Kreisen, einige Verwirrung. Die Neuscholastik war so ziemlich verstummt. Statt dessen suchte man bei den verschiedensten Seiten Anschluß zu gewinnen, wie gelegentlich auch früher schon; so z. B. bei der Transzendentalphilosophie (Maréchal) oder bei Heidegger (Kathol. Heideggerschule: *J. Lotz, K. Rahner, G. Siewerth, M. Müller*). Allein man braucht nicht gerade ein Optimist zu sein, um nach dem gegenwärtigen Tief wieder auf ein Hoch hoffen zu können. Man muß nur die Geschichte dieser Philosophie kennen, um zu wissen, daß das Tief überwunden werden wird, dann nämlich, wenn christliche Philosophie sich wieder auf ihr großes Erbe besinnt, das sie seit eh und jeh zusammengehalten hat, auf Platon, Aristoteles, Plotin, Augustinus, Thomas, Bonaventura. Ihre Interpretation schließt die ganze Philosophie ein, wenn sie nicht die Substanz, das Ideal einer philosophia perennis, zerstört, eine Gefahr, die sich gelegentlich einstellt.

7. Philosophie des Logos heute

Der Logos, von Heraklit bis Hegel eines der entscheidenden Prinzipien abendländischer Philosophie, behauptet auch in der Philosophie der Gegenwart noch seinen Platz. Wir haben ihn oft genug anmerken können: in der klassischen Metaphysik, in der Transzendentalphilosophie, im Idealismus. Hier sei noch kurz eines Denkens Erwähnung getan, das sich auch dieses Namens bedient, wo aber der Logos nicht mehr Weltvernunft ist, nicht mehr Gedanke Gottes, Sohn Gottes, Selbstbewegung des Geistes oder ähnliches, sondern Seele und Leben verloren hat und nur noch Schemen und Schatten ist, aber mit dem Anspruch auftritt, exakteres Denken zu sein als alles, was sonst sich als Philosophie gibt.

a) Logistik

Kant hat gemeint, daß die Logik seit Aristoteles keine Fortschritte mehr habe machen können. Inzwischen hat sie aber in der Logistik so große Fortschritte gemacht, daß man es hier bereits mit einem Spezialgebiet zu tun hat, das einen ganzen Mann erfordert. Logistik ist reiner Formalismus und Funktionalismus der Bedeutungen als solcher. An sich war die Logik immer auch formal gewesen, aber nicht nur formal, und wenn, dann deswegen, um das Werkzeug des Geistes, den Begriff und seine Verknüpfungen, zu üben für den Umgang mit den Gegenständen und Sachen selbst, die mit seiner Hilfe erkannt werden sollten. In der Logistik verweist das Ist aber nicht mehr auf das Sein, sondern spricht nur noch die rein syntaktische Relation aus und bedeutet so nicht mehr als das Ist in einer algebraischen Gleichung. Logikkalkül sagt man bezeichnenderweise. Die dafür zeitgemäße Apparatur ist der Computer. Während bei Leibniz, der der eigentliche Erfinder der Logistik ist, die Kombinationskunst (Ars combinatoria) in ihren Berechnungen zwar auch in sich selbst kreiste, aber als ganze doch der Sacherfassung dienen sollte, siegt in der Logistik der Gegenwart der innerlogische Formalismus. Sollen aber wirklich alle unsere Aussagen von der nur erläuternden Art eines Satzes sein wie: Ein Meter hat hundert Zentimeter? Das ist sicher unmöglich. Wenn aber die Logistik ihre Art zu operieren nicht für Erkennen schlechthin halten will, um vielleicht Metaphysik und Philosophie überhaupt zu ersetzen, wenn sie sich bescheidet mit dem, was sie vermag, wird man sie als hohe und vielfach brauchbare Kunst schätzen und kultivieren. In ihrer Geschichte tauchen neben Leibniz (man müßte eigentlich auch noch den Spanier Raimundus Lullus erwähnen) viele großen Namen auf: *G. Frege,*

L. *Couturat*, L. *Wittgenstein*, J. *Lukasiewicz*, A. N. *Whitehead*, B. *Russell*, H. *Scholz*, P. *Lorenzen* (* 1915) u. a.

b) *Sprachanalyse und Neupositivismus*

Die Logistik spielt eine besondere Rolle in den Kreisen des jüngeren Positivismus bei *M. Schlick* († 1936), *O. Neurath* († 1945), *R. Carnap* († 1970), *H. Reichenbach* († 1953), *A. J. Ayer* (*1910), *G. Ryle* († 1976) u. a. Auch der jüngere Wittgenstein gehört dazu. Ursprünglich in Wien zu Hause („Wiener Kreis"), wanderte der Hauptteil dieser Denker nach 1938 nach England aus und begründete dort den angelsächsischen, stark sprachanalytisch orientierten Neupositivismus. Sie wollen mit Hilfe eines allgemeinen logischen Funktionalismus dem alten Positivismus einen neuen, besseren Sinn geben. Der alte Positivismus ist ihnen immer noch zu nahe am Sein. Auch das positiv Gegebene war noch zu sehr Metaphysik. Nun will man ganz antiphilosophisch sein und versteift sich ausschließlich auf wissenschaftslogische Untersuchungen, besonders auf die Begriffs- und Sprachanalyse, um so den wissenschaftlichen Aussagen einen eindeutigen und verifizierbaren Sinn geben zu können. Ein Begriff hätte z. B. nichts anderes zu sein als ein eindeutiges Zeichen für Gegenstände oder Gegenstandsarten; ein Urteil eine eindeutige Bezeichnung für die Beziehungen, die zwischen ihnen bestehen. Das allein mache Erkenntnis aus. Daß dieses Schachspiel zu wenig ist für das, was wir Erkenntnis heißen, leuchtet ein. Trotzdem will man im Geiste des logistischen Schachspiels auch den Sinn und die Verifizierbarkeit von Sätzen deuten. Erste Vorschrift ist dann, daß ein Satz nach den syntaktischen Regeln der Sprache gebaut sein muß. Man könne sagen, „Das Pferd frißt", könne aber nicht sagen „frißt frißt". Darum sei z. B. der Satz Heideggers „Das Nichts nichtet" sinnlos, weil das Nichts zwar die Form eines Substantivs habe, aber keines sei. Unter den Regeln der Verifizierbarkeit steht an erster Stelle, daß man ein empirisches Kennzeichen für den Gegenstand angebe, über den man spricht („Physikalismus"). Weil man für Gott, das Unbedingte, den Weltgrund, das wahrhaft Seiende usw. solche empirische Daten nicht angeben könne, seien diese Worte sinnlos und die Probleme der Metaphysik Pseudoprobleme. Daß aber mit der Forderung der Verifizierbarkeit, des sinnlich erfahrbar Gegebenen, ja schon mit der Rede von Sprache und Substantiv eminent philosophische, sogar metaphysische Probleme vorliegen und behandelt werden und nicht mehr bloß innerlogische Funktionen, entgeht den Neupositivisten ebenso, wie es den alten Positivisten entging, daß ihre Kritik der Metaphysik selbst bereits Metaphysik war, nur nicht eine bewußte, sondern primitive. Philosophie ist keine Technik, sondern umfassendes, denkendes und verantwortungsbereites Menschsein im Umgang mit Welt und Mensch. Dazu gehört der ganze existierende Mensch. Und nicht nur der in der Gegenwart allein lebende Mensch – denn wer nur in der Gegenwart lebt, geht in ihr verloren –, sondern auch der Mensch der ganzen Geschichte, weil sie in das Wesen des Menschen eingegangen ist und er sich selbst nicht kennt, wenn er sie nicht kennt, so wie er auch sich selbst nicht kennt, wenn er die Welt nicht sieht, das ewige Gegenüber der Sprache und ihrer Syntax.

c) Linguistik und Strukturalismus

Nimmt man die Sprache noch mehr, als es schon in der analytischen Philosophie geschieht, von ihrer technischen Seite, so kommt es zu der heute viel besprochenen *Linguistik.* Sie geht zurück auf die von *F. de Saussure* († 1913) begründete Genfer Schule, die in der Sprache ein Zeichensystem sieht, das teils auf Übereinkunft beruht wie andere Zeichen auch – Schrift, Signale, Riten, Umgangsformen – teils auf Naturanlagen, wie sie in Lauten, Wörtern, bes. Urwörtern und Urbildern, Sätzen gegeben sind, die bewußt und unbewußt das Sprechen und Denken des Menschen ermöglichen, indem man aus ihnen als den Elementen von Sprache und Rede dies und jenes auswählt und so oder so wieder kombiniert. Beispiel dafür sind die „linguistischen Universalien", die nach *N. Chomsky* (* 1928) zum Gerüst aller Sprachen gehören und es gestatten, daß man andere Sprachen überhaupt verstehen und erlernen kann, weswegen ein Sprechen mit Bewohnern anderer Planeten nur dann möglich wäre, wenn diese Wesen über dieselben Sprachstrukturen verfügten. Philosophie der Sprache hätte danach nicht in erster Linie, wie es in etwa auch noch der Neupositivismus und seine Analyse im Auge hatte, darauf zu sehen, daß man empirische Gegebenheiten möglichst genau abbilde und so Wörter und Sätze verifiziere, sondern zuvörderst die Struktur der verschiedenen Sprachen und der Sprache überhaupt zu studieren, weil von da her sich erst erschließe, was Sprache vermag und nicht vermag; womit nun doch das alte Problem des Zusammenhanges von Bezeichnung und Bezeichnetem sich wieder einstellt, das von jeher die Sprachphilosophie beschäftigt hat, von der Stoa über den Nominalismus bis zu den englischen Empiristen.

Die Unterscheidung Bezeichnung und Bezeichnetes bildet ein Grundmotiv auch *im Strukturalismus,* wobei jedoch die Gewichte ungleich verteilt sind: das Bezeichnete ist nur ein Hilfsbegriff, um seinen Gegensatz, die Bezeichnung, profilieren zu können. Auf ihr, die jetzt als Struktur, d. h. ordnende logische Einheit innerhalb eines komplexen Ganzen, verstanden wird, liegt der Nachdruck. Zentren des Strukturalismus sind Prag und besonders Paris. Als Vater des französischen Strukturalismus gilt *C. Lévi-Strauss.* Auch *R. Barthes, L. Goldmann, L. Sebag, J. Lacan* u.a. sind Franzosen. Der Strukturalismus beschränkt sich nicht nur auf die Philosophie, sondern greift auch auf die Literaturkritik, Kunstwissenschaft, Soziologie und Völkerkunde über. Seine Methode: Man zerlegt das „Gegebene" und setzt es wieder zusammen, und zwar nach den Elementen und Maßstäben, die man an das Problem heranträgt. Dadurch entstehe in der Welt der Natur die Welt der Kultur, und so erst, durch diese schöpferische Tätigkeit, werde die Welt nicht nur abgebildet, sondern „verstanden". Viel zu lange hätte die Philosophie den Logos innerhalb der Objekte gesucht; nicht dort, sondern im Menschen und dem, was ihm eingebildet ist, ergebe sich ein Verstehen der Welt. Die These ist brisant. Was sind diese „Engramme", mit deren Hilfe die Welt verstanden werden soll? Sind sie eingeborene Ideen oder nur Sprachmodelle oder ein Interpretationscode oder eine Fiktion oder sind sie vielleicht bloße Natur, analog den Strukturen in der anorganischen oder organischen Welt, notwendige Determinationen und damit Verlust der Freiheit? Da die Idee des Strukturalismus auf die verschiedensten Gebiete angewendet wurde, ergaben sich heftige Kontroversen und hier vor allem um die Rolle der Geschichte hinsichtlich der sprachlichen und soziologischen Strukturen. Man hat aber den Eindruck, daß in dem ganzen Hin und Her mehr Literatentum als Philosophie stecke.

d) *Wissenschaftstheorie und Hermeneutik*

Die *Wissenschaftstheorie,* die auch ein heute viel gehörtes Stichwort bildet, orientiert sich im strengeren Sinn an den Gesetzen des Logos, soferne sie den Weg zur Wahrheitsfindung ex professo weisen. An sich ist Wissenschaftstheorie gar nichts Neues, weil die alte Erkenntnistheorie und die ebenso alte Logik sich immer schon mit der Wahrheit und den Methoden ihrer Auffindung beschäftigt haben. Aber seit der Grundlagenkrise in Logik, Mathematik und Physik zu Beginn unseres Jahrhunderts ist die alte Problematik um Begriffs-, Methoden- und Gesetzesbildung mehr publik geworden, und die Fragen auf diesen Gebieten wurden bohrender, nicht zuletzt auch in der Auseinandersetzung mit einer über die Ufer tretenden soziologischen Literatur. Man entwickelte jetzt einen kritischen Rationalismus, der gegenüber allen vorschnellen Festlegungen offen sein sollte für den weiteren Fortschritt jeder Erkenntnis. *K. R. Popper* (* 1902), gebürtiger Wiener, dann Professor in London, hat in seinem ebenso gelehrten wie amüsanten Werk „Die offene Gesellschaft und ihre Feinde" (Platon, Hegel, Marx) nach vielen Seiten hin eine umfassende wissenschaftstheoretische Kritik geboten, die zudem nicht im Abstrakten hängenbleibt, sondern auch dem konkreten Forschen von praktischem Nutzen sein kann. Im Mittelpunkt dieses kritischen Rationalismus steht das „Falsifikationsprinzip": man soll Begriffe und Gesetze nicht „verifizieren" (Neupositivismus), sondern versuchen, sie immer schärfer und genauer zu fassen, indem man alles ausschaltet, was sich als falsch erweist. Dadurch würden Wissenschaft und Forschung positiv vorangetrieben. (Nichts gibt es in dieser unserer Welt, was nicht noch genauer gefaßt werden könnte, hat einst Nikolaus von Cues gesagt.) Auch andere Denker aus der Wiener Schule bewegen sich in dieser Richtung; in Deutschland wäre auf *P. Lorenzen* (* 1915), *W. Stegmüller* (* 1923), *H. Lenk* (* 1935) u. a. zu verweisen.

Auch von der heute ebensoviel genannten *Hermeneutik* kann man sagen, daß sie eine alte Aufgabe darstellt. Schon im logischen Organon des Aristoteles findet sich ein Werk, das diesen Titel trägt (Peri hermeneias, De interpretatione). Aber die Hermeneutik von heute zielt auf eine tiefere philosophische Problematik, als sie in bloß schulisch-technischen Methoden zur richtigen Interpretation eines Textes vorliegt. Sie gehört nämlich in den Problemkreis jenes „Verstehens", um das sich schon Dilthey und später Heidegger bemüht haben. Man sucht jetzt nach einem gemeinsamen geistigen Horizont zwischen dem fragenden Subjekt und dem befragten Objekt, der ein Vorverständnis oder Vor-Urteil bedeutet, durch das Verstehen erst möglich wird und woraus sich dann eine Fülle von kritischen Einblicken in die verschiedenen Deutungsversuche ergibt, die aus Geschichte und Umwelt auf uns zukommen. Man könne nur dort eine Frage stellen, wo man schon ein bestimmtes Wissen mitbringt, wo man Ganzes aus den Teilen und Teile aus dem Ganzen versteht. Solche Vorverständnisse sind sprachliche, kulturelle, existentielle Situationen, an denen der Einzelne partizipiert. Man hat das den hermeneutischen Zirkel genannt (Heidegger, H. G. Gadamer). Er muß nicht ein circulus vitiosus sein, sondern kann zu einer sehr brauchbaren Methode werden, weil er ein Anruf sein kann zur kritischen Selbstbesinnung auf berechtigte und nicht berechtigte Voraussetzungen im Umgang mit dem Ideal, das wir Wahrheit heißen.

Namenregister

Abaelard 75
Abraham 115 181
Agrippa von Nettesheim 106
Aischylos 183
Akademie 51
Albert der Große 85f. 96
Albert von Sachsen 102
Alexander III. 76
Alexander von Hales 82
Algazel 96
Alkuin 73
Ambrosius 54
Anaxagoras 19 20 120
Anaximander 15 16
Anaximenes 15
Anselm von Canterbury 60 70 74f. 91
Apologeten 62
Apuleius von Madaura 72
Araber 78 81
Aristides 62
Aristoteles 14 15 19 23 25 35ff. 52 55 59
    62 72 73 76 78 79 81 83 85 87 88 89 93
    94 96 98 129 196 214 215
Aristoteliker 106
Artisten 80 94
Athenagoras 62
Augustinus 58 60 62 63ff. 70 72 73 74 75
    76 82 84 86 96 103 196 214
Avenarius 188
Avencebrol 79
Averroes 73 78 96
Averroisten 94
Avicenna 78 96 97
Ayer, A. J. 216

Baader, Fr. v. 107 162
Bacon Francis 81 107
Bacon Roger 81 107
Baeumker, C. 196 198
Baeumler, A. 186
Balmes 196
Balthasar, H. U. v. 214
Barthes, R. 218
Basilius d. Gr. 162
Bauch, B. 190 191

Bauer, B. 167
Bautain 161
Bavink, B. 206
Becher, E. 206
Beda Venerabilis 72
Bergmann, E. 180
Bergson, H. 199f. 204
Berkeley, G. 128
Bernhard von Chartres 176
Bernhard von Clairvaux 77
Berthold von Moosburg 86
Bertram, E. 186
Bessarion 106
Bibel 63 73 162 164 210
Biel, Gabriel 101
Binder, J. 192
Bloch, E. 176
Blondel, M. 200
Boethius 52 59 70f. 75
Böhme, J. 106
Bolzano, B. 168f.
Bonald, L. de 161
Bonaventura 60 82ff. 196 214
Bonnetty, A. 161
Bonsanquet, B. 192
Boyle, R. 107
Bradley, Fr. H. 192
Brentano, Fr. 169 190 195
Bruno, G. 107
Brunschvicg, L. 191
Büchner, L. 179

Cabanis, G. 137
Caird, E. 191
Cajetanus, Th. 108
Carnap, R. 216
Carus, G. 161
Cassiodor 72
Cassirer, E. 191
Chalcidius 59
Chartres 76f. 78 81 98 103
Chiapelli, A. 192
Chomsky, N. 217
Chrysipp 52
Cicero 54 62 72